国家自然科学基金（61403184）
江苏省高校自然科学研究重大项目（17KJA120001）
江苏省自然科学基金（BK2012470）

面向企业能效评估的

能耗过程建模、仿真与优化分析

马福民 · 著

中国财经出版传媒集团
经济科学出版社
Economic Science Press

图书在版编目（CIP）数据

面向企业能效评估的能耗过程建模、仿真与优化分析／
马福民著.—北京：经济科学出版社，2017.10
ISBN 978 - 7 - 5141 - 8592 - 8

Ⅰ.①面…　Ⅱ.①马…　Ⅲ.①企业管理 - 节能 - 研究
- 中国　Ⅳ.①F279.23

中国版本图书馆 CIP 数据核字（2017）第 263988 号

责任编辑：侯晓霞　程辛宁
责任校对：靳玉环
责任印制：李　鹏

面向企业能效评估的能耗过程建模、仿真与优化分析

马福民　著

经济科学出版社出版、发行　新华书店经销

社址：北京市海淀区阜成路甲 28 号　邮编：100142

教材分社电话：010 - 88191345　发行部电话：010 - 88191522

网址：www. esp. com. cn

电子邮件：houxiaoxia@ esp. com. cn

天猫网店：经济科学出版社旗舰店

网址：http://jjkxcbs. tmall. com

北京密兴印刷有限公司印装

710×1000　16 开　15.75 印张　220000 字

2017 年 10 月第 1 版　2017 年 10 月第 1 次印刷

ISBN 978 - 7 - 5141 - 8592 - 8　定价：42.00 元

（图书出现印装问题，本社负责调换。电话：010 - 88191510）

（版权所有　侵权必究　举报电话：010 - 88191586

电子邮箱：dbts@ esp. com. cn）

前　言

随着我国工业化进程的加快，工业企业的能耗问题也随之凸显，企业的节能降耗和余能循环利用等问题逐渐受到社会公众的关注。为推进工业企业向可持续性方向发展，国家提出了可持续发展的新型工业化概念，而信息化和工业化相辅相成、互惠互利是新型工业化的基本特征。当前，我国的工业结构仍属粗放型，企业的节能潜力较大，除了传统的设备改进、工艺改进等措施外，如何利用信息技术挖掘其节能潜力成为众多学者关注的热点。

当前，能源短缺已成为世界各国经济发展的瓶颈问题，传统的高投入、高消耗、高排放、低效率的经济发展增长方式已经走到了尽头。工业企业的能源消耗量直接影响到企业的经济效益和社会效益，企业开展节能降耗工作势在必行。有效的能效评估体系是企业开展节能降耗工作首要解决的问题。切实可行的企业能效评估手段不仅可以帮助企业全面、准确地了解其能源消耗情况及其使用效果，而且可以帮助企业进行节能潜力分析，从而发现其节能环节所在。

工业能效评估起源于20世纪70年代美国，多年来国内、外学术研究者和软件开发商从理论、方法、技术和系统等不同方面对企业能效评估进行了深入和广泛的研究，提出了一批典型的方法和技术。然而，许多企业能效评估方面的研究限于特定的行业、装置、工艺或能源类型，尚未形成科学、统一的评价方法体系，因而缺少系统性和推广性；而传统的基于历史数据的能效指标计算是一种静态的能效评估方法，无法动态地反映企业的能耗状况。工业生产过程是一个复杂的大系统，所涉及的原材料、燃料以及产品种类较为繁多，影响其能源消耗、转化的因素非常复杂，同时涉及企业生产技术、人员以及管理等多种动态不确定的因素及其相互作用关系。依据系统工程方法学，模型是系统分析、评价与优化设计的基础。因此，综合物料、能源、设备、信息、传输管网与人员等方面因素的导向或交叉影响，从系统的角度建立企业能源消耗系统多维模型，并通过模型的演变、优化与性质分析进而动态、全局地掌握其能源消耗状况，无疑是企业科学、合理地开展能效评估，并促进企业能效评估由粗犷向精细、由事后向事前、由离线向在线方式转变的重要理论基础与方法支撑。

本书的编写遵循模型、仿真、优化与评价分析体系框架，系统化地阐述面向工业企业能效评估的能耗过程建模、仿真与优化分析方法、技术、工具和应用。本书具有以下特点：

（1）主要内容凝聚了作者在相关领域承担或参与的多项国家及省部级科研项目研究中取得的知识积累和研究成果，具有较为丰富的研究与应用背景。书中结合实例，描述了相关方法、技术的实施应用。

（2）编写注重理论体系、方法创新与应用需求相结合的特色。一方面，从方法论的角度阐述了企业能耗过程系统多维模型及其分析的理论框架和基本技术；另一方面，结合企业能效评估的研究现状和发展水平，描述了不同于传统能效评估的基于模型性质的企业生产过程能流物流平衡分析方法。

全书分为10章。第1章绪论从企业能效评估、生产能耗模型、能源管理相关软件的角度分析并评述当前的研究现状，揭示全书研究价值及意义；第2章、3章、4章、5章重点描述了企业能耗系统多维模型的建立方法和理论基础，分别从不同层面介绍了企业能耗过程模型、能耗单元模型、其他视角子模型及多维模型的集成化；第6章、7章介绍了企业能耗过程的仿真方法；第8章着重描述了不确定因素作用下连续型企业能耗过程的优化方法，并举例论证；第9章从模型性质分析的角度介绍企业生产过程能流物流平衡分析方法，并做实例分析；第 10 章详细介绍了作者所在科研团队研发的企业能耗系统建模与仿真软件，描述了该系统的体系框架和技术特点，并通过案例介绍了软件的实施与应用。

本书中的有关研究得到了国家自然科学基金（61403184）、江苏省高校自然科学研究重大项目（17KJA120001）、江苏省自然科学基金（BK2012470）的资助，并得到了同济大学王坚教授的指导和建议，在此一并表示感谢。

本书注重系统性和可读性，可以作为工业工程、系统工程、计算机应用等工科类专业和管理工程类专业的高年级本科生和研究生的参考教材，也可作为从事工业企业能效评估的工作人员、工业信息化的技术人员和管理人员的参考书。

由于笔者水平有限，工业信息化的发展较快，书中不妥和错误之处在所难免，恳请各位专家和广大读者批评指正。

马福民
2017 年 7 月于南京

目　录

第1章 绪 论

1.1 背景及意义

工业企业是我国能源消耗的大户，也是节能降耗的主体。尤其是近几年，石油、化工、造纸、冶金等高能耗企业发展较快，在工业中占据着重要的地位，其能源的消耗量直接影响到企业的经济效益和社会效益。因此，必须高度重视高能耗企业节能降耗工作，切实采取有效的工业企业节能措施、降低能源消耗、减少能源释放量，并保证环境质量，以尽量少的资源投入和环境代价实现尽可能大的产出，力求工业节能降耗取得显著成效，从而保证我国资源节约型社会的构建。

针对节能降耗的发展目标，许多大中型能耗企业实施了一系列方法和措施。主要体现在产业结构调整、生产工艺和生产技术的改进、高质量生产设备的更新以及先进控制技术等方面。这些措施主要面向生产技术的改进和生产过程控制的准确性与稳定性，例如，先进过程控制技术的研究以及各种节能型生产设备的设计与开发等。然而，由于高能耗企业的生产规模较大，生产工艺较为复杂，所使用的原材料和燃料的品种较多，并且其产品种类也较为繁多，其能源消耗系统是一个非线性的高度复杂大系统，同时涉及企业技术、人、管理等多种动态的与不确定的因素及其相互关系，需要运用系统的观点，从不同的角度，研究企业内各要素的相互作用。因此，企业节能是一个综合性的系统工程，除了一系列工程问题、技术问题之外，还应包含管理决策等问题，其中除了生产前合理设计、生产运营过程中的最优控制之外，还有设计或生产后的评价分析与优化等问题。节能措施应贯穿于企业生产运营的全生命周期，即设计、分析、评价、优化、管理等阶段。然而无论是设计与分析，还是评价与优化都离不开模型。模型是系统工程方法中的分析基础，建立系统模型，利用模型来研究对象系统是系统工程方法的本质特点之一。尤其是大规模、复杂的工程系统研究中，模型方法是极为重要的科学方法。模型在系统工程中的作用如图 1.1 所示。

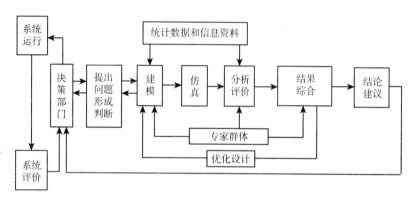

图 1.1　模型在系统工程中的作用

由图 1.1 可以看出，模型是系统仿真、分析评价以及优化设计等的基础。由模型方法论可知，模型不是研究对象本身，而是对研究对象的一种抽象，它反映现实中对象系统的主要特征，但它又高于现实，因而具有同类问题的共性（杨浩，2002）。另外，由于研究目的的不同，对于同一个对象系统，可以建立完全不同的模型，分别反映该系统的不同侧面；出于相同的研究目的，对于同一个对象系统，也可能建立不同的模型，反映不同的研究角度、考虑因素和价值取向。因而，针对不同的目的所研究的模型是不同的。

由于当前针对企业工艺设计、优化控制等层面研究较多，而对于能效评价层面的研究较少。虽然，目前国内外存在着相应的评价方法，但已有评价方法主要依靠于基于历史数据的静态统计分析方式,当企业的产业结构和技术因素发生变化时,这种评价方式将不再适用,从而导致了企业无法全面、准确地了解企业能源消耗的使用情况及其产生的效益,无法准确地发掘其节能潜力所在,同时也影响了产品成本的估算和企业能耗的有效控制和决策;此外,这种静态的评价方法无法反映企业能源消耗的动态行为。因此,本书将以能效评价为目的,面向企业能源消耗环节,从系统工程的角度,即从全局的观点出发,来研究企业生产过程能耗系统模型,并依据模型对企业生产能耗系统作全面的模拟、分析与评价。这种方法不仅可以克服传统的基于历史生产数据统计的静态评估方式在能耗分析方面的局限性,而且当产业结构和技术因素发生变化时,可为企业提供动态能效评估方式,即通过对优化调整后的模型进行多次的评价对比,帮助企业找到其节能潜力所在。另外,这种通过模型仿真来分析企业能效情况的方法,不仅适用于企业生产后的能效分析,而且适用于生产前设计阶段的工艺能效分析,即可以通过模型轻松变更单元模块或系统结构,方便地实现方案评价和比较,从而可以减少中间试验,节省人力物力,并可用于极端条件下的过程性能研究。简单地说,研究企业生产能耗系统模型的建立方法,将为企业能耗系统的分析、评价与优化调整提供可操作的模型;研究企业能耗系统模型的分析与仿真方法,可以模拟企业能源消耗的动态行为,为企业能耗系统提供分析依据;而这种基于模型化的企业能效评估方法,可以为企业提供事前与事后、动态与静态相结合的企业能效评估新手段。

本书从企业节能分析的角度,面向工业企业能效评估的需求,研究生产过程能源消耗系统模型,全面、准确地反映企业生产过程中的能耗情况及影响因素,并通过系统工程中的仿真方法,实现企业生产能耗系统的定量和定性分析,使企业在高保障、低风险的情况下可以通过能耗系统模型不断地调整其能耗过程及生产要素的配置,并对其能耗状况进行全面评价,从而依需求选定最佳生产运行方案。该研究不仅为企业能效评估提供有效途径，而且为企业能耗系统的分析优化等能源管理提供了分析平台，它是企业全面、有效管理其能耗系统的重要手段，也是企业实现节能降耗的又一新途径。

1.2 企业生产过程能源消耗系统的特点

我国企业数以万计，千差万别，但整个工业消耗能量主要集中于少数几种行业，如冶金、化工、制药、造纸等，以这几种高能耗企业为例，分析并寻找其共性，可得出企业生产过程能源消耗系统的特点如下：

（1）不同的行业，以及同一行业的不同企业，主要体现在其工艺流程、用能设备的不同，使用原材料和燃料（或能源）的品种不同，以及能耗产品和能源污染物的不同。但这些企业的共同特点是：除了直接消耗燃料能源外（如原煤、原油、天然气等），还消耗大量二次能源（如电力、热力、焦炭等国家统计制度所规定的能源统计品种）和耗能工质（如水、氧气等）。

（2）企业从初始原料到最终产品的生产过程，一般都要经历一系列物理和化学变化，经过若干道生产工序，每道工序既消耗能源又消耗非能源，还产生各种污染物或废弃品。在生产过程中，通常存在三种不同的物质流：能流（如煤炭、蒸汽、煤气、电、水等能源物质的流动）、物流（即产品和中间产品等非能源物质的流动）和污染物流（即 CO_2、SO_2、残渣等污染物的流动）。另外，企业中不仅这三种物质流交织在一起，还会同时贯穿影响生产逻辑的信息或消息流。

（3）不同企业的生产工艺原理、设备、原料以及对生产中副产品和废料的处理与回收都是不同的。较难总结出适合于一般企业生产过程的通用技术和方法，因此，只能抽象出能耗的共有特征，建立通用企业能源消耗系统的元模型，并兼顾对部分通用或专用模型的扩展。

（4）能源消耗系统是一个非线性的高度复杂的大系统，它涉及企业技术、人、管理和方法等多种动态的或不确定的因素及其相互关系，需要运用系统的观点，从不同的角度，研究企业内各要素的相互作用。

（5）能源消耗贯穿于企业生产过程，这些企业的生产过程有的是离散的，有的是连续的，又有的是混合的。

（6）由于生产工艺的复杂性，导致了能耗过程的结构复杂性，即并行、串行、绕行和反馈等多种结构共存。

1.3　企业生产能耗模型研究现状及评述

企业生产能耗模型反映各种能源和非能源物质在物理或化学变化中由低价值原料变成高价值产品过程中的用能消耗规律。从企业生产能耗模型建立方法的角度来看，国内外目前所采用的建模方法是利用近代数学领域的成就，建立起反映生产中能源消耗规律的数学模型，常用的有投入产出模型、回归统计模型、线性规划模型以及系统动力学方法和系统辨识建模方法等。这些方法从一定程度上反映了企业的生产规模和能耗情况。

1.3.1　投入产出模型

一个企业要维持其正常的生产活动，一方面，需要"投入"一定量的劳动和原燃材料；另一方面，又要将它"产出"的产品提供给社会作为物质消耗或积累之用，这种投入产出关系在企业生产中是普遍存在的。以能源投入产出表为基础，通过设置相应变量建立能源投入产出模型。投入产出模型在企业能耗成本分析中，能够在数量上全面反映企业所生产的各种产品的生产消耗构成，其中包括对自产产品的消耗、对外购原料和燃料的消耗、对劳动力的消耗等，是成本核算和分析的良好工具。投入产出法是企业分析其能耗情况的常用手段，东北大学蔡九菊教授构造了企业能源—环境—负荷投入产出模型。

投入产出模型对能耗的核算是建立在历史数据分析的基础上，当产业结构和技术因素发生变化时，静态的投入产出模型则不具有能耗预测分析的能力，同时投入产出模型并不能直观地反映企业能源消耗过程，只能在数量上反映产品生产消耗构成。

1.3.2 回归统计模型

当生产过程或用能设备的机理比较复杂，各参数之间的关系不甚清楚的情况下，将该过程看成是"黑箱"，收集实际生产数据，通过回归方法建立起统计模型。根据自变量的个数，通常分为一元回归或多元回归；根据变量之间相互关系又可分为线性回归和非线性回归。回归方法的一般步骤为：第一，从一组数据出发，确定因变量和自变量之间的关系式；第二，对关系式中的参数进行估计，并进行统计检验；第三，筛选自变量，即从大量自变量中找出影响因素显著的因素，剔除不显著因素（薛惠锋、苏锦旗和吴慧欣等，2007）。回归方法所建立起的统计模型反映了目标与变量之间的统计规律的数学关系式。以能耗为目标，就叫作能耗统计模型（徐亚滨和尹志刚，2002）。

目前，能耗统计模型是企业对单元能耗活动或个体生产过程用能状况分析的主要手段，但这种模型只适用于单元用能设备或生产过程不为复杂的能耗过程。而对于生产规模较大，工艺流程较多的企业，并不能用此法建立整体企业的能耗统计模型。

1.3.3 数学规划模型

数学规划模型是运筹学的一个重要分支，研究的是一些系统在静态下如何保持最优工作状态的问题，例如，生产计划的安排问题、工艺流程的选择问题、生产配料问题、上下工序的协调问题以及燃料和动力资源的分配问题。这类统筹规划问题，用数学语言表达出来，就是在一组约束条件下寻求目标函数的极值问题。以能源为研究对象的模型就叫能源优化模型。东北大学陆钟武教授研究了基于钢铁工业结构与资源条件的能源优化模型的建立。

数据规划模型在优化分析上具有较强的能力，但对于流程结构复杂、影响因素较多的生产过程，因其约束条件较多、变量关系复杂，建立其数学规划模型有一定的难度，因此并不适合于分析整体企业动态、复杂的生产过程。

1.3.4 系统动力学

系统动力学（systems dynamics，SD）作为社会经济系统的实验室，它是在明确系统建模目的和系统边界前提下，确定系统因素之间的因果关系，并建立其系统动力学模型（流程图和 DYNAMO 方程），继而进行计算机仿真实验。该方法主要用于分析系统的内部因素组成及其相互作用以及系统与外部环境因素的相互作用，并可以在此基础上确定影响系统动态行为的关键因素及其相互之间的约束关系（Al-Ghandoor et al.，2007）。

系统动力学的研究对象主要是社会、经济系统。该方法在经济系统预测上具有较强的优势，适合于系统影响因素间的定性分析。当前，在能源方面，主要用此方法预测分析国家或地区中长期内随经济增长能源需求变化情况，而在组成因素多变的企业能耗过程中，并不适合用此法作实时的定量分析。

1.3.5 系统辨识建模

系统辨识建模方法作为建立系统过程数学模型的重要手段之一，无须深入了解过程的复杂机理，而仅需利用系统的输入和输出数据所提供的系统行为信息来建立系统过程的数学模型。辨识问题分为模型结构辨识和参数辨识（或估计），其方法较多，如最小二乘参数辨识、神经网络模型辨识。实际应用中，可依实际系统的情况以及建立模型的目的，选定不同的方法。在企业能源消耗方面，以神经网络的应用较多。

然而，系统辨识法的关键是必须设计一个合理的实验方法，以便有效地测试并尽可能多地获得过程所包含的各种有用信息，而这恰恰是非常困难的任务。从总体上看，当前系统辨识方法主要用于建立企业个体能耗单元的模型，如果用于整体的、复杂的、动态的企业生产中，往往会因观测数据的不完备性，而导致辨识模型仍缺乏一定的精度和准确度，同样不能直观地反映能源的消耗过程。

综上各种能耗模型建模方法，虽各有优点，但仍存在相应的弊端。结合企业能源消耗系统的特点，若要将其应用于企业能耗系统模型的建立，仍存在以下几个方面问题：

（1）所建模型缺乏直观性，无法很好地体现能源消耗过程多装置、多过程、多工序的并行、串行、绕行、返流等特性。

（2）所开发的模型往往是针对单独的企业的特定装置或单元设备而开发，而由于企业工艺流程种类多，导致开发的模型通用性差，推广应用的适应性不强。

（3）模型的建立是在历史数据分析的基础上，当产业结构和技术因素发生变化时，模型将不再具有能耗预测分析的能力。

（4）不能从全局、系统的角度为企业能源消耗系统建立融可视化、数学化于一体并同时反映能耗活动协同工作的多层次、集成模型。

1.4　企业能效评估研究现状及评述

企业能效评估是一种加强企业能源科学管理和节约能源的有效手段和方法，具有很强的监督和管理作用。通过能效评估，可以帮助企业和政府更好地了解企业整体用能状况、主要能耗问题以及节能潜力，为企业进一步改进能源管理，实行节能技术改造，提高能源利用率提供科学依据。

对工业能效评估的研究起源于 20 世纪 70 年代美国，即 1976 年美国成立了工业能效评估中心（Industrial Assessment Centers，简称 IAC），开始实施工业能效评估工作。到目前为止，工业能效评估已经开展了四十多年，其间提出的诸多能效标准和标识是研究成果的主要表现，到目前为止，国内外推行的能效评估标准中给出了能效限定值、节能评价值、能效分等分级和目标能效限定值等四类指标，作为一般工业企业设备和产品的强制性节能考核标准。另外，经过多年的经验积累，国内外还分别形成了相应的评估方法。其中，以美国国际工业能效中心为代表的方法是抓住通用动力设备这个环节，将各类设备系统进行分类，依据其工作原理，编制了一套对全国工业评估中心普遍适用的评价标准和节能潜力计算方法。这些方法主要包括：第一，建立常用设备相应的效率计算模型法；第二，通过制定各工艺装置的标准能耗，计算和比较实际能耗与标准能耗之间的差距，指导节能工作和方向。对于国内而言，目前主要是以能源审计作为企业能效评估手段，企业能源审计是以企业资源消耗为对象，以企业经济活动全过程为范围，进行能源测试，对企业各种能源、原材料消耗的数据计算和整理，进而依据《综合能耗计算通则》《设备热效率计算通则》等国家有关节能的法规法令、能源标准、国内外先进水平、行业状况进行系统的计算分析与评价。具体的能源审计方法应根据企业的实际情况和需要灵活选择，常用的主要是根据能量守恒、质量守恒的原理，运用系统工程的理论，对企业生产经营过程中的投入产出情况进行全方法的封闭审计，定量分析每个因素（或环节）影响企业能耗、物耗水平的程度，从而排查出存在的浪费问题和节能潜力。

下面，综合国内、外当前的能效评估方法，进行详细分析。

1.4.1 投入产出分析方法

投入产出分析方法是以企业为体系的，一般用于企业能源利用状况的宏观分析。蔡九菊和杜涛（2001）曾将投入产出模型应用于吨钢能耗和环境负荷分析中，在同时考虑钢铁生产过程中资源消耗、产品生产和污染物排放等问题的情况下，构造了一张"能源－环境负荷投入产出表"，并应用物质平衡理论，建立了钢铁企业产品生产过程和能量转换过程数学模型；给出了工序能耗、产品能值和吨钢能耗表达式，以及工序、产品和吨钢环境负荷计算公式，从而分析了影响上述指标的各种因素，总结了二十几年来我国钢铁工业吨钢能耗和环境负荷的变化与进步。

1.4.2　统计分析法

统计分析法是根据企业特点，运用数理统计方法对能耗有关数据进行处理，设计和绘制各种图表，用以对能耗状况进行经常性的分析。例如，国标 GB/T 28751 - 2012 制定了企业能量平衡表。企业能量平衡表的基础数据来源于企业能源统计资料，表的横行划分为购入贮存、加工转换、输送分配、最终使用四个环节，纵行是能源的供入能量、有效能量和损失能量、回收能量和能量利用率等项。

1.4.3　能耗系数法

能耗系数法是壳牌集团所采用的炼油厂能耗评价方法，与此相类似的还有阿莫科公司所采用的能量因数法。该方法是以现有行业的能耗平均值为基础，从而确定能耗基准值。这种方法的要点如下：（1）将各种形式的能耗换算为标准的燃料。（2）根据该行业的平均数据，确定各工艺装置的能耗系数和公用工程能耗系数。对各艺装置来讲：进料量×能耗系数＝理论能耗；$\sum$ 理论能耗＝全厂理论能耗；实际能耗/理论能耗＝能耗指数；如果能耗指数＞100%，则能耗存在不合理之处。如果能耗指数＜100%，则说明节能工作富有成效。（3）加工损失的理论值也可以用相似的方法计算，即用损耗系数×进料量=理论加工损失。

1.4.4　能耗基准因数法

能耗基准因数法由美国埃克森公司提出，其前提是装置必须有效地利用所输入的热量，尽管装置不可避免地有低温位热损失或其他加工热损失，这些热损失也必须合理。该方法首先规定各装置统一的有效操作和公用工程条件，主要内容如下：（1）对常压、减压、催化裂化等多套工艺装置，分别建立标准的能量平衡，并将主要工艺参数与装置能耗相关联，制定出标准状况下的能耗基准因数。在标准状况下，装置的关键工艺参数发生变化，能耗基准因数也随着发生变化。（2）对上述工艺装置中的任何一套，均可根据其处理量、开工天数、能耗基准因数等求出有效能耗。装置的实际能耗与有效能耗之比称为基准线。若基准线值为100%，说明装置在有效用能方面达到标准状况；若基准线值大于100%，说明装置在使用能量方面有浪费现象，有待改进；若基准线值低于100%，则说明装置在使用能量方面优于标准状况。该方法的优点是：能耗对比基准建立在相同的有效用能的基础上，与装置原有的操作状况无关，因而便于对比；能耗基准因数的大小与装置的工艺条件相关联，也就是说装置操作条件的变化，能反映到基准能耗因数上来。缺点是前提条件太多，有些前提条件不一定符合其他情况。

1.4.5　指标计算法

指标可以从数量方面说明一定社会总体现象某种属性或特征。通过建立能耗指标的方法进行企业能耗考核或能源审计也是目前常见的一种企业能效评估方法。这种方法首先是依据相应原则筛选并确定能耗指标，如万元产值能耗、万元增加值能耗、单位产品直接与间接能耗等，然后依据国标《综合能耗计算通则》（GB/T 2589-2008）对指标进行相应的计算、无量纲化以及归一化处理。

1.4.6　常用设备效率计算模型法

常用设备效率计算模型法通常是将企业常用生产设备进行分类，然后依据它们各自的工作原理、潜在的能源浪费环节等建立其相应的效率计算和节能效果分析模型。例如，李丹、余岳峰和虞天辉（2007）就是基于这种方法研究和开发了一套适用于中小型工业企业的能效评估方法，并对中小型企业中的常用生产设备，如锅炉蒸汽系统，水泵、风机和空气压缩机等电机系统，照明系统，暖通空调系统，建立了相应的效率计算模型。

综上各种能效评估方法的分析，这些企业能效评估方法分别具有如下特点：第一，基于历史数据的静态分析评价。如投入产出分析法、统计分析法、指标计算法等，这些方法主要是针对企业生产后的能效评价，而无法适用于企业生产前设计后的能效评价。第二，基于装置工作原理的设备能效评价。如常用设备效率计算模型法、能耗基准因数法等，这些方法仅仅局限于特定的装置，缺少系统性和推广性。

1.5　能源管理相关支持软件现状分析

当前的能源管理相关支持软件主要体现在大多为能源管理型软件系统和限定于特定的行业对象或特定的能源介质两个方面。

1.5.1　大多为能源管理型软件系统

企业能源管理系统（Energy Management System，简称 EMS）旨在利用信息技术，通过先进的能源管理模式与用能状况统计，为企业的节能降耗工作发挥实际作用。企业能源管理型软件，目前主要可分为：企业能源监测管理系统和企业节能管理系统。

其中，企业能源监测管理系统是随着企业认识到数据资料对于企业管理的重要性而形成的。它是采用先进的数据采集技术，实现对企业范围内各用能部门或装置的实时能耗数据采集，并采用集中统一管理的方式，实现实时能源数据的 Web 发布、各个采集点的数据监测、报警，以及各种日常报表和数据曲线的生成等工作。企业能源监测管理系统需要量身定做，通常与企业内部的 DCS 等现场控制系统相连接或对应。现有产品，如 Inband 公司所研发的企业能源监测管理系统。

企业能源优化控制管理软件，是一种优化控制系统。它可以管理和控制工厂能源的发生和分配。它使用优化、能源预测、蒸汽和电力平衡，产汽和发电协调、自适应和预先控制，以达到燃料、产汽控制优化的目的。它同企业能源监测管理系统一样，需量身定做，并常与企业内部的 DCS 等现场控制系统相连接或对应。现有产品如：ABB Simcon 公司的能源管理系统。

企业节能管理系统，主要是以企业能耗数据处理、定额考核管理、指标管理为主。系统目标是在企业录入所有能源计量数据后，自动计算企业能源管理所需数据，例如：部门或产品能耗、产品单耗、节能量、能源成本等，并可自动生成报统计局、企业主管单位、企业领导、有关科室、车间的各类管理和考核报表，能源管理员可通过查询、分析功能，及时了解企业能源消耗现状，指标信息等。系统还能辅助编制企业的能源利用状况报告和能源审计报告，提高报告编制效率和质量。这种系统，由于对数据的录入依据企业能源消耗平衡表，因此，具有相应的通用性。其主要的功能块体现在计量数据处理模块、能源消耗指标统计模块以及能源利用状况报告模块和能源审计报告模块。该方面的产品如：上海市节能监察中心和上海立派信息技术有限公司合作开发的工业企业节能管理系统。

1.5.2 限定于特定的行业对象或特定的能源介质

另外，当前的能耗分析软件，集中于建筑、电力等方面。建筑能源管理系统是指用于建筑能源管理的管理策略和软件系统。此类系统按时间（月或年），根据检测、计量和计算的数据，做出统计分析，绘制成图表；或按建筑物内各分区或用户，或按建筑节能工程的不同系统，绘制能流图；用于指导管理者实现建筑的节能运行。例如，在美国能源部支持下，合作开发的建筑能耗分析软件 EnergyPlus。电力方面，主要体现在企业电网管理上，依据电网经济运行理论，将其与计算机、自动化技术相结合，开发相应的电网经济运行分析、监测系统，通过有效算法描述出变电站内变压器、电容器和负载的各种组合运行方式，并对电网中各设备运行状态的评估，计算不同负载条件下变压器和变电站理论的损耗，从而最大限度地降低网损耗和电损耗。例如，北京中天通科技有限公司开发的 ERAsys 系统。

综上分析，能源领域的软件大多体现在管理、监测以及控制方面，且在特定行业方面的研究成果较为突出。虽然，企业节能管理软件具有一定的指标计算功能，但其仍是基于历史数据录入的基础上，对于生产投入前的用能状况无法进行有效的评价，因而，缺乏具有一定通用性，既适用于生产后，又适用于生产前的能耗分析软件。

1.6 本书内容及章节安排

1.6.1 本书内容

本书研究的出发点锁定在：立足于工业企业层面，面向能源消耗环节，从全局、系统的角度介绍一套有效且具有可操作性的企业能源消耗系统模型，并研究模型的仿真、优化及性能分析方法，设计一套"企业能源消耗系统建模与仿真软件"，为企业能效评估的数字化和系统化提供支持，从而在一定程度上弥补现有企业生产能耗模型、过程模拟以及企业能效评估手段及其软件支撑的不足，并为企业能耗系统分析、优化提供基础与依据。其特色之处在于：运用系统工程方法与技术，从系统的角度全方位开展工业企业能耗系统建模方法，以"综合集成、全局分析"为目标，从系统层面分析企业能源消耗系统，弥补了重工艺轻系统的企业节能方法的研究，同时基于模型的仿真与优化分析技术，为企业提供可操作的能效评估途径。

1.6.2 本书章节安排

本书以化工、冶金和造纸等典型工业企业为研究对象，针对当前高能耗企业能效评估技术的需求性和必要性，面向企业能源消耗环节，研究了支持企业能效评估的企业能源消耗系统模型及其仿真、优化分析方法。分别研究了企业能源消耗过程模型、不确定因素作用下连续型企业能耗过程模型、企业能耗单元输入输出模型、企业能耗系统多视角建模以及各子模型的集成方法，并最终形成了企业能耗系统集成模型；基于所建模型分别研究了企业能耗过程系统仿真方法、不确定因素作用下连续型企业能耗过程仿真与优化方法。此外，研究了基于模型性质的企业生产过程能流与物流平衡分析方法。最后，介绍了一套企业能耗系统建模与仿真软件的设计、开发与实施应用。全书内容安排如下：

第 1 章阐述本书研究的背景及意义，介绍了企业生产过程能源消耗系统的特点，并详细分析与评述了企业生产能耗模型的研究现状，综述了企业能效评估的发展及国内外常见效评估方法，介绍了能源领域的软件支持情况。

第 2 章立足于企业能源消耗过程，研究了企业能源消耗过程建模方法。

在分析企业能源消耗过程组成因素的基础上，介绍了企业能耗过程定义元模型；研究了面向企业能源消耗过程的模糊 Petri 网模型、基于高级模糊 Petri 网的企业能耗过程建模方法，并分别举例说明建模方法。

第 3 章在分析不确定性因素特点的基础上，研究了不确定性因素作用下连续型企业能耗过程建模方法。详细给出了不确定性因素作用下连续型企业能耗模型的形式化定义、不确定因素作用下设备瞬时激发速率的计算方法，以及模型演变规则和动态特性。

第 4 章在分析企业能耗单元输入输出模型建立方法的基础上，针对复杂能耗单元的非线性特性，重点研究基于改进资源分配网络的企业能耗单元输入输出模型辨识方法，并通过实例仿真计算说明方法的有效性。

第 5 章从不同的侧面，介绍了企业能耗系统多维子模型的建立，并分析了企业能耗系统各子模型的关联关系；最后，给出了企业能耗系统模型开放性集成框架。

第 6 章着重研究了企业能源消耗过程系统的动态模拟方法。首先，给出了仿真机制的设计与仿真模型的实现；讨论了模型冲突及解决策略；然后，重点研究了两种企业能耗过程模型的仿真运行算法，并通过实例验证了算法的有效性。

第 7 章研究了不确定性因素作用下连续型企业能耗过程仿真方法，并对仿真关键问题提出了解决方案，给出了不确定性因素作用下连续型企业能耗过程仿真算法的详细步骤。

第 8 章为了实现连续型企业单位产品能耗最低的目标，结合粒子群优化算法和仿真技术，研究了不确定性因素作用下连续型企业能耗过程模型的优化方法，并应用于离子膜固体烧碱的生产能耗过程中。

第 9 章着重研究基于模型性质的企业生产过程能流物流平衡分析。依据能耗过程模型的语义，研究了与模型相关的动态性质和结构性质，分别研究了基于动态平衡量的物料平衡性分析、基于网结构加权守恒性的能量守恒性分析。最后，分别从资源、经济和环境的角度给出了仿真输出数据的能效指标计算，这些指标可以作为企业能源利用状况评估的标尺。

第 10 章阐述企业能耗系统建模与仿真软件的设计、开发与应用。介绍了软件系统的体系结构和主要功能模块，并对软件开发中的关键技术作了详述；最后以某氯碱化工股份有限公司离子膜固碱生产片段为应用实例，综合描述了软件系统的具体应用。

第2章 企业能源消耗过程建模方法

2.1 过程系统与企业能源消耗系统基本模型

为某种目标，由共同的物流或能流或信息流联系在一起的单元组合而成的整体称为系统（杨友麒和项曙光，2006）。为了实现给定目的，系统中必有过程进行；反过来，过程亦必发生在相应的系统中。企业能源消耗系统是使各种能源物质和非能源物质进行物理或化学的变化，从而由低价值原料变成高价值产品的过程系统。由于过程系统由过程单元和单元间联结关系所构成，因此，企业能源消耗系统是由能耗活动单元和单元间的联结关系所形成的过程系统。过程单元间联结关系的集合称为"系统结构"，当一个系统由具有特定功能的各个过程单元按照一定的方式相联结时，就确定了系统功能（即可使系统的输入流转变成系统的输出流），也就是说，系统的特性不仅与各组成单元的特性有关，而且与这种联结作用有关。因此，用于反映过程系统特性的过程系统模型中必须有表述流程结构的部分，即单元模型方程与流程连接方程一起，构成了过程系统的基本模型，如图2.1所示。

由于，本书研究企业能源消耗系统模型的根本目的在于能够模拟并分析企业的能源消耗过程，动态地反映其能源的消耗行为，从而为企业能效评估提供支持。因此，在这里模型的研究是用于解决模拟分析型问题，而非设计型问题。对于模拟型问题，模型着重于表达系统的工况特

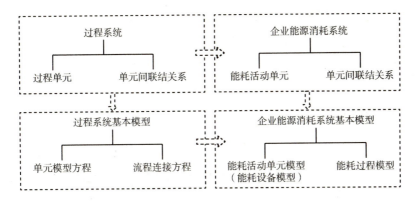

图 2.1　过程系统与企业能源消耗系统及其基本模型

性关系，这种关系通常是用一组数学方程表述，但表述系统结构的部分也可能具有其他形式，它成为系统模型中具有特色的一部分，并决定了过程系统的模拟方法。在这里，我们将这部分内容的研究称为企业能源消耗过程模型。

另外，从应用范围方面来看，企业能耗系统模型可分为两大类，即专用和通用的。专用的系统模型是针对特定的能耗系统所建立的，通用的系统模型是指模型具有一定的可适用性或通用性。所说的通用性，自然也不会是无限的，而是在一定的或是比较广的范围内通用。然而，由于不同的设备其能耗特性差别较大，但对于整个生产过程或整体企业来说，其能源消耗过程在结构上具有一定的共性，如多装置、多过程、多工序的并行、串行、返流等特性，而不同的仅是其能源类型、用能设备和产品等的不同。因此，要提高模型的通用性，必须从整体结构上抓起，也就是说企业能耗过程模型决定了能耗系统模型的适应性、可扩展性以及通用性。

其次，企业能耗过程模型主要是指企业能源消耗的过程逻辑和影响因素之间的相互作用，包括组成企业能耗过程的所有能耗活动以及它们之间的依赖关系。它反映了能源在传输管网中通过能耗设备的流动与能量转化行为，并反映了企业能耗系统组成因素（如能耗设备、能源传输管网等）如何协同完成能源消耗活动，是基于能源流的企业能耗过程的动态描述，它关联着其他各模型（如能耗设备模型等）。因此，企业能耗过程模型是企业能耗系统模型的核心。

针对上述企业能源消耗过程模型的重要性，本章将在分析企业能耗过程的组成因素及其相互作用关系的基础上，给出企业能耗过程定义元模型，并着重研究企业能源消耗过程建模方法。

2.2 企业能源消耗过程定义元模型

由于不同系统结构和性能的千差万别，也由于对系统研究的范围和程度的不同，系统模型的构造方法也是千变万化的。实际上，系统建模首先必须对所研究的对象进行大量周密的调查，去粗取精，去伪存真，找出主要因素，剔除次要因素，进而利用研究对象相关学科的理论建立因素间相互关系的模型，或者利用系统行为的统计规律构造模拟系统行为的模型，等等（杨浩，2002）。

本节将对企业能源消耗过程的主要因素及其相互作用关系进行分析，从而从概念化的角度，给出企业能耗过程定义元模型。

2.2.1 企业能耗过程组成因素分析

依据第1.2节对企业能源消耗系统特点的分析，不同的企业虽然其工艺流程、用能设备以及用能类型都不同，但仍存在着共同点：第一，除了消耗一次能源，还消耗二次能源和耗能工质；第二，能耗过程同时贯穿着能源流、物料流、信息流和污染物流；第三，工艺流程虽不同，但都存在着多装置、多过程、多工序的并行、串行、绕行、返流等结构特性；第四，企业技术、人、管理等多种因素，同时影响着企业的能源消耗。

针对上述所归结的四个方面，抽取每一方面所涉及的因素，包括企业能源消耗过程的内部因素以及与企业能源消耗过程相交互的外部因素，从而将能源、能耗设备、能源传输管网以及余能回收确定为主要的关键因素，同时还确定了其他辅助因素。对于每一关键因素而言，仍包含相应的子因素，图2.2给出了企业能源消耗过程所涉及的主要组成因素。

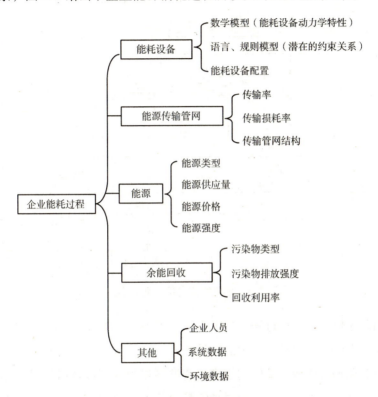

图 2.2　企业能耗过程组成因素

2.2.2　企业能耗过程定义元模型

由于企业能耗过程模型主要是指企业能源消耗的过程逻辑和影响因素之间的相互作用，包括组成能耗过程的所有能耗活动以及它们之间的依赖关系。因此，在研究具体的建模方法之前，首先应从概念的角度，描述出企业能耗过程组成因素之间的依赖关系。为了提供一个概念化的方法来描述企业能耗过程定义，图2.3给出了企业能耗过程定义元模型，该元模型从概念的角度反映出各因素如何相互作用共同组成能源消耗过程的动态行为。

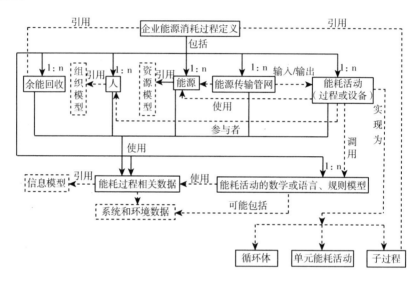

图 2.3　企业能耗过程定义元模型

　　图2.3描述了能耗过程定义中所包含的顶层实体和相互联系。从图2.3中可以看出能耗过程模型作为能耗系统模型的主线，可以将其实体关联到能耗设备模型、能源传输管网模型、资源与组织模型以及信息模型等其他模型中。其中能耗设备模型主要指能耗过程定义中的能耗活动实体以及它所调用的可以反映其动力学特性的外部运算控制数学模型或语言、规则模型（指无法用数学方式表达的智能模型）；信息模型主要指能耗过程定义中的相关数据，这些相关数据在能耗活动间传递信息或者中间结果；资源和组织模型相当于一个资源库，资源分配把能耗活动与可以为其使用的资源和参与者联系起来。

2.3　企业能耗过程建模需求性及现有建模方法分析

2.3.1　企业能耗过程建模需求性分析

依据企业能耗过程关键因素及其相互作用关系，结合企业能耗过程的特点以及模型的研究目的，给出企业能耗过程建模需求性：

（1）企业能耗过程是一个涉及资源、环境、企业效益等多种因素的高度复杂过程，能耗过程模型应尽可能多地涵盖图 2.2 所示组成因素，并从不同角度提供能耗过程的合理描述。

（2）能源消耗过程描述能源在传输管网中通过能耗设备的流动与能量转化行为，具有较强的过程性、并行性以及异步性。因此，应选取一种面向过程的建模方法，清晰、完备地描述能耗过程各种交互行为。

（3）大多数能源消耗的过程具有连续性，而企业生产过程中又同时会贯穿着离散性事件，如生产设备的开启、停止。因此，应选择一种既适用于连续过程建模与仿真，又同时兼顾到离散事件模型的建模方法。

（4）能耗过程模型是能源消耗系统动态行为的结构化描述。模型应具备一定的图形化表现能力，能够直观地反映生产过程，易于与最终用户通信。

（5）建模的目的是为了通过模型，分析计算当前企业的能源配置及使用情况。因此，模型应具有较强的分析与计算能力，具备高效的仿真特性与严谨的性能分析。

（6）企业能耗过程的逻辑关系是复杂的，过程中的各个实体的关系也较为复杂。因此，建模方法必须具有表达这些复杂逻辑关系的能力。

（7）能源消耗过程除包含确定性的影响因素，同时还包含影响生产和能源消耗的各种动态的或不确定的因素，如时间、外部运算控制以及设备执行方式等。因此，建模方法的选取应同时支持确定性与不确定性信息的表达。

（8）为了提高模型的通用性，能耗过程模型的建立应独立于特定的能源类型和用能设备，并体现能源消耗过程多装置、多过程、多工序的并行、串行、绕行、返流等特性。

（9）能耗过程模型反映了企业能源系统组成因素如何协同完成能源消耗行为，是企业能源消耗系统模型的核心。因此，能耗过程模型的建立应能关联企业能耗设备模型、能源传输管网模型等其他相关模型。

2.3.2 一般过程建模方法分析

过程建模的主要目的是建立结构化模型及规范，使其能对复杂的过程结构与关系予以抽象表达，并通过所建模型可对企业过程达成一致的理解并为后续的实施步骤打下基础。过程模型用来描述组成过程的活动以及活动之间的连接（唐任仲、周广民和汤洪涛，2002）。现有的过程建模方法很多，它们各有特点，从传统的静态数据建模（如 DFD）到比较流行的动态行为建模（如 Petri 网）均有大量的建模方法可以运用在过程建模中。早期的建模方法产生的大多为静态模型，缺乏对动态分析的支持，并且不能进行模型模拟。然而，在对过程行为及新过程的潜力进行分析时，必须要对动态分析进行支持。

目前，比较流行的可支持过程建模的方法主要有：IDEF（ICAM Definition Method）族方法（IDEF0，IDEF1X，IDEF3，IDEF5）、RAD（Role Activity Diagram）方法、EEPC（Extended Event-Process Chain）方法、Petri 网、DFD（Data Flow Diagram）方法等。在这几种方法里，IDEF 族的方法基本上是静态建模、缺少动态的功能。由于其主要是图形化的表达式，在表达复杂的逻辑关系和非确定的信息方面有所欠缺（唐任仲、周广民和汤洪涛，2002；陈禹六，1999）。同样，RAD 也只是静态地分析了活动之间的相互关系，缺少动态的模拟能力和对不确定信息建模的能力。而 EEPC 方法虽然能够进行动态建模并支持仿真分析，但它主要是从人员的角度出发，支持以绩效为基础进行过程改造，尤为重要的是，它更多的是用在业务过程建模上，只能支持离散事件建模。对于 DFD，它可以描述企业过程的各活动间的数据流，但是 DFD 方法本身存在着一些缺陷，如不能表达过程各项活动的顺序以及活动的内容、处理逻辑等，对过程改造的支持能力较差，如果用在能源消耗过程上，它更是无法从能源流的角度来描述各能耗单元的用能状况。而对于 Petri 网而言，无论是从面向过程上，还是其数学分析能力、图形化能力处理上，它都占有相当的优势，同时，它还可以利用动态方程、代数方程等数学模型表达各种复杂的逻辑关系、确定和不确定信息，并对离散事件动态系统中的异步、并行、冲突等重要特征进行描述。

由上述分析可知，当前过程建模方法虽多，但它们仍无法很好地满足企业能耗过程建模的需求性。而 Petri 网虽在诸多方法中突显一定的优越性，但它只能用来解决离散事件的建模问题。为了在充分利用其优点的前提下，使其能够解决连续系统和混杂系统的建模，受到了控制和计算机理论界的广泛关注。针对此问题，R. David 和 H. Alla（1998）提出了连续 Petri 网模型，以及将连续网和离散网由接口界面连接在一起所构成的混杂 Petri 网（R. David & H. Alla，2001；R. David & S. I. Carami Hai，2000）。之后，速度受控的连续 Petri 网、微分方程 Petri 网、批处理 Petri 网以及一阶混杂 Petri 网相继被提出。这些方法较适用于过程控制和批处理等问题的描述（Hanzalek Z.，2003；Lefebvre D.，2000；Liao W. Z. & Gu T. L.，2005），它们虽各有特点，但其描述能力具有一定的适用范围。如 Demongodin 和 Koussoula Nick（1998）为了完成对连续状态及连续演化过程的建模和仿真，在网模型中引入微分库所和微分变迁，建立了混合系统的微分 Petri 网模型，但当连续系统的维数较高时，网模型极为复杂；而 Rezai，Ito 和 Lawrence（1995）中定义了一类全局 Petri 网，通过引入自主有向弧和事件驱动有向弧，扩展了 Petri 网中标识和有向弧的定义。1994 年，何新贵院士提出了模糊 Petri 网的概念（Motallebi H. & Azgomi M. A.，2012），他指出模糊 Petri 网是对普通 Petri 网的模糊化，它在运行时是具有连续性的，而普通 Petri 网是模糊 Petri 网的一个特例。也就是说，模糊 Petri 网同时可用于描述离散系统和连续系统的建模，具有比普通 Petri 网强得多的建模能力。另外，模糊 Petri 网不仅具有描述不确定性、并发性、同步性以及资源共享等行为能力，而且具有较强的分析与计算特性。同时，何新贵院士还在文章结束语中有启发性地提到，可将模糊 Petri 网用于工厂各车间之间以供需关系所构成网络的描述。这里，依据模糊 Petri 网的基本原理和企业能源消耗过程的特点，对模糊 Petri 网进行了重新定义，提出了一种面向企业能源消耗过程的模糊 Petri 网模型，从而能直观、充分地描述企业能源消耗过程及其影响因素。

2.3.3 模糊 Petri 网的基本原理

由于 Petri 网中位置结点和转移结点的输入和输出都只有两种状态，即"有"或"无"（可分别用 1 和 0 表示），这对描述一些具有模糊行为的系统是不够的，或者说是无能为力的。而模糊 Petri 网则克服了 Petri 网在这方面的缺陷，模糊 Petri 网是普通 Petri 网的模糊化，和普通 Petri 网不同，它的变迁具有一个取非负实数的阈限 τ；库所中的标记数（托肯）可以是任意正实数 m_k；另外，模糊 Petri 网中的输入连线和输出连线上标有额定输入量、额定输出量以及连接强度。简单地说，模糊 Petri 网就是模糊库所和模糊变迁用输入/输出连线连接成的一个带标识的图。如图 2.4 所示，在图中模糊变迁用标明阈限的竖线表示，模糊库所用标明标记数 m_k 的圆圈表示。

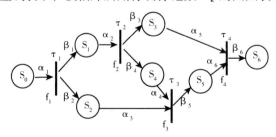

图 2.4 模糊 Petri 网

　　模糊 Petri 网是一种可运行网络，但在运行时不像普通 Petri 网那样状态是离散化的，而具有连续性。

　　（1）运行之前，先对模糊 Petri 网进行初始化，即给每个库所赋一个大于等于 0 的正实数（0 可以不标出），称为库所的标记数。

　　（2）运行时，首先计算模糊变迁的各输入连线上的输入强度。输入强度是输入连线上的输入量（或者是额定输入量，或者是 0，它必须小于等于相应输入库所中当前的标记数）i_k 和连接强度 α_k 的一个非负函数 $Y_I(i_k, \alpha_k)$，满足 $0 \leqslant Y_I(i_k, \alpha_k) \leqslant i_k$。然后计算定义在各输入强度上的一个非负函数 f 的值。当某模糊变迁的各输入强度的 f 值大于等于该变迁的阈限 τ，即 $f \geqslant \tau$ 时，它就具有点火能力。点火的结果是分别从它的第 k 个输入库所中的标记数 m_k 减去 i_k，即 $m_k - i_k$，然后给它的输出线发出相应的额定输出量。

　　（3）另外，对模糊库所而言，若第 k 个模糊库所的某输入连线（如第 j 条输入连线）上存在输入量 i_j，并且相应输入连线的连接强度为 β_j，则其标记数增加 $Y_O(i_j, \beta_j)$，即 $m_k = m_k + Y_O(i_j, \beta_j)$，其中 $Y_O(i_j, \beta_j)$ 为一个实数值函数，满足 $0 \leqslant Y_O(i_j, \beta_j) \leqslant i_j$，模糊 Petri 网如此一步一步地运行，不断改变着模糊库所的状态。

　　特别地，当连接强度 α_k 和 β_j 只能取 1 或 0，并令变迁阈限 $\tau = 1$，库所的标记数 m_k 只能取整数值，额定输入量和额定输出量只能取值 1，且函数 f，Y_I 和 Y_O 均取求极小函数时，模糊 Petri 网就演变为普通 Petri 网。由此可见，普通 Petri 网是模糊 Petri 网的一个特例。模糊 Petri 网的表示能力要比普通 Petri 网强得多，它不仅可以表示连续的状态变化，也可以像普通 Petri 网一样来表示离散事件的变化（何新贵，1994；Witold P. & Heloisa C.，2003；Ding Z. H. et al.，2006）。因此，采用模糊 Petri 网建立企业能源消耗过程模型，不仅体现了离散变量对连续过程的影响，而且描述了连续过程的状态和进度。

2.4　面向企业能源消耗过程的模糊 Petri 网模型研究

企业能源消耗过程涉及的因素众多（如图 2.2 所示），其中以能源类型、能源消耗设备、能源传输管网为三大主要的关键因素。模型的设计以这三大因素作为主要的模型元素，并尽可能多地涵盖影响生产和能源消耗的其他因素（如时间、外部运算控制以及设备执行方式等），同时，将生产过程中错综复杂的物质流分为能源流、非能源流以及污染物流，以便于对模型仿真结果的分析以及最终生产能耗的评估与管理。

2.4.1　模型的形式化定义

面向企业能源消耗过程的模糊 Petri 网模型（Enterprise Energy Consumption based on Fuzzy Petri Nets，简称 EEC-FPN）定义如下：

定义 2.1：企业能源消耗过程的扩展模糊 Petri 网定义为一个 9 元组：

$$EEC\text{-}FPN = (P, T, G, I(P,T), O(P,T), SP, EP, M_0(P), \sum)。$$

其中，$P = \{P_1, P_2, \cdots, P_n\}$ 是模糊库所的有限非空集合，用于代表企业原料（包括能源和非能源等物质）和成品的仓库，或能耗过程中的消息与状态位置集。

$T = \{T_1, T_2, \cdots, T_m\}$ 是模糊变迁的有限非空集合（$P \cap T = \emptyset$，即 P 集与 T 集不相交），用于代表企业的能耗活动、能耗设备或生产加工单元，或能耗过程中的逻辑控制与消息传递等行为动作。

$G = \{G_1, G_2, \cdots, G_k\}$ 是有限的非空门集，它与变迁的控制相联系，可用于代表能源传输管网中的分支汇聚以及散出阀门，并可以控制输入或输出生产中的不同物质流，反映了能耗过程的并发、异步等逻辑行为。

$I(P,T)$ 是 $P \times T$ 上的一个带标识的模糊关系，表示模糊库所到模糊变迁的连接情况。对 $\forall P_i \in P$，$\forall T_j \in T$，定义从 P_i 到 T_j 的连接线上的额定输入

量为 $\lambda_{i,j}$、连接强度为 $\omega_{i,j}$ 以及相应的输入强度计算函数 $I(P_i,T_j)$。在能源消耗过程模型中，该模糊关系用于表示能源、物料或产品的流向和途径，而函数 $I(P_i,T_j)$ 和 $\omega_{i,j}$ 可根据具体情况采用不同的定义，例如，当连接强度 $\omega_{i,j}$ 表示"能源传输管网的最大传输率"一类物理意义时，可令 $I(P_i,T_j) = \min\{\lambda_{i,j},\omega_{i,j}\}$，当连接强度 $\omega_{i,j}$ 表示"传输损耗率"之类含义时，可用 $I(P_i,T_j) = \lambda_{i,j} \times \omega_{i,j}$ 表示能源传输过程中的耗能量。

$O(P,T)$ 是 $T \times P$ 上的一个带标识的模糊关系，表示模糊变迁到模糊库所的连接情况。对 $\forall P_i \in P, \forall T_i \in T$，定义从 T_j 到 P_i 的连接线上的额定输出量为 $\lambda_{i,j}$、连接强度为 $\omega_{i,j}$ 以及相应的输出强度计算函数 $O(P_i,T_j)$。在能源消耗过程模型中，函数 $O(P_i,T_j)$ 的定义，同 $I(P_i,T_j)$ 的定义相似。

$SP \subset P$ 为初始模糊库所集，也即 EEC-FPN 网络的开始结点。$EP \subset P$ 为终止模糊库所集也即 EEC-FPN 网络的结束结点。它们分别用于代表生产过程的开始与结束位置。

$M_0(P)$ 是定义在 P 上的一个取值于 $[0,\infty)$ 中实数的函数，表示库所在运行开始时的初始标记状态，用于代表初始的资源（物料）分配。

$\sum = (E,Q,\Delta,\Pi)$ 是附加信息集合，其中 E 为外部事件集合；Q 为外部运算控制集合，比如：Q 可以为一个系统辨识算法，经过该算法可以识别出生产中某单元能耗设备的数学模型，由该数学模型则可以计算出在特定量输入能源的情况下，该设备的能耗情况和输出产品量；Δ 为支持生产的外部工具集；Π 为生产过程中所涉及的人员信息集合。

定义 2.2：对 $\forall P_i \in P, i = 1,2,\cdots,n; n = |P|, P_i = (M_0(P_i), M_i(t), d_i, h_i)$。其中，$h_i = \begin{cases} 0, & \text{如果 } P_i \text{ 是离散的} \\ 1, & \text{如果 } P_i \text{ 是连续的} \end{cases}$；$M_0(P_i)$ 为模糊库所 P_i 的初始标识，即初始的资源分配，如果 P_i 是连续的，则 M_0 取值为正实数和零，如果 P_i 是离散的，则 M_0 取值为正整数和零。

$M_i(t): P_i \rightarrow R^+ \cup \{0\}$ 是模糊库所 P_i 在时刻 t 的标识，它反映随时间的变化模糊库所内资源或物料的变化。

d_i 是与模糊库所 P_i 相联系的时限。

定义 2.3：对 $\forall T_j \in T, j = 1, 2, \cdots, m; m = |T|, T_j$ 是 10 元组：

$$T_j = (\tau_j, f_j, q_j, e_j, R_j, \Delta_j, G_j, PO_j, N_j, h_{Tj}, d_{Tj})$$

其中，$\tau_j: T_j \rightarrow R^+ \cup \{0\}$ 表示模糊变迁 T_j 的点火（使能）阈限，在能耗过程模型中用以表示为进行生产所必需的最少原料数或能耗设备工作所需的能源数量。

f_j 为模糊变迁 T_j 的状态转移控制函数，它是定义在其各输入强度 $I(P_i, T_j)$ 上的非负函数，当 $f_j \geqslant \tau_j$ 时模糊变迁具有点火（使能）的能力。

$q_j \in Q$ 是模糊变迁 T_j 的运算控制数学或语言、规则模型，可用于表示能耗设备或单元能耗活动的动力学特性，即设备约束方程或物料（能量）收支平衡关系。通过 q_j 的运算可得到特定量的输入能源经某种物理、化学反应后所产生的输出产品或中间产品的数量。

$e_j \in E, e_j$ 是与 T_j 相联系的外部事件，典型的外部事件如：特定的消息发布，特定的事件发生等。

$$R_j = (\varepsilon, \pi_j)，\varepsilon \text{ 表示 } T_j \text{ 执行者的信息，即 } \varepsilon = \begin{cases} 0, & \text{如果 } T_j \text{ 自动完成} \\ 1, & \text{如果 } T_j \text{ 由人工完成} \\ 2, & \text{如果 } T_j \text{ 由人机交互完成} \end{cases}，$$

而 $\pi_j \in \Pi \cup \{null\}$，如果 $\varepsilon = 0$，$\pi_j = null$，否则 $\pi_j \in \Pi$。

$\Delta_j \in \Delta$ 表示执行该任务的外部支持，如组织关联等。

$G_j \in G$ 为 T_j 的逻辑门集（令 $G_j = IG_j$ 为 T_j 的输入门，$G_j = OG_j$ 为 T_j 的输出门），它将消息令牌或不同物质流的传送、接收等路由管理功能从模糊变迁中分离出来，使得模型的结构更加清晰、合理。

$PO_j = IPO_j \cup OPO_j$ 是模糊变迁 T_j 的输入输出数据对象集。$IPO_j \subset P$ 为 T_j 的输入对象集，如果 IG_j 为输入与门，则 $IPO_j = {}^*T_j$，（${}^*T_j$ 为 T_j 的所有前置模糊库所集）；如果 IG_j 为输入或门，则 $OPO_j \subset {}^*T_j$。反之，$OPO_j \subset P$ 为 T_j 的输出对象集，如果 OG_j 为输出与门，则 $OPO_j = T_j^*$，（T_j^* 为 T_j 的所有后

置模糊库所集）；如果 OG_j 为输出或门，则 $OPO_j = T_j^*$。

$$N_j = (1, \int)，l \text{ 表示该 } T_j \text{ 的嵌套属性，} l = \begin{cases} 0，\text{如果 } T_j \text{ 是原子的} \\ 1，\text{如果 } T_j \text{ 是嵌套的、抽象的} \end{cases}，$$

如果 $l = 1$，$\int \in \text{EEC-FPN}_S$（$\text{EEC-FPN}_S$ 是 EEC-FPN 的子网）；$h_{Tj} = \begin{cases} 0，\text{如果 } T_j \text{ 是离散的} \\ 1，\text{如果 } T_j \text{ 是连续的} \end{cases}$；对于离散型的 T_j，d_{Tj} 为 T_j 引发的时延，通常用于表示离散型操作的持续时间。而对于连续型的 T_j，则可定义模糊变迁 T_j 的最大激发速度为 $V_j = 1/d_{Tj}$。

定义 2.4：如果 EEC-FPN 模型中存在嵌套型模糊变迁 T_j，即 $l(T_j) = 1$，$\int(T_j) = \text{EEC-FPN}_S$，并且 T_j 的输入输出数据对象集分别为 IPO_j 和 OPO_j，则 $SP(\text{EEC-FPN}_S) = IPO_j$，$EP(\text{EEC-FPN}_S) = OPO_j$。

　　上述定义给出了面向企业能源消耗过程的模糊 Petri 网模型（EEC-FPN）的定义。其中定义 2.1 为 EEC-FPN 的整体网络结构定义，定义 2.2 和定义 2.3 分别为 EEC-FPN 网络中模糊库所和模糊变迁的定义，定义 2.4 则为 EEC-FPN 中父网与子网之间的联系。

2.4.2　模型的运行规则

2.4.2.1　网络运行开始
一个 EEC-FPN 网络被初始化，当且仅当 $\forall P_i \in SP$ 被标识。

2.4.2.2　模糊变迁使能和激发
（1）模糊变迁的使能。

定义 2.5：一个模糊变迁 T_j 在时刻 t 称为使能，当且仅当：

①$\forall P_i \in IPO_j$（其中 IPO_j 为 T_j 的输入对象集），如果 T_j 是离散型的，则需 $M(P_i) > ; I(P_i, T_j)$；如果 T_j 是连续型的，则需 $M_i(t) > 0$。

②对于有时限的 $\forall P_i \in IPO$，与模糊库所 P_i 相联系的时限到时，即 P_i 内的未预定令牌为有效令牌时。

③ $f_j \geq \tau_j$。

（2）模糊变迁的激发。

定义 2.6：一个模糊变迁 T_j 被激活，当且仅当 T_j 使能并且同时满足下列条件之一：

① T_j 引发的时延到时（当 T_j 是离散的）或 T_j 的最大激发速度为 $V_j > 0$（当 T_j 是连续的）。

②与 T_j 相关的事件 e_j 发生。

2.4.2.3 模糊库所标识的同步更新规则

EEC-FPN 的运行由量变与质变混合交替而成。能耗过程中的量变由模糊库所标识的变化来反映，而因物理、化学反应所引起的质变，则由模糊变迁的外部运算控制数学或语言、规则模型来体现。随着模糊变迁的激发，EEC-FPN 随时间的推移发生量变与质变，此时不仅模糊变迁的状态及标识有效分布情况随标识的产生或消失而发生变化，各模糊库所中标识数目也发生变化。模糊库所标识数目的同步更新规则如下：

①当模糊变迁 T_j 为离散的。当 T_j 在 $t + d_{Tj}$ 激发后：

$$M_i(t+dt) = \begin{cases} M_i(t) - I(P_i, T_j), \forall P_i \in IOP_j \\ M_i(t) + O(P_i, T_j), \forall P_i \in OOP_j \end{cases} \quad (2.1)$$

②当模糊变迁 T_j 为连续的。在时刻 $t \to t + dt$ 里，P_i 的标识变化：

$$M_i(t+dt) = \begin{cases} M_i(t) - V_j \times I(P_i, T_j) \times dt, \forall P_i \in IOP_j \\ M_i(t) + V_j \times O(P_i, T_j) \times dt, \forall P_i \in OOP_j \end{cases} \quad (2.2)$$

综上所述，一个连续型模糊变迁的激发不能改变离散型模糊库所中的标识，只能读取离散型模糊库所中的内容，这使得连续的行为能被离散的标识所改变。同样离散型模糊变迁也只能读取连续型模糊库所中的内容，而不能改变其标识。

2.4.2.4　其他运行规则

当模糊变迁的激发有冲突产生时，按照事先确定的优先级规则消除冲突，如 FIFO 先进先出规则，处理时间最短的操作优先规则，耗能量最少的操作优先规则等。具体的冲突消解策略可见第 4.3 节。另外，离散事件的优先级总是高于受时间驱动的连续变量的变化。

2.4.3　建模原则

为清晰、合理地将企业能源消耗过程映射为 EEC-FPN 的形式，引入以下建模原则：

（1）对于连续型模糊库所用"◎"表示，而离散型模糊库所用"○"表示；对于连续型模糊变迁用"□"表示，而离散型模糊变迁用"▮"表示。

（2）设备的启、停等状态，例如，开关阀、电机或泵的状态用离散型模糊库所表示，相应的设备启、停等操作则用离散型模糊变迁表示，有些离散型模糊变迁的时延表示操作持续的时间。

（3）能耗活动所需能源或物料存放于连续型模糊库所内，用实数表示库所内资源的数量，而用能设备对能源消耗或物质转化等连续工作过程用连续型模糊变迁表示。

（4）模糊库所当中一般定义两种类型的托肯：一种是活动执行命令的托肯，也叫作消息令牌，它总是从 EEC-FPN 网络运行的开始结点到终止结点，它们的时间历程表示生产过程的时间性能；另一种托肯是能耗活动需要的资源，将所有资源分类，不同类型的能源或物料存放于不同的模糊库所中。

（5）能耗过程中的量变在 EEC-FPN 模型中，通常由模糊库所标识的变化来反映，而因物理、化学反应所引起的其他物理参数的变化则由模糊变迁的外部运算控制数学模型来体现。

（6）无论是离散特征映像或是连续特征映像的模糊库所，其动态演化过程是能耗过程某些特征指标的映像或模糊变迁重构的动态过程。模糊变迁的使能与激发依赖于所有输入模糊库所的标识，除与模糊变迁有直接的上下游物质流关系的连续型模糊库所外，模糊变迁的输入模糊库所集必包含相关过程的信息流特征映像模糊库所。

（7）对于能耗过程的并发性、异步性行为，可通过 EEC-FPN 模型中的门集来控制。能源流动中的分支与汇集结构可通过与门、或门以及两者的组合来表示，门集的主要作用是路由管理，它不仅可以控制能源和物料的流动，而且可用于消息令牌的路径选择。分别用不同指向的"△"代表输入与输出门。

2.4.4　建模举例

图 2.5 为某生产过程的部分生产环节，在这部分生产流程中，原料 1 和原料 2 经反应器发生反应，并产生物料 1、物料 2 以及相应的废料，反应器工作的同时消耗电和水；另外，生产工序 1 在同时消耗物料 1 和蒸汽的情况下，输出产品 1；部分产品 1 作为中间产品，为生产工序 2 提供输入物料，并在物料 2 的配合下，输出产品 2。

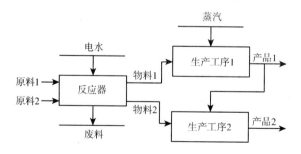

图 2.5　某生产流程示意图

针对该生产流程，依据第 2.4.3 节所述建模原则，基于 EEC-FPN 模型，对其能源消耗过程进行建模，如图 2.6 和图 2.7 所示。其中，图 2.7 为图 2.6 中模糊变迁 T_1 的嵌套子模型，即为反应器的分解细化 EEC-FPN 模型。模型中的符号说明如表 2.1 所示，模型中有关模糊库所到模糊变迁以及模糊变迁到模糊库所的连接强度，分别用表 2.2 所示的向前关联矩阵 $Y_1 = [W^-]^T$ 和向后关联矩阵 $Y_0 = [W^+]^T$ 表示。

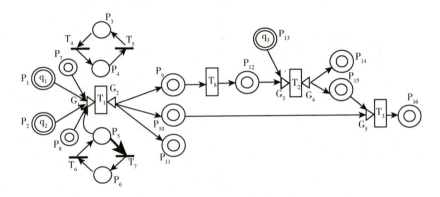

图 2.6　上述生产流程的 EEC-FPN 模型

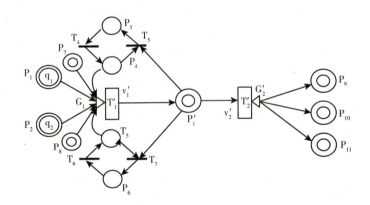

图 2.7　模糊变迁 T_1 的嵌套子模型

表 2.1   图 2.6 和图 2.7 所示模型中模糊库所、模糊变迁以及门集的说明

符号	说明	符号	说明
P_1	原料 1 的输入，其内标识 q_1 是原料 1 的初始值，为正实数或 0	P_{11}	反应器所产废料的输出
P_1'	反应器状态变量 V，即 P_1' 的标识数值为反应器容积 V 的值	P_{12}	物料 1 经冷却后，温度低于设定值时的输出，同时作为生产工序 1，即模糊变迁 T_2 的输入
P_2	原料 2 的输入，其内标识 q_2 是原料 2 的初始值，为正实数或 0	P_{13}	生产工序 1 所需蒸汽的输入
P_3	表示水泵停止工作状态库所	P_{14}	产品 1 的部分输出（企业最终产品）
P_4	水泵正常运行状态库所	P_{15}	产品 1 的部分输出，作为中间产品为生产工序 2 提供输入
P_5	发电机正常供电状态库所	P_{16}	产品 2 的输出（企业最终产品）
P_6	表示发电机停止工作状态库所	T_1	体现反应器的工作特性，为嵌套型模糊变迁
P_7	体现反应器的耗水量	T_2	代表生产工序 1，为嵌套型模糊变迁（子模型略）
P_8	体现反应器耗电量	T_3	代表生产工序 2，为嵌套型模糊变迁（子模型略）
P_9	物料 1 的输出	T_4	表示水泵的开启动作变迁，使能阈值为 1
P_{10}	物料 2 的输出	T_5	表示水泵的停止动作变迁，使能的条件是 V ≥ 反应器上限 V_L，且 M_4(t) = 1

符号	说明	符号	说明
T_6	表示发电机的启动操作变迁，使能阈值为 1	G_1	输入与门，控制原料 1、原料 2 以及水和电对反应器的供应
T_7	表示发电机的关闭操作变迁，使能的条件是 $V \geqslant$ 反应器上限 V_L，且 $M_5(t)=1$	G_2	输出与门，既控制反应器输出物料的流动，又控制库所 P_7 的令牌传送
T_8	表示物料 1 的冷却过程，并保持时延 d_1，T_8 使能条件是当前时刻 $M_9(t)>0$	G_3	输入与门，控制生产工序 1 所需物料的流动
T_1'	表示反应器输入原料的变迁，该连续型模糊变迁的激发速度 v_1' 为反应器的总输入流量 q_i，其使能条件是反应器处于正常工作状态，即 $\tau_1'=1$	G_4	输出或门，控制产品 1 的输出流向
T_2'	表示反应器输出物料的变迁，该连续型模糊变迁的激发速度 v_2' 为反应器的总输出流量 q_o，T_2' 使能的条件是 $V \geqslant$ 阈限 $\tau_2'=800$ 升	G_5	输入与门，控制生产工序 2 所需物料的流动

表 2.2　图 2.6 所示 EEC-FPN 模型的向前和向后关联矩阵

Y_1	T_1	T_2	T_3	T_4	T_5	T_6	T_7	T_8	Y_O	T_1	T_2	T_3	T_4	T_5	T_6	T_7	T_8
P_1	$\omega_{1,1}$								P_1								
P_2	$\omega_{2,1}$								P_2								
P_3			1						P_3						1		
P_4	1			1					P_4				1				
P_5	1							1	P_5						1		
P_6						1			P_6							1	
P_7	$\omega_{7,1}$								P_7								
P_8	$\omega_{8,1}$								P_8								
P_9								$\omega_{9,8}$	P_9	$\omega_{9,1}$							
P_{10}		$\omega_{10,3}$							P_{10}	$\omega_{10,1}$							
P_{11}									P_{11}	$\omega_{11,1}$							

续表

Y_1	T_1	T_2	T_3	T_4	T_5	T_6	T_7	T_8	Y_0	T_1	T_2	T_3	T_4	T_5	T_6	T_7	T_8
P_{12}		$\omega_{12,2}$							P_{12}								$\omega_{12,8}$
P_{13}		$\omega_{13,2}$							P_{13}								
P_{14}									P_{14}		$\omega_{14,2}$						
P_{15}			$\omega_{15,3}$						P_{15}		$\omega_{15,2}$						
P_{16}									P_{16}			$\omega_{16,3}$					

注：$\omega_{1,1}$：原料 1 在管网中的传输率；$\omega_{2,1}$：原料 2 在管网中的传输率；$\omega_{7,1}$：水泵在单位时间内的供水量；$\omega_{8,1}$：反应器正常工作时在单位时间内的耗电量；$\omega_{9,8}$：当前温度低于设定值的物料 1 的数量；$\omega_{10,3}$：物料 2 进入生产工序 2 时的传输率；$\omega_{12,2}$：温度低于设定值的物料 1 进入生产工序 1 时的传输率；$\omega_{13,2}$：蒸汽的输入流量；$\omega_{15,3}$：部分产品 1 作为中间产品投入生产工序 2 时的传输率；$\omega_{9,1}$：反应器输出物料 1 的速率；$\omega_{10,1}$：反应器输出物料 2 的速率；$\omega_{11,1}$：反应器输出废料的传输率；$\omega_{12,8}$：当前温度低于设定值的物料 1 的数量；$\omega_{14,2}$：作为最终产品的产品 1 的输出速率；$\omega_{15,2}$：将用于生产工序 2 的产品 1 的输出率；$\omega_{16,3}$：产品 2 的输出传输率。

生产流程中反应器的工作特性为：起始时反应器为空，并同时注入原料 1 和原料 2（按照特定的流量比），当反应器容积到达 800 升时，开始输出产品。该反应器的数学模型为：$\dfrac{dV}{dt} = q_i - q_o$，其中，$q_i$ 和 q_o 分别为反应器的总输入流量和总输出流量。在该模型中，容积 V 是连续变量，它是连续变化的，而对于反应器工作所需电、水的供应，即发电机、水泵的开机、停机以及紧急情况处理是离散事件。

由上例可以看出，企业能耗过程的主要变量、设备都包含在 EEC-FPN 模型中，该模型的建立以能耗活动为基本活动单元，全面反映了能耗系统组成元素如何协同完成能源消耗过程。能耗过程的动态变化体现为模糊库所标识的变化和模糊变迁的激发，其中，模糊库所标识的变化情况反映了生产中耗能量的状况，模糊变迁的激发对应于能耗活动或能耗设备的工作。该模型不仅描述了连续性的能耗过程，还体现了生产中离散事件对整个能耗过程的影响。依据 EEC-FPN 模型，不仅可以仿真模拟企业能源消耗的动态行为，并且可通过此模型调整生产要素组合、进一步合理安排生产工艺流程以及企业的余能回收利用，实现对企业生产过程的快速重组。

2.5　基于高级模糊 Petri 网的企业能耗过程建模方法研究

为了便于对模型的分析，防止因系统复杂性增加导致模型的过于庞大，建模方法的选取应能有机地结合数据结构和层次分解等特性，在保证模型正确性的同时，避免系统描述的复杂性。

另外，为了使所建模型更加真实地反映企业能耗过程的连续性和动态性，当模糊变迁的前置模糊库所的标识为 0 但其处于被供给状态时，模糊变迁是有可能使能的。而且，由于现实当中，能耗设备在工作时其速度是会随时间等外部因素的影响而发生改变的。因此，为了更真实地反映能耗过程，模糊变迁的瞬时激发速度应当随时间而变，即不为定常速度。此外，模型的构建应尽量避免有效冲突的发生，从而避免死锁以及资源竞争现象的发生。

综合以上分析，本节将在第 2.4 节的研究基础上，从简化模型结构，保障模型安全有界性以及冲突避免性，提高模型真实合理性等角度，研究基于高级模糊 Petri 网的企业能耗过程建模方法。

2.5.1　模型的形式化定义

在面向企业能源消耗过程的模糊 Petri 网模型的基础上，通过引入模糊库所容量限制，保障模型的有界性；通过对变速模糊变迁以及受供给模糊库所的扩展，增强了模型的实际应用性；另外，通过将模糊库所的标识划分为预定和未预定两种状态，避免了模型冲突的发生；同时，通过引入色彩集合对能耗过程中错综复杂的物质流和消息流进行有效的控制与分类管理，从而增强其建模能力。

依据上述分析，将基于模糊高级 Petri 网的企业能源消耗过程模型 (Enterprise Energy Consumption based on High-level Fuzzy Petri Nets, 简称: EEC-HFPN) 形式化地定义为:

定义 2.1*: 基于模糊高级 Petri 网的企业能源消耗过程定义为一个 10 元组: EEC-HFPN $= (P, T, G, C, I(P,T), O(P,T), SP, EP, M_0(p), \sum)$。

其中, $P = \{P_1, P_2, \cdots, P_n\} = P^C \cup P^D$ 是模糊库所的有限非空集合, P^C 为连续型模糊库所集, 用于代表企业原料 (包括能源和非能源等物质) 和成品的仓库, P^D 为离散型模糊库所集, 用于代表能耗过程中的消息或状态位置集。

$T = \{T_1, T_2, \cdots, T_m\} = T^C \cup T^D$ 是模糊变迁的有限非空集合 ($P \cap T = \emptyset$, 即 P 集与 T 集不相交), 其中 T^C 为连续型模糊变迁集, 用于代表企业的能耗活动、能耗设备或生产加工单元, T^D 为离散型模糊库所集, 用于代表能耗过程中的逻辑控制或消息传递等行为动作, 如设备的启、停等操作。

$G = \{G_1, G_2, \cdots, G_k\}$ 是有限的非空门集, 它与变迁的控制相联系, 可用于代表能源传输管网中的分支汇聚以及散出阀门, 并可以控制输入或输出生产中的不同物质流。

C 是与模糊库所和模糊变迁关联的色彩集合, 它为模糊库所中的托肯赋予不同颜色, 从而将模糊库所中存放的不同物料以及相应的消息或状态标识相区分, 即, $C(P_i) = \{a_{i,1}, \cdots, a_{i,ui}\}$, $u_i = |C(P_i)|$, $i = 1, \cdots, n$。另外, 它还为模糊变迁定义了动作色彩集合, 使得模糊变迁的引发规则对应颜色的匹配条件, 从而将能耗过程中有关控制逻辑的使能与能耗活动的使能相区分, 即, $C(T_j) = \{b_{j,1}, \cdots, b_{j,sj}\}$, $s_j = |C(T_j)|$, $j = 1, \cdots, m$。

$I(P,T)$ 是 $C(P) \times C(T)$ 上的一个带标识的模糊关系, 表示模糊库所到模糊变迁的着色有向弧。对 $\forall P_i \in P$, $\forall T_j \in T$, 定义从 P_i 关于色彩 $a_{i,h}$ 到 T_j 关于色彩 $b_{j,k}$ 的连接线上的额定输入量为 $\lambda(a_{i,h}, b_{j,k})$、连接强度为 $\omega(a_{i,h}, b_{j,k})$ 以及相应的输入强度计算函数 $I_{h,k}(P_i, T_j)$, 这里 $I_{h,k}(P_i, T_j)$ 是矩阵 $I(P_i, T_j)$ 的元素, $h = 1, \cdots, u_i$, $k = 1, \cdots, s_j$。在能源消耗过程模型中,

函数 $I_{h,k}(P_i,T_j)$ 和 $\omega(a_{i,h},b_{j,k})$ 可根据具体情况采用不同的定义，例如，当连接强度 $\omega(a_{i,h},b_{j,k})$ 表示"能源传输管网的最大传输率"一类物理意义时，可令 $I_{h,k}(P_i,T_j)=\min\{\lambda(a_{i,h},b_{j,k}),\omega(a_{i,h},b_{j,k})\}$，当连接强度 $\omega(a_{i,h},b_{j,k})$ 表示"传输损耗率"之类含义时，可用 $I_{h,k}(P_i,T_j)=\lambda(a_{i,h},b_{j,k})\times\omega(a_{i,h},b_{j,k})$ 表示能源传输过程中的耗能量。另外，当 $a_{i,h}\in P^D$，即标识 $a_{i,h}$ 用于表示贯穿于能耗过程中的消息或设备工作状态时，$I_{h,k}(P_i,T_j)$ 则用于表示消息流，通常有 $I_{h,k}(P_i,T_j)=\lambda(a_{i,h},b_{j,k})=\omega(a_{i,h},b_{j,k})$ 并且多数情况下取值为 1。

$O(P,T)$ 是 $C(T)\times C(P)$ 上的一个带标识的模糊关系，表示模糊变迁到模糊库所的着色有向弧。对 $\forall P_i\in P$，$\forall T_j\in T$，定义从 T_j 关于色彩 $b_{j,k}$ 到 P_i 关于色彩 $a_{i,h}$ 的连接线上的额定输出量为 $\lambda(b_{j,k},a_{i,h})$、连接强度为 $\omega(b_{j,k},a_{i,h})$ 以及相应的输出强度计算函数 $O_{h,k}(P_i,T_j)$，这里 $O_{h,k}(P_i,T_j)$ 是矩阵 $O(P_i,T_j)$ 的元素。在能源消耗过程模型中，函数 $O_{h,k}(P_i,T_j)$ 的定义，同 $I_{h,k}(P_i,T_j)$ 的定义相似。

$SP\subset P$ 为初始模糊库所集，也即 EEC-HFPN 网络的开始结点。$EP\subset P$ 为终止模糊库所集也即 EEC-HFPN 网络的结束结点。它们分别用于代表能耗过程的开始与结束位置。

$M_0(P)$ 是定义在 P 上的一个取值于 $[0,\infty)$ 中实数的函数，表示库所在运行开始时的初始标记状态，用于代表初始的资源（物料）分配。

$\sum=(E,Q,\Delta,\Pi)$ 是附加信息集合，其中 E 为外部事件集合；Q 为外部运算控制集合，例如，Q 可以为一个系统辨识算法，经过该算法可以识别出生产中某单元能耗设备的数学模型，由该数学模型则可以计算出在特定量输入能源的情况下，该设备的能耗情况和输出产品量；Δ 为支持生产的外部工具集；Π 为生产过程中所涉及的人员信息集合。

定义 2.2*：对 $\forall P_i\in P,P_i=(C(P_i),M_0,M_i(t),D_i,K_i)$。

其中，$C(P_i)=\{a_{i,1},\cdots,a_{i,ui}\},u_i=|C(P_i)|,i=1,\cdots,n$ 是库所 P_i 上所有托肯色（资源类）之集合。

M_0：$C(P_i) \rightarrow R$（非负实数）为模糊库所 P_i 的初始标识，即初始的资源分配。

$M_i(t)$ 是模糊库所 P_i 在时刻 t 的标识，它是一个 $(u_i \times 1)$ 矢量，它反映随时间的变化模糊库所内资源或物料的变化，P_i 在时刻 t 的托肯 $M_i(t)$ 可表示为其色彩 $C(P_i)$ 的累加，即 $M_i(t) = \sum m_{i,h}(t) a_{i,h} = \sum [m_{i,h}^r(t) + m_{i,h}^n(t)] a_{i,h}$，$h = 1, \cdots, u_i$，这里 $m_{i,h}(t)$ 是颜色为 $a_{i,h}$ 的标识在时刻 t 的托肯数量（即一个标识可以被分作多个托肯），而 $m_{i,h}^r(t)$ 和 $m_{i,h}^n(t)$ 分别表示着色为 $a_{i,h}$ 的标识在时刻 t 处于预定状态和非预定状态的托肯数量，同样，处于预定状态的托肯不能使能其他模糊变迁，只有未预定的托肯才能使能相关模糊变迁，从而有效避免了能耗过程中的资源冲突现象。

D_i：$C(P_i) \rightarrow R$（非负数）是与模糊库所 P_i 相联系的时延函数，$D_i = \{d_{i,1}, \cdots, d_{i,ui}\}$，$u_i = |C(P_i)|$，$i = 1, \cdots, n$，这里 $d_{i,h}$ 为模糊库所 P_i 的第 h 个色彩 $a_{i,h}$ 所对应的时延。

K_i：$C(P_i) \rightarrow R^+$（正实数）是模糊库所 P_i 的最大容量值，$K_i = \{K_{i,1}, \cdots, K_{i,ui}\}$，$u_i = |C(P_j)|$，$i = 1, \cdots, n$ 这里 $K_{i,h}$ 为模糊库所 P_i 的第 h 个色彩 $a_{i,h}$ 所对应的最大容量值。

定义 2.3*：对 $\forall T_j \in T$，T_j 是 12 元组：$T_j = [C(T_j), \tau_j, f_j, q_j, e_j, R_j, \Delta_j, PO_j, G_j, N_j, D_{Tj}, v_j(t)]$。

其中，$C(T_j) = \{b_{j,1}, \cdots, b_{j,sj}\}$，$s_j |C(T_j)|$，$j = 1, \cdots, m$，是模糊变迁 T_j 上的所有可能出现动作色彩集合。

τ_j：$C(T_j) \rightarrow R$（非负实数）是模糊变迁 T_j 的点火（使能）阈限，它是一个 $(1 \times s_j)$ 矢量，$\tau_j = \{\tau_{j,1}, \cdots, \tau_{j,sj}\}$，$s_j = |C(T_j)|$，$j = 1, \cdots, m$，这里 $\tau_{j,k}$ 为模糊变迁 T_j 的第 k 个色彩 $b_{j,h}$ 所对应的点火阈限。在能耗过程模型中用点火阈限表示为进行生产所必需的最少原料数或能耗设备工作所需的能源数量。

f_j：$C(T_j) \rightarrow R$（非负实数）是模糊变迁 T_j 的状态转移控制函数，$f_j = \{f_{j,1}, \cdots, f_{j,sj}\}$，$s_j = |C(T_j)|$，$j = 1, \cdots, m$，这里 $f_{j,k}$ 为模糊变迁 T_j 的第 k 个色彩 $b_{j,k}$ 所对应的状态转移控制函数，它是定义在其输入强度 $I_{h,k}(P_i, T_j)$ 上的

一个非负函数，当 $f_{j,k} \geqslant \tau_{j,k}$ 时模糊变迁 T_j 的第 k 个动作色彩具有点火（使能）的能力。

$q_j \subseteq Q$ 是模糊变迁 T_j 的运算控制，可用于表示能耗设备或单元能耗活动的动力学特性，通过 q_j 的运算可得到特定量的输入能源经某种物理、化学反应后所产生的输出产品或中间产品的数量。

$e_j \subseteq E$，e_j 是与 T_j 相联系的外部事件，典型的外部事件如：特定的消息发布，特定的事件发生等。

$R_j = (\varepsilon_j, \pi_j), \varepsilon_j = \{\varepsilon_{j,1}, \cdots, \varepsilon_{j,sj}\}$ 是一个 $(1 \times s_j)$ 矢量，表示 T_j 相关动作色彩的执行者信息，即 $\varepsilon_{j,k} = \begin{cases} 0, & \text{如果 } T_j \text{ 的第 k 个动作色彩为自动完成} \\ 1, & \text{如果 } T_j \text{ 的第 k 个动作色彩由人工完成} \\ 2, & \text{如果 } T_j \text{ 的第 k 个动作色彩由人机交互完成} \end{cases}$，而 π_j

$\subseteq \Pi \cup \{\text{null}\}$，如果 $\varepsilon_{j,k} = 0$，$\pi_{j,k} = \text{null}$，否则 $\pi_{j,k} \in \Pi$。

$\Delta_j \subseteq \Delta$ 表示执行该任务的外部工具；$PO_j = IPO_j \cup OPO_j$ 是模糊变迁 T_j 的输入输出数据对象集，$IPO_j \subset P$ 为 T_j 的输入对象集，$OPO_j \subset P$ 为 T_j 的输出对象集。

$G_j \in G$ 为 T_j 的门集（令 $G_j \in IG_j$ 为 T_j 的输入门集，$G_j \in OG_j$ 为 T_j 的输出门集），它将消息令牌或不同物质流的传送、接收及路由等管理功能从模糊变迁与模糊库所中分离出来，使得模型的结构更加清晰、合理。

$N_j = (1, \int), 1$ 表示该 T_j 的嵌套属性，$1 = \begin{cases} 0, & \text{如果 } T_j \text{ 是原子的} \\ 1, & \text{如果 } T_j \text{ 是嵌套的、抽象的} \end{cases}$，

如果 $1 = 1$，$\int \in \text{EEC-HFPN}_S$，（$\text{EEC-HFPN}_S$ 是 EEC-HFPN 的子网）。

D_{Tj}：$C(T_j) \rightarrow R$（非负实数）是与模糊变迁 T_j 相联系的时延函数，$D_{Tj} = \{d_{Tj,1}, \cdots, d_{Tj,sj}\}$，$S_j = |C(T_j)|, j = 1, \cdots, m$，这里 $d_{Tj,sj}$ 为模糊变迁 T_j 的第 k 个色彩 $b_{j,k}$ 所对应的时延。如果 T_j 由离散型的动作色彩组成，则 D_{Tj} 为 T_j 引发的时延，如果 T_j 由连续型的动作色彩组成，可定义模糊变迁 T_j 的最大激发速度向量为 V_j，而模糊变迁 T_j 关于色彩 $b_{j,k}$ 的最大激发速度

为 $V_{j,k}$。

$v_j(t) = \{v_{i,1}, \cdots, v_{j,vj}\}, s_j = |C(T_j)|, j = 1, \cdots, m$ 为时刻 t 模糊变迁 T_j 的瞬时激发速度向量，其中模糊变迁 T_j 关于任意色彩 $b_{j,k}$ 都有 $0 \leqslant v_{j,k}(t) \leqslant V_{j,k}$。精确地计算每个时刻模糊变迁的瞬时激发速度只具有理论上的可行性。为了近似地表示能耗设备的实际运行情况，本书主要采用了最大速度比例分配法和 5.4 节所研究的线性规划方法。

定义 2.4[*]：如果 EEC-HFPN 模型中存在嵌套型模糊变迁 T_j，即 $l(T_j) = 1, \int(T_j) = \text{EEC-HFPN}_S$，并且 T_j 的输入输出数据对象集分别为 IPO_j 和 OPO_j，则 $SP(\text{EEC-HFPN}_S) = IPO_j, EP(\text{EEC-HFPN}_S) = OPO_j$。

2.5.2 模型的演化规则

2.5.2.1 EEC-HFPN 运行开始和结束

一个 EEC-HFPN 网络被初始化，当且仅当 $\forall P_i \in SP$ 被标识。

2.5.2.2 EEC-HFPN 中模糊变迁的使能

定义 2.5[*]：当且仅当模糊库所 P_i 的输入模糊变迁集[*]P_i 中至少有一个模糊变迁是使能时，称 P_i 在当前时刻是被供给的。

定义 2.6[*]：一个模糊变迁 T_j 关于色彩 $b_{j,k}$ 使能，当且仅当：

① $\forall P_i \in IPO_j$（IPO_j 为 T_j 的输入对象集），如果 P_i 内颜色为 $a_{i,h}$ 的托肯在当前时刻的数量 $\begin{cases} m_{i,h}^n(t) > 0 \text{ 或 } P_i \text{ 关于 } a_{i,h} \text{ 是被供给的}, b_{j,k} \in T^C \\ m_{i,h}^n(t) > I_{h,k}(P_i, T_j), b_{j,k} \in T^D \end{cases}$，其中 $a_{i,h}$ 为动作色彩 $b_{j,h}$ 所需消耗的资源类。

② 对于有时限的 $\forall P_i \in IPO_j$，与模糊库所 P_i 相联系的时限到时，即 P_i 内的关于 $a_{i,h}$ 的未预定令牌为有效令牌时。

③ $f_{j,k} \geqslant \tau_{j,k}$。

定义 2.7 *：使能的连续型模糊变迁有强使能和弱使能之分。如果 $\forall P_i$ $\in IPO_j$ 满足 $M_i^n(t) > 0$，则这个模糊变迁 T_j 在时刻 t 是强使能的，否则是弱使能的。

2.5.2.3　EEC-HFPN 中模糊变迁的激发

定义 2.8 *：一个模糊变迁 T_j 关于色彩 $b_{j,k}$ 被激活，当且仅当 T_j 关于色彩 $b_{j,k}$ 使能并且同时满足下列条件：

①$\forall P_i \in OPO_j$（OPO_j 为 T_j 的输出对象集），$| O_{h,k}(P_i, T_j) + m_{i,h}(t) | \le K_{i,h}$，即模糊变迁 T_j 关于色彩 $b_{j,k}$ 在 P_i 关于色彩 $a_{i,h}$ 的当前标识 $m_{i,h}(t)$ 下是允许的。

②T_j 关于色彩 $b_{j,k}$ 的时延 $d_{Tj,k}$ 到时，或与 T_j 的色彩 $b_{j,k}$ 相联系的事件 $e_{j,k}$ 发生。

2.5.2.4　EEC-HFPN 标识的计算

同 EEC-FPN 一样，随着模糊变迁的激发，EEC-HFPN 随时间的推移发生量变与质变，此时不仅模糊变迁的状态及标识有效分布情况随标识的产生或消失而发生变化，各模糊库所中标识数目也发生变化。模糊库所标识数目的计算如公式（2.3）和公式（2.4）：

①当模糊变迁 T_j 关于色彩 $b_{j,k}$ 为离散型的。当 T_j 关于色彩 $b_{j,k}$ 在 t + dt 激发后，P_i 内颜色为 $a_{i,h}$ 的标识更新为：

$$m_{i,h}(t + dt) = \begin{cases} m_{i,h}(t) - I_{h,k}(P_i, T_j), \forall P_i \in IOP_j \\ m_{i,h}(t) + O_{h,k}(P_i, T_j), \forall P_i \in OOP_j \end{cases} \qquad (2.3)$$

②当模糊变迁 T_j 关于色彩 $b_{j,k}$ 为连续型的。在时刻 t→t + dt 里，P_i 内颜色为 $a_{i,h}$ 的标识变化：

$$m_{i,h}(t + dt) = \begin{cases} m_{i,h}(t) - s_{j,k} \times I_{h,k}(P_i, T_j) \times dt, \forall P_i \in IOP_j \\ m_{i,h}(t) - s_{j,k} \times O_{h,k}(P_i, T_j) \times dt, \forall P_i \in OOP_j \end{cases} \qquad (2.4)$$

2.5.3 建模原则

为清晰、合理地将企业能源消耗过程映射为 EEC-HFPN 的形式，分别用"○"和"□"表示 EEC-HFPN 的模糊库所和模糊变迁，并同时引入以下建模原则：

（1）模糊库所中托肯的类型通常有两种：一种是活动执行命令的托肯，也叫作消息令牌，用标号"○"表示。它总是从 EEC-HFPN 网络运行的开始结点到终止结点，它的时间历程表示能耗过程的时间性能；另一种托肯是能耗活动需要的资源，用标号"●"表示。通常将能耗过程中所涉及的资源分类，并按生产需要将其置于不同的模糊库所中或通过着色后置于同一模糊库所中。

（2）设备的启、停等状态，例如，开关阀、电机或泵的状态用模糊库所中离散型的着色托肯表示，相应的设备启、停等操作则用模糊变迁中的离散型动作色彩表示，有些离散型动作色彩的时延表示操作持续的时间。

（3）能耗活动所需能源或物料用模糊库所中连续型的着色托肯表示，并用非负实数表示资源托肯的数量，而能耗设备对能源消耗或物质转化等连续工作过程用模糊变迁中的连续型动作色彩表示。

（4）能耗过程中的量变在 EEC-HFPN 模型中，通常由模糊库所标识的变化来反映，而因物理、化学反应所引起的其他物理参数的变化则由模糊变迁的外部运算控制，即能耗活动的数学或语言、规则模型来体现。

（5）能耗过程的并发性、异步性行为，由 EEC-HFPN 模型中的门集来控制。能源流动中的分支与汇集结构可通过与门、或门以及两者的组合来表示，门集的主要作用是路由管理，它不仅可以控制能源和物料的流动，而且可用于消息令牌的路径选择。分别用不同指向的"△"代表输入与输出门。

2.5.4　实例

图 2.8 表示一个高压反应流程。两种不同的原料气 A、B 与循环流（以 A 为主并含有少量 B 和 C）混合后进入反应器。反应器在电加热情况下进行 A + B→C + D 反应，其工作温度应维持在 80 ～ 100℃，并且当反应器容积达到 500 升时，应停止进料。反应器出口流股经换热器冷却，减压阀减压后进入闪蒸器。主要产品 C 从闪蒸器底部流出，未反应的 A（及少量的 B 和 C）与废气 D 从闪蒸器汽相出口排出后并送至余能回收环节，使得废气 D 排放，而未反应的 A（及少量的 B 和 C）返回使用。该生产过程除对原料 A、B 的消耗外，其生产设备的主要用能为电和水。

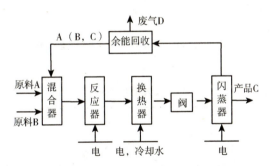

图 2.8　一个高压反应流程

根据第 2.5.3 节所述的建模方法，对该高压反应流程的能耗过程进行建模，如图 2.9 和图 2.10 所示。其中，图 2.9 为该高压反应流程的 EEC-HFPN 模型，图 2.10 为图 2.9 中模糊变迁 T_2 的嵌套子模型，图中模糊库所和模糊变迁中的标号 "○" 和 "●"，分别表示其内所含托肯的种类或动作色彩的类型。模型中的网元素及其约束说明如表 2.3 所示。

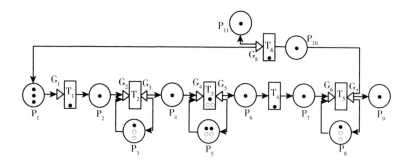

图2.9　一个高压反应流程的 EEC-HFPN 模型

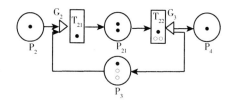

图2.10　图2.9中模糊变迁 T_2 的嵌套子模型

表2.3　　　　　　　　　　　　　　网元素及其约束说明

元素	约束说明
P_1	$C(P_1) = \{a_{1,1}, a_{1,2}, a_{1,3}\} = \{$原料 A,原料 B,循环流 A(B,C)$\}$；$M_0(a_{1,1}) =$ 任意值；$M_0(a_{1,2}) =$ 任意值；$M_0(a_{1,3}) = 0$；$D_1 = \{0,0,0\}$；$K_{1,1} = K_{1,2} = K_{1,3} = +\infty$
P_2	$C(P_2) = \{a_{2,1}\} = \{$混合器的输出物$\}$；$M_0(a_{2,1}) = 0$；$D_2 = \{0\}$；$K_{2,1} = +\infty$
P_3	$C(P_3) = \{a_{3,1}, a_{3,2}, a_{3,3}\} = \{$用于反应器电加热的电能源,供电的标志,停止供电的标志$\}$；$M_0(a_{3,1}) =$ 任意值；$M_0(a_{3,2}) = 0$；$M_0(a_{3,3}) = 1$；$D_2 = \{0,0,0\}$；$K_{3,1} = +\infty$；$K_{3,2} = 1$；$K_{3,3} = 1$
P_{21}	$C(P_{21}) = \{a_{21,1}, a_{21,2}\} = \{$反应器内的反应物,反应器当前温度$\}$；$M_0(a_{21,1}) = M_0(a_{21,2}) = 0$；$D_{21} = \{$反应所需时间,0$\}$；$K_{21,1} =$ 反应器的上限容积；$K_{21,2} =$ 反应器的温度上限
P_4、P_6	$C(P_4) = \{a_{4,1}\} = \{$反应器的输出产物$\}$；$C(P_5) = \{a_{5,1}\} = \{$换热器的输出产物$\}$

续表

元素	约束说明
P_5、$P_7 \sim P_{11}$	$C(P_5) = \{a_{5,1}, a_{5,2}, a_{5,3}, a_{5,4}\} = \{$冷却水，经换热器后排出的热水，供水标志，停止供水的标志$\}$；$M_0(a_{5,1}) =$任意值；$M_0(a_{5,2}) = 0$；$M_0(a_{5,3}) = 1$；$M_0(a_{5,4}) = 0$；$D_2 = \{0,0,0,0\}$；$K_{5,1} = K_{5,2} = +\infty$；$K_{5,3} = K_{5,4} = 1$。$P_7 \sim P_{11}$ 的定义与上述各模糊库所的定义相似
T_1	T_1 反映混合器的工作特性，其使能条件：$(m_{1,1}(t) > 0) \wedge (m_{1,2}(t) > 0)$ 并且 $f_1 = \dfrac{I_{1,1}(P_1, T_1) + I_{3,1}(P_1, T_1)}{I_{2,1}(P_1, T_1)} = \tau_1$（特定的流量比）；相关数学模型，即：$q_1 = I_{1,1}(P_1, T_1) + I_{2,1}(P_1, T_1) + I_{3,1}(P_1, T_1) = O_{1,1}(P_2, T_1)$
T_2	T_2 反映反应器的工作特性，为嵌套型模糊变迁，相关数学模型：$q_2 = \dfrac{d[m_{21,1}(t)]}{dt} = O_{1,1}(P_{21}, T_{22}) - I_{1,1}(P_{21}, T_{21})$
T_{21}	$C(T_{21}) = \{b_{21,1}\} = \{$反应器输入原料$\}$，$b_{21,1}$ 的使能条件为：$[m_{2,1}(t) > 0 \vee a_{2,1}$ 被供给$]$ 并且反应器的当前容积小于 500 升，即：$m_{21,1}(t) < 500$
T_{22}	$C(T_{22}) = \{b_{22,1}, b_{22,2}, b_{22,3}\} = \{$反应器输出原料，开始电加热，停止电加热$\}$；$b_{22,1}$ 和 $b_{22,5}$ 的使能条件：$m_{21,1}(t) \geqslant 500$；$b_{22,2}$ 的使能条件：$(m_{3,1}(t) > 0) \wedge (m_{3,2}(t) == 1) \wedge (m_{3,3}(t) == 0)$ 并且反应器当前的工作温度低于 80℃，即：$m_{21,2}(t) < 80$；$b_{22,3}$ 的使能条件：反应器的当前温度高于 100℃，即：$m_{21,2}(t) \geqslant 100$；$b_{22,4}$ 的使能条件：$m_{21,1}(t) = 0$
T_3	使能条件：$[m_{4,1}(t) > 0] \wedge [m_{5,1}(t) > 0] \wedge [m_{5,3}(t) == 0] \wedge [m_{5,4}(t) == 1]$，其相关数学模型：$q_3 = \begin{cases} I_{1,1}(P_4, T3) = O_{1,1}(P_6, T3) \\ I_{1,1}(P_5, T3) = O_{2,1}(P_5, T3) \end{cases}$
$T_4 \sim T_6$	T_4、T_5（嵌套型模糊变迁）、T_6 分别反应流程中减压阀、闪蒸器及余能回收环节的工作情况，其定义同上
$I(P, T)$	$I(P_2, T_{21}) = [I_{1,1}(P_2, T_{21})] = [$反应器的进料速率$]$；$I(P_1, T_1) = \begin{bmatrix} I_{1,1}(P_1, T_1) \\ I_{2,1}(P_1, T_1) \\ I_{3,1}(P_1, T_1) \end{bmatrix} = \begin{bmatrix} 原料\,A\,的流量 \\ 原料\,B\,的流量 \\ 循环流的流量 \end{bmatrix}$；其他各输入连接关系的定义与此相似

元素	约束说明
$O(P,T)$	$O(P_4,T_2) = [O_{1,1}(P_4,T_{22}) \; O_{1,2}(P_4,T_{22})] = [反应器的输出流量 \; 0]$; $O(P_2,T_1) = \begin{bmatrix} O_{1,1}(P_2,T_1) \\ O_{2,1}(P_2,T_1) \\ O_{3,1}(P_2,T_1) \end{bmatrix} = \begin{bmatrix} 混合器的输出流量 \\ 0 \\ 0 \end{bmatrix}$; 其他各输出连接关系的定义与此相似
$G_1 \sim G_8$	输入、输出门分别与上述各变迁的控制相联系，可控制各能源流或物质流的输入与输出，以及消息流的传送

为对比分析 EEC-FHPN 和 EEC-FPN 在模型结构处理上的不同，将图 2.10 所示子模型采用 EEC-FPN 的方法进行建模，如图 2.11 所示。图 2.11 中 P_1' 表示混合器的输出物仓库，P_2' 表示用于反应器电加热的电能源供给，而 P_3' 和 P_7' 分别表示供电和停电的状态位置，P_4' 内资源的量变则反映了反应器内反应物的量变情况，P_5' 则是反应器当前温度变化的状态位置，而 P_6' 表示反应器输出产物的仓库。此外，T_1' 和 T_2' 则分别表示反应器输入原料和输出原料的动作行为，T_3' 和 T_4' 分别为供电操作和停电操作，其中 T_1' 的使能条件为 $[(m_{1'}(t) > 0) \wedge (100 > m_{2'}(t) \geqslant 80)] \vee [(m_{1'}(t) > 0) \wedge (m_{2'}(t) > 0) \wedge (m_{3'}(t) == 1)]$，$T_2'$ 的使能条件为 $m_{2'}(t) \geqslant 500$，T_3' 的使能条件为 $(m_{5'}(t) < 80) \wedge (m_{3'}(t) == 0) \wedge (m_{7'}(t) == 1)$，$T_4'$ 的使能条件为 $(m_{5'}(t) \geqslant 100) \wedge (m_{3'}(t) == 1) \wedge (m_{7'}(t) == 0)$。对比表 2.3 可知，由于 EEC-FPN 和 EEC-HFPN 的模型结构及形式化定义方法不同，其模型的使能条件等定义也有所不同。

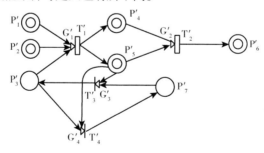

图 2.11　采用 EEC-FPN 建立图 2.10 所示模型

综上分析可以看出，EEC-HFPN 模型在对能耗过程的结构和动态行为方面的信息进行全面描述的同时，不仅简化了模型的结构，而且对模型的描述进一步完善与合理化。结合第 2.4.4 节和第 2.5.4 节分别对基于 EEC-FPN 和 EEC-HFPN 这两种建模方法的建模举例，可以将两种建模方法的不同之处及优缺点总结如下：第一，EEC-HFPN 的定义有机地结合了数据结构等特性，具有比 EEC-FPN 简单的模型结构；第二，EEC-HFPN 中对模糊库所被供给状态和模糊变迁非定常激发速率的引入，使得所建模型更加真实地反映了企业能耗过程的连续性和动态性（参见第 5.4.4 节仿真结果的对比分析）；第三，EEC-HFPN 中预定资源和非预定资源的引入以及模糊库所容量上限等措施的采纳，增强了其模型的安全性及冲突避免能力；第四，虽然 EEC-HFPN 有着较强的建模能力，但其模型仿真分析难度大于 EEC-FPN，即 EEC-FPN 具有易分析、易理解的优点，适用于生产过程较为稳定，流程结构较为简单的能耗过程建模。简言之，随着 EEC-HFPN 建模能力的增强，其模型仿真分析难度将会有所加大。因此，在对企业能源消耗过程进行建模与仿真分析的时候，应根据实际需求，考虑汲取 EEC-FPN 和 EEC-HFPN 这两种建模方法中各自的优点，尽量在建模与仿真分析两者之间做到兼而顾之。

2.6　本章小结

针对能耗过程模型在企业能源消耗系统模型中的重要地位，本章立足于企业能源消耗过程，在分析企业能源消耗过程特点的基础上，研究了企业能耗过程组成因素及其相互作用关系，并给出了企业能耗过程定义元模型；依据模糊 Petri 网的基本工作原理，抓住其运行状态的连续性以及同时对离散状态描述的能力，将其成功地应用到企业能耗过程建模这一新的领域，并提出了一种面向企业能源消耗过程的模糊 Petri 网模型，详细介绍了模型的形式化定义、运行规则以及建模原则，从而将企业的生产过程、物料移动、资源配置、余能回收利用等数字化；另外，为简化模型结构、保障模型的安全有界性以及冲突避免性等，从实用、可行的角度深入研究了一种基于高级模糊 Petri 网的企业能耗过程建模方法，从而进一步完善了模型的语义表达能力。

本章对企业能耗过程模型的建立，独立于特定的能源类型和用能设备，很好地体现了企业能源消耗过程多装置、多过程、多工序的并行、串行、绕行、反馈等特性，实现了企业能耗过程结构和动态行为方面信息的全面描述，为进一步建立企业能源消耗系统模型奠定了坚实的基础，并为下一步仿真分析企业能耗状况提供了依据。所建模型作为企业能效评估的基础，不仅可以通过仿真分析企业能耗状况，并且可通过对模型结构的不断调整实现企业能耗过程的无风险优化重组。

第3章　不确定性因素作用下连续型企业能耗过程建模方法

连续型企业，例如，石油、化工、造纸、冶金等在工业企业中占据着重要的地位，其能源的消耗量直接影响到企业的经济效益和社会效益。然而连续型企业生产能耗过程是一个具有复杂联结关系的动态系统，从原料到产品，种类繁多且结构复杂，生产环境要求苛刻各操作任务相互影响、相互作用，还会受到启/停操作、设备故障等离散事件的影响。在实际生产中往往由于设备老化、外部工作气压与温度的变化等不确定性因素的存在，使得忽略不确定性因素后建立的模型会和实际的生产过程存在着一定的偏差，从而导致基于这种模型的仿真分析结果无法较为真实地反映实际生产状况。针对此问题，郝晶晶和方志耕（2014）将生产系统中的不确定参数（如设备故障率、维修率等）描述为边界清晰但真实值不明确的区间灰数，研究了灰色Petri 网的求解算法，并将其运用在制造系统的性能评估中，但对于连续型企业能耗过程而言，各不确定因素在能耗过程的推进中也是动态变化的，准确反映设备某时刻的工作特性，需将各不确定因素的当前状态及时考虑在内；华东理工大学顾幸生（2000）曾提出了不确定条件下的生产调度方法，该文献侧重于生产过程应急调度和间歇生产过程的调度方面的不确定性因素，并未考虑不确定因素对过程系统中设备自身工作性能的影响。

针对上述问题，为解决不确定性因素作用下连续型企业能源消耗过程的建模。本章将考虑多种不确定性因素对实际企业能耗过程的影响，并综合连续型企业能耗过程中能源、物料与信息的交互，在基本混杂 Petri 网的理论基础上，研究不确定性因素作用下连续型企业能耗过程模型 CECPM_UF（Continuous Energy Consuming Process Model with Uncertain Factors）。建模过程中将三角模糊数引入到混杂 Petri 网模型，通过多属性决策的三角模糊数综合评价法对生产过程中设备的实际激发速率做出决策，旨在建立更加符合连续型企业实际能耗过程的模型。

3.1　基本混杂 Petri 网

3.1.1　混杂 Petri 网的定义

混杂动态系统的运行过程中既有离散事件，又有连续动态过程，因此在建模过程中必须同时考虑这两种因素。在混杂 Petri 网中，通过连续变迁的激发及连续库所的标识变化来刻画连续系统的演变过程；而离散事件的发生则是由离散变迁的激发及离散库所中标识的变化来描述；连续变迁和离散事件之间通过有向弧进行连接实现其交互过程。

定义 3.1：基本混杂 Petri 网的形式化定义是一个六元组：$HPN = (P, T, F, W, V, M_0)$。

其中，$P = P_C \cup P_D = \{P_1, \cdots, P_m\}$（$m \geqslant 0$）是库所的有限非空集合，$P_C$ 表示连续型库所集合，P_D 是离散库所集。

$T = T_C \cup T_D = \{T_1, \cdots, T_n\}$（$n \geqslant 0$）是变迁的有限集合，$T_C$ 是连续变迁集，T_D 是离散变迁。

$P \cap T = \varnothing$，表示位置和变迁是相互独立的。

F 是库所和变迁之间的有向弧集。

W 为有向弧的权重，包括变迁 T_j 和它的输入、输出位置 P_i 之间任一弧的权重。根据有向弧相对于变迁的位置，可分为输入函数集 $I(P_i, T_j)$ 和

输出函数集 $O(P_i, T_j)$。

$V = \{v_1, v_2, \cdots, v_j\}$，表示连续变迁的激发速度。

M_0 表示位置的初始标识，M_t 表示 t 时刻位置的标识。

3.1.2　混杂 Petri 网的基本性质

3.1.2.1　变迁的激发规则

在混杂 Petri 网中存在着两种变迁：离散变迁和连续变迁，它们的使能条件和激发规则是不同的。

（1）离散变迁的激发。存在一个变迁 $T_j \in T_D$，对于任意的 $P_i \in \cdot T_j$，$M(P_i) \geqslant W(P_i, T_j)$，称变迁 T_j 是使能的，离散变迁 T_j 一旦使能就开始激发。

（2）连续变迁的激发。连续变迁的激发与离散变迁的激发不同之处在于，连续变迁并不是瞬间激发的，而是以速度 v_j 连续的激发。当存在一个变迁 $T_j \in T_C$，对于任意的 $P_i \in \cdot T_j$，满足条件 $M(P_i) \geqslant W(P_i, T_j)$ 且 $M(P_i) \geqslant 0$ 时，称连续变迁 T_j 强使能，强使能的变迁的激发速度为 v_j；若只满足条件 $M(P_i) \geqslant W(P_i, T_j)$，但 $^*P_i$ 中至少有一个连续变迁处于激发状态时，则称连续变迁 T_j 是弱使能的，弱使能变迁的激发速度由该变迁激发速度和上游变迁激发速度中的较小值确定。

3.1.2.2　标识的计算

在标识 M 下，使能的变迁 T_j 的激发将产生新的标识 M'，$\forall P_i \in P$：$M'(P_i) = M(P_i) - I(P_i, T_j) + O(P_i, T_j)$。

3.2　连续型企业能耗过程不确定性因素分析

在实际生产过程中，存在着各种不确定因素，它们在一定程度上影响着用能设备的额定工作效率，若不考虑这些因素，则建模分析得到的结果可能与实际生产的情况存在一定的差距。为接近实际情况，本章在计算用能设备瞬时激发速率时引入了三角模糊数。设备的瞬时激发速率除了受到自身生产能力、物料与能源传输管网的传输速率的限制外，还会受到各种外界环境因素的影响，例如，环境温度的变化对设备能效的影响、设备自身的老化、工作电压与电流的不稳定、设备工作所需压力或真空度的变化等，这些不确定因素都会导致生产中各环节实际耗能量与理论计算值不符。

在连续型企业能耗过程中，随着生产的进行，不确定性因素的改变会对设备不同时间的瞬时激发速率造成影响。设备的额定激发速度往往是在一定的生产条件下确定的，而生产环境各不确定因素的改变将会使得设备实际激发速度与额度激发速度之间存在偏差。若将不确定因素 x 的改变对设备额定激发速度的影响程度定义为 $\mu(x)$，$\mu(x)$ 反映了设备能够按额定特性工作的可能性，抑或设备激发速度偏离额定激发速度的程度。由于不同的生产环境和生产对象所涉及的不确定性因素不同，它们的影响规律也不同，概括连续型企业生产中常见不确定因素对实际生产的影响趋势，依据 $\mu(x)$ 的不同，本节总结了四类经典的不确定因素作用规律，如图 3.1 所示。

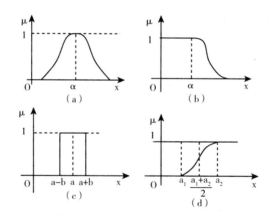

图 3.1　常见不确定性因素对 v_j^n 的影响规律

第一类不确定影响因素对设备额定激发速度 v_j^n 的影响遵循正态分布规律。即，不确定因素 x 对设备额定激发速率 v_j^n 的影响为：

$$\mu(x) = e^{-k(x-\alpha)^2}, k > 0$$

如图 3.1 中（a）所示。这类不确定因素的典型代表如：外部环境的温度等变化对设备自身工作性能的影响。

第二类不确定影响因素对设备额定激发速度 v_j^n 的影响遵循降半正态分布规律。即，不确定因素 x 对设备额定激发速率 v_j^n 的影响为：

$$\mu(x) = \begin{cases} 1 & , x \leqslant \alpha \\ e^{-k(x-\alpha)^2} & , x > \alpha, k > 0 \end{cases}$$

如图 3.1 中（b）所示。这类不确定因素的典型代表如：设备自身的老化对设备工作性能的影响。

第三类不确定影响因素对设备额定激发速度 v_j^n 的影响遵循矩形分布。即，不确定因素 x 对设备额定激发速率 v_j^n 的影响为：

$$\mu(x) = \begin{cases} 0 & , x \leqslant a - b \\ 1 & , a - b < x \leqslant a + b \\ 0 & , a + b < x \end{cases}$$

如图 3.1 中（c）所示。这类不确定因素的典型代表如：生产过程中电压和电流大小对设备工作性能的影响，如果供电电压和电流不在运行所需的范围内，设备将无法工作。

第四类不确定影响因素对设备额定激发速度 v_j^n 的影响遵循升岭形分布规律。即，不确定因素 x 对设备额定激发速率 v_j^n 的影响为：

$$\mu(x) = \begin{cases} 0 & , x \leqslant a_1 \\ \dfrac{1}{2} + \dfrac{1}{2}\sin\dfrac{\pi}{a_2 - a_1}\left(x - \dfrac{a_1 + a_2}{2}\right) & , a_1 < x \leqslant a_2 \\ 1 & , a_2 < x \end{cases}$$

如图 3.1 中（d）所示。这类不确定因素的典型代表如：设备工作环境真空度等的变化对其工作性能的影响。

对于多数连续生产过程，在计算设备瞬时激发速率时，其 $\mu(x)$ 的确定可根据实际不确定因素的影响规律，在图 3.1 所示的四种经典类型中进行归类选择。这四种经典分类反映了多数生产所涉及的常见不确定性因素对 v_j^n 的影响规律，在实际使用时，如有影响特征不同的不确定因素，只需总结该不确定因素的影响规律。

3.3 不确定性因素作用下连续型企业能耗过程模型的形式化定义

在第 3.1 节中，分析了典型的不确定性因素对用能设备的额定工作效率的影响规律。混杂 Petri 网作为对基本 Petri 网的扩展，它为描述混杂动态系统提供了统一的模型框架，本节将依据混杂 Petri 网的基本理论，考虑不确定性因素对设备额定激发速度的影响，提出不确定性因素作用下连续型企业能耗过程模型，其形式化定义见定义 3.2。

定义 3.2：不确定性因素作用下连续型企业能耗过程模型 CECPM_UF 是一个七元组：$CECPM\_UF = (P, T, A, \tilde{V}, I_{init}, O_{init}, M_0)$。

其中，$P = P_C \vee P_D = \{P_1, \cdots, P_m\}$（$m \geq 0$）是库所的有限非空集合。$P_C$ 代表在连续型企业能耗过程中存放资源的仓库，资源包括能源物质和非能源物质（原料、辅料、中间产品和最终产品）。在企业能耗过程中，上、下游设备通过传输管网和存放中间产品的仓库相互连接。$\forall P_i \in P_C$，$^*P_i$ 表示上游设备，仓库 P_i 中的资源由这些上游设备生产输出，若 $^*P_i$ 为空，则表示 P_i 为存放起始原料的仓库；P_i^* 表示下游设备，仓库 P_i 中的资源通过传输管网输入这些下游设备。若 P_i^* 为空，则表示 P_i 中存放的是企业能耗过程的最终产品或最终排放物。P_D 是离散库所集，$\forall P_i \in P_D$ 用于反映设备工作状态，如设备的运行与停止。在模型中，分别用"〇"表示 P_C，"◌"表示 P_D。

$T = T_C \vee T_D = \{T_1, \cdots, T_n\}$（$n \geq 0$）是变迁的有限集合。$T_C$ 是连续变迁

集，$\forall T_j \in T_C$，T_j 代表连续型企业能耗过程中的工序或设备；T_D 是离散变迁，$\forall T_j \in T_D$，T_j 在企业能耗过程中用于表示设备的启、停操作和随机事件（如设备故障）的发生。启、停操作和随机事件的发生会使设备运行状态发生变化。${}^* T_j$ 和 T_j^* 分别表示存放设备 T_j 生产所需物资的仓库和存放 T_j 生产输出的产品的仓库。在模型中，分别用"□"表示 T_C，"⬚"表示 T_D。

$A = \{P \times T\} \vee \{T \times P\}$ 是库所和变迁之间带标识的有向弧集。根据连接对象的不同，模型中定义了连续弧、离散弧和交互弧。其中，连续弧（→）连接连续库所和连续变迁，反映了企业能耗过程中物料、能源的流动；离散弧（⤍）用来连接离散库所和离散变迁，在能耗过程中反映的是设备状态等信息的流动。交互弧（⤳）用于连接连续库所与离散变迁，或离散库所与连续变迁，从而反映连续行为和离散因素之间的交互，详见定义 3.3。

$\tilde{V} = \{\tilde{v}_1, \cdots, \tilde{v}_j, \cdots, \tilde{v}_n\}$（$n \geqslant 0$）为连续变迁的激发速率集，可以反映各用能设备的工作效率，在能耗过程中，各用能设备的激发速率除了受到物料和能源供给速率的影响外，还要受到生产过程中各种不确定因素的影响，为考虑这些不确定因素对设备生产率和能效的影响，在 $\tilde{v}_j$ 的定义中引入三角模糊数，详见定义 3.4。

$I = \{I_{init}, I_t\}$，其中，$I_{init}(P_i, T_j)$：$P_C \times T_C \rightarrow R_0^+$（$R_0^+$ 为非负实数）是起始前向关联函数。在连续型企业能源消耗过程中，$I_{init}(P_i, T_j)$ 反映了用能设备 T_j 在额定激发速率 v_j^n 下单位时间内所消耗的资源。$I_t(P_i, T_j)$：$P_C \times T_C \rightarrow R_0^+$ 表示的是用能设备在 t 时刻瞬时激发速度下单位时间内所消耗的资源。$I(P_i, T_j)$：$P_D \times T_D \rightarrow 1$ 反映了离散事件发生的条件，如设备启、停操作的条件。

$O = \{O_{init}, O_t\}$，其中，$O_{init}(P_i, T_j)$：$P_C \times T_C \rightarrow R_0^+$ 是起始后向关联函数，在连续型企业能源消耗过程中反映用能设备 T_j 在额定激发速度下单位时间内输出某产品的数量。$O_t(P_i, T_j)$：$P_C \times T_C \rightarrow R_0^+$ 表示的是用能设备在 t 时刻瞬时激发速度下单位时间内产出的产品数量，它往往与设备 T_j 的前向关联函数呈某种函数关系，且这种函数关系反映了设备 T_j 自身的工作特性。$O(P_i, T_j): P_D \times T_D \to 1$ 反映了离散事件所带来的状态变化，如启、停操作使设备的状态产生的变化。

$M = \{M_0, M_t\}$，其中，M_0 为各库所的初始标识，对于连续库所 P_C 而言，$M_0(P_C)$ 表示在生产周期开始时各能源、物料或中间产品与成品等仓库的库存量，对于离散库所 P_D，$M_0(P_D)$ 为各设备的初始状态。M_t 表示在生产周期的某个 t 时刻各库所的标识，$M_t(P_C)$ 反映 t 时刻各仓库的库存量，$M_t(P_D)$ 反映 t 时刻各设备的状态。在连续型企业能耗过程中，受仓库库存能力的约束，$\forall P_i \in P_C, 0 \leqslant M_t(P_i) < M^{max}(P_i)$，其中 $M^{max}(P_i)$ 表示最大库存能力。

定义 3.3：交互弧（$\cdots\rightarrow$）在 CECPM_UF 模型中反映了连续行为和离散因素的相互影响，例如，当仓库中的库存量过多或过少时会迫使设备停机。在模型中，若 $P_i \in P_D$ 和 $T_j \in T_C$ 之间通过交互弧连接，从 P_i 指向 T_j，$I(P_i, T_j) = 0$ 表示设备 T_j 与某离散信息 P_i 之间相关联，T_j 的工作将受 P_i 状态变化的影响。此外，若 $P_i \in P_C$ 且 $T_j \in T_D$，那么，对于某交互弧 $I(P_i, T_j)$ 而言，当 t 时刻出现 $M_t(P_i) = 0$ 或 $M_t(P_i) > M^{max}(P_i)$ 的情形，将会引起设备 T_j 停机，这里，$I(P_i, T_j) = 0$ 仅表示停机动作的触发并不会消耗仓库 P_i 中的资源。

定义 3.4：$\tilde{V} = \{\tilde{v}_1, \cdots, \tilde{v}_n\}$ $(n \geqslant 0)$ 为连续变迁的激发速率集。由于生产环境存在着不确定因素，为考虑这些不确定因素对设备生产率与能效的影响，在这里 $\tilde{V}$ 的定义使用三角模糊数描述，第 j 台设备的瞬时激发速率 $\tilde{v}_j = (v_j^l, v_j^n, v_j^m)$，其中 $\tilde{v}_j \in \tilde{V}$，且 $v_j^l < v_j^n < v_j^m$，v_j^l 代表设备的最小激发速率，对于连续型能耗过程，当 v_j^l 趋近于零时，如果不发生意外事件，则假设企业以无穷小的速率维持生产；v_j^m 代表设备的最大激发速率，其值取决于设备在理想状态下的工作特性；v_j^n 是设备的额定激发速率，其取值受用能设备的生产能力和传输管网中资源传输速率等因素制约。

连续型企业生产能耗过程是一个具有复杂联结关系的动态系统，

CECPM_UF 模型要能够描述连续过程和离散事件以及它们相互作用，定义 3.3 中的交互弧正是为了方便地描述连续行为和离散因素之间的交互而引入。定义 3.4 对 CECPM_UF 模型中的激发速率使用三角模糊数描述，但在仿真推进中，设备在某一个时间点的瞬时激发速率应是一个确定的值，所以第 3.4 节将对不确定性因素作用下的设备瞬时激发速率的计算方法进行论述。

3.4　不确定性因素作用下设备瞬时激发速率的计算

对于同一设备，实际工作中往往会同时受多种不同类型外部因素的影响，因此，建模过程中还要考虑对多种不确定因素综合影响的度量。在本节，将重点研究多种不确定因素影响下，对设备瞬时激发速率的计算，通过多属性决策的三角模糊数综合评价法对生产过程中设备的实际激发速率做出决策。

对于某台设备 T_j，它的激发速率为 $\tilde{v}_j = (v_j^l, v_j^n, v_j^m)$，在不同时间，受外部不确定因素的影响，设备的实际激发速率往往不能达到额定激发速率。不妨设影响其激发速率的不确定因素有五项，分别用 f_1，f_2，f_3，f_4，f_5 表示，在能耗过程仿真推进的某一时刻，这些不确定因素的状态取值分别为 x_1，x_2，x_3，x_4，x_5，其中 f_1，f_2 对设备额定激发速率的影响程度用第一类隶属函数 $\mu_1(x)$ 描述，不确定因素 f_3 对设备额定激发速率的影响程度用第二类隶属函数 $\mu_2(x)$ 描述，f_4，f_5 用第三类隶属函数 $\mu_3(x)$ 来描述。对于同一设备而言，因各种不确定因素对其激发速率造成影响的程度也不一样，考虑到评价主体思维的模糊性以及评价指标属性有时很难用清晰数进行定量表示或比较，所以各不确定因素对同一设备激发速率造成的影响程度也用三角模糊数表示。任意不确定因素 i 与 j 比较的标度对应的三角模糊数如表 3.1 所示。

表3.1   **0.1~0.9 标度的含义**

0.1~0.9 五标度	扩展为三角模糊数	含义
0.1	(0.1, 0.1, 0.2)	不确定因素 j 极端重要于 i
0.3	(0.2, 0.3, 0.4)	不确定因素 j 明显重要于 i
0.5	(0.4, 0.5, 0.6)	不确定因素 j 与 i 同等重要
0.7	(0.6, 0.7, 0.8)	不确定因素 i 明显重要于 j
0.9	(0.8, 0.9, 0.9)	不确定因素 i 极端重要于 j

专家根据表 3.1 中的标度建立三角模糊数互补判断矩阵（龚艳冰，2012）。

$$\tilde{A} = \begin{matrix} & f_1 & f_2 & f_3 & f_4 & f_5 \\ f_1 & \tilde{e}_{11} & \tilde{e}_{12} & \tilde{e}_{13} & \tilde{e}_{14} & \tilde{e}_{15} \\ f_2 & \tilde{e}_{21} & \tilde{e}_{22} & \tilde{e}_{23} & \tilde{e}_{24} & \tilde{e}_{25} \\ f_3 & \tilde{e}_{31} & \tilde{e}_{32} & \tilde{e}_{33} & \tilde{e}_{34} & \tilde{e}_{35} \\ f_4 & \tilde{e}_{41} & \tilde{e}_{42} & \tilde{e}_{43} & \tilde{e}_{44} & \tilde{e}_{45} \\ f_5 & \tilde{e}_{51} & \tilde{e}_{52} & \tilde{e}_{53} & \tilde{e}_{54} & \tilde{e}_{55} \end{matrix}$$

其中，$\tilde{e}_{ij} = (e_{lij}, e_{nij}, e_{mij})$，$\tilde{e}_{ji} = (e_{lji}, e_{nji}, e_{mji})$，要求 $0 < e_{lij} < e_{nij} < e_{mji}$，$i, j \in N$，$e_{lii} = e_{nii} = e_{mii} = 0.5$，$e_{lij} + e_{mji} = e_{nji} + e_{nji} = e_{mij} + e_{lji} = 1$。

为合理描述不确定因素之间的相对重要程度，根据矩阵元素的普通集结法公式：

$$\tilde{w} = \left(\frac{\sum_{j=1}^{5} \tilde{e}_{lij}}{\sum_{j=1}^{5} \sum_{j=1}^{5} \tilde{e}_{mij}}, \frac{\sum_{j=1}^{5} \tilde{e}_{nij}}{\sum_{j=1}^{5} \sum_{j=1}^{5} \tilde{e}_{nij}}, \frac{\sum_{j=1}^{5} \tilde{e}_{mij}}{\sum_{j=1}^{5} \sum_{j=1}^{5} \tilde{e}_{lij}} \right) \tag{3.1}$$

可以求得用三角模糊数表示的第 u 种不确定性因素的权重值。

根据以上条件，首先可以得到各个不确定因素对额定激发速率的隶属度

分别为 $\eta_1 = \mu_1(x_1)$，$\eta_2 = \mu_1(x_2)$，$\eta_3 = \mu_2(x_3)$，$\eta_4 = \mu_3(x_4)$，$\eta_5 = \mu_3(x_5)$。

经模糊综合评价后，根据三角模糊数的基本运算（马福民和王坚，2007）：

$$\eta \otimes \tilde{v} = (\eta v_1, \eta v_n, \eta v_m),$$

$$\tilde{w} \otimes \eta \otimes \tilde{v} = (w_1 \eta v_1, w_n \eta v_n, w_m \eta v_m) \tag{3.2}$$

可求得，各种不确定因素影响下设备 T_j 在时刻 t 的新的瞬时激发速率 $\tilde{v}_j(t)$ 为：

$$\tilde{v}_j(t) = \sum_{k=1}^{5} \tilde{w}_k \otimes \tilde{v}_j \otimes \eta_k \tag{3.3}$$

由于在仿真推进中，设备在某一个时间点的瞬时激发速率应是一个确定的值，所以根据三角模糊数期望值公式：

$$E[\tilde{v}_j(t)] = \frac{(1-\lambda)v_j^l(t) + v_j^n(t) + \lambda v_j^m(t)}{2} \tag{3.4}$$

求出三角模糊数 $\tilde{v}_j(t)$ 的期望值。其中 $0 \leqslant \lambda \leqslant 1$，$\lambda$ 值的选择取决于专家的风险态度，在这里规定 $\lambda = 0.5$，表示是风险中立的（龚艳冰，2012）。

3.5　CECPM_UF 模型演变规则与动态特性

CECPM_UF 模型中我们用连续型变迁反映设备的工作，设备的基本生产约束在变迁的激活和使能条件中得到有效的反映，而能源消耗过程中的基本量变情况则通过连续型库所的标识变化有效的反映出来。本节将重点介绍 CECPM_UF 模型中变迁的使能、激活条件，以及连续型库所标识的量变计算方法。

3.5.1　设备的使能和激活

定义 3.5：CECPM_UF 模型中，在时刻 t，$\forall P_i \in P_D$，$\forall T_j \in T_D$ 且

$P_i \in^* T_j$，若 $M_t(P_i) = 1$，则称 T_j 是使能的，表示 T_j 是可以接受启、停操作指令或外部事件的发生。对于使能的设备 T_j，若同时有 $P_i' \in P_C$ 且 $P_i' \in^* T_j$，当满足以下三个条件之一时，用能设备 T_j 可激发，相关条件如下：

条件1：在生产过程中向设备下达了停机指令或遇到设备故障等外部事件。

条件2：仓库库存量低于最低库存量或高于最高库存量时。

条件3：条件1和条件2同时发生。

如图3.12所示，若设备 T_j 在时刻 t 激发，则设备的状态会有以下变化：

$$M_t(P_i) = M_{t-1}(P_i) - I(P_i, T_j) = 1 - 1 = 0$$
$$M_t(P_o) = M_{t-1}(P_o) + O(P_o, T_j) = 0 + 1 = 1$$

$M_t(P_i') = M_{t-1}(P_i')$ 表示仓库中的库存量不会随着设备状态的改变而变化。

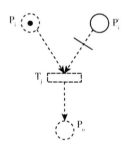

图3.2　离散库所和连续库所连接离散变迁示意图

定义3.6：CECPM_UF 模型中，在时刻 t，$\forall P_i \in P_C$，若 $M_t(P_i) = 0$，且 $^* P_i$ 中至少有一个连续变迁处于激发状态时，则称 P_i 处于被供给状态。在企业能耗过程中表现为存储某种物料或能源的仓库 P_i，如果至少有一台生产这种物料或能源的设备正在工作，则这个仓库 P_i 处于被供给状态。

定义3.7：CECPM_UF 模型中，在时刻 t，$\forall T_j \in T_C, P_i \in P_D, P_i$ 是与 T_j 相关联的状态，若 $M_t(P_i) = 1$，表示设备 T_j 是运行的。在设备 T_j 运行的前

提下，若 $\forall P_i \in {}^* T_j$，$P_i \in P_C$ 且 $M_t(P_i) > 0$，则称 T_j 是强使能的。若 $M_t(P_i) = 0$ 且 P_i 是被供给的，则称 T_j 是弱使能。设备 T_j 可激发的条件如下：

条件1：设备 T_j 是使能的。

条件2：$\forall P_i \in {}^* T_j$，${}^* T = \{P_1, P_2, \cdots, P_n\}$，$I_t(P_1, T_j)$：$I_t(P_2, T_j)$：$\cdots$：$I_t(P_n, T_j)$ 达到设备 T_j 工作所需的配比要求，其中，$n > 0$ 为设备 T_j 的连续输入库所的个数。

若 T_j 是强使能的，则设备的瞬时激发速度将由设备自身特性和不确定性因素的影响决定；若 T_j 是弱使能的，设备的瞬时激发速度受上游设备的制约。

3.5.2　资源的量变计算

在连续型企业能源消耗过程中，各能源或物料仓库中资源的数量变化情况随着各设备激发速度的不同而不同。由于一台设备对某种资源的直接消耗速率与设备自身激发速率的关系为线性关系，那么，在 t 时刻，设备 T_j 的前向关联函数和后向关联函数的更新规则可表示为：

$$\frac{I_t(P_i, T_j)}{I_{init}(P_i, T_j)} = \frac{O_t(P_i, T_j)}{O_{init}(P_i, T_j)} = \frac{E[\tilde{v}_j(t)]}{v_j^n} \qquad (3.5)$$

其中，$E[\tilde{v}_j(t)]$ 可以通过公式（3.4）求出。

在生产周期 τ 内，初始库存 M_0 指生产能耗活动开始时的资源库存，M 指生产能耗活动结束时的末期资源库存。它们的基本关系为：

$$M = M_0 + \int_0^\tau C_t \times E[\tilde{v}_j(t)] \times dt$$

$$= M_0 + \int_0^\tau C_t \times [(1-\lambda)v_j^l(t) + v_j^n(t) + \lambda v_j^m(t)] / 2 \times dt \qquad (3.6)$$

其中，关联矩阵 $C_t = O_t - I_t$。

3.6 实例建模与计算分析

下面以某化工厂片状离子膜固体烧碱的生产过程为应用案例。目前，该企业的膜式片状固碱工艺流程主要采用升膜降膜流程，在该主要流程中，由蒸发工序来的32% ~45%液碱由升膜蒸发器进入，经蒸汽加热至沸腾，蒸发得60%浓液碱，浓碱液被送入降膜浓缩器，液体在降膜管中被高温熔盐加热，沸腾、浓缩，得熔融浓碱。经气液分离器和碱分配器后，熔融碱进入片碱机，然后制得片碱。片状固碱经秤称量后包装入袋即得成品。生产流程如图3.3所示。生产过程中，升膜蒸发器的生产速率为 $\tilde{v}_1 =$ (0.5,2.283,3.425)吨（浓碱液）/小时，蒸汽耗量1.3吨/小时，电耗为6.3千瓦时。降膜浓缩器的生产速率为 $\tilde{v}_2 = $ (0.5,2,3)吨（熔融碱液）/小时，熔盐耗量1吨/小时，糖耗量0.6千克/小时，电耗为5.8千瓦时。片碱机的生产速率为 $\tilde{v}_1 = $ (0.7,2.1,3)吨/小时，电耗7.31千瓦时。生产时间为24小时。仓库中的32% ~45%液碱反应量充足，初始时刻，蒸汽为100吨，熔盐80吨，白糖溶液1吨，其他为0。该过程消耗的能源主要为蒸汽、水和电。

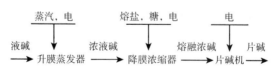

图3.3 片状离子膜固体烧碱工艺简化片段

针对该生产流程，依据本章所述建模方法，对该生产案例的能源消耗过程进行建模，如图3.4所示，模型中的符号说明如表3.2所示。

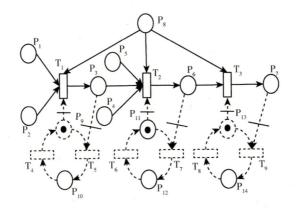

图 3.4　烧碱工艺简化片段的 CECPM_UF 模型

表 3.2　　　　　　　图 3.3 中 CECPM_UF 模型的符号说明

P_1	存放蒸汽，蒸汽压力 0.3~0.4MPa
P_2	液碱仓库，NaOH：32%~45%
P_3	浓液碱仓库，碱浓度 >60%
P_4	白糖溶液仓库
P_5	熔盐仓库，熔盐进浓缩器温度：500℃~530℃
P_6	熔融浓碱仓库，出降膜浓缩器温度：360℃~380℃
P_7	片碱仓库：10 千克/袋
P_8	电能储存
P_9	升膜蒸发器处于正常运行状态
P_{10}	升膜蒸发器处于停机状态
P_{11}	降膜浓缩器正常处于运行状态
P_{12}	降膜浓缩器处于停机状态
P_{13}	片碱机处于正常运行状态
P_{14}	片碱机处于停机状态
T_1	升膜蒸发器，其工作条件为：蒸汽压力 0.3~0.4MPa，真空度 >80kPa，冷却水温度 <38℃，计划工作年限：10 年

T_2	降膜浓缩，其工作条件为：蒸汽压力 0.05～0.09MPa，真空度 >20kPa，冷却水温度 <38℃，计划工作年限：10 年
T_3	片碱机
T_4	升膜蒸发器开机
T_5	升膜蒸发器关机
T_6	降膜浓缩器开机
T_7	降膜浓缩器关机
T_8	片碱机开机
T_9	片碱机关机

对于烧碱工艺简化片段的 CECPM_UF 模型，初始时刻各资源的消耗与输出，以及它们与各设备的运行关系，分别用图 3.5(a)所示的初始前向关联矩阵 I_{init} 和图 3.5(b)所示的初始后向关联矩阵 O_{init} 表示。

$$
\begin{array}{c}
\phantom{P_{1}}\quad T_1 \quad T_2 \quad T_3 \quad T_4\ T_5\ T_6\ T_7\ T_8\ T_9 \\
\begin{array}{c}
P_1 \\ P_2 \\ P_3 \\ P_4 \\ P_5 \\ P_6 \\ P_7 \\ P_8 \\ P_9 \\ P_{10} \\ P_{11} \\ P_{12} \\ P_{13} \\ P_{14}
\end{array}
\left[
\begin{array}{ccccccccc}
1.3 & 0 & 0 & 0 & 0 & 0 & 0 & 0 & 0 \\
4 & 0 & 0 & 0 & 0 & 0 & 0 & 0 & 0 \\
0 & 3.4 & 0 & 0 & 0 & 0 & 0 & 0 & 0 \\
0 & 0.6 & 0 & 0 & 0 & 0 & 0 & 0 & 0 \\
0 & 1 & 0 & 0 & 0 & 0 & 0 & 0 & 0 \\
0 & 0 & 3 & 0 & 0 & 0 & 0 & 0 & 0 \\
0 & 0 & 0 & 0 & 0 & 0 & 0 & 0 & 0 \\
6.3 & 5.8 & 7.31 & 0 & 0 & 0 & 0 & 0 & 0 \\
0 & 0 & 0 & 1 & 0 & 0 & 0 & 0 & 0 \\
0 & 0 & 0 & 0 & 1 & 0 & 0 & 0 & 0 \\
0 & 0 & 0 & 0 & 0 & 1 & 0 & 0 & 0 \\
0 & 0 & 0 & 0 & 0 & 0 & 1 & 0 & 0 \\
0 & 0 & 0 & 0 & 0 & 0 & 0 & 1 & 0 \\
0 & 0 & 0 & 0 & 0 & 0 & 0 & 0 & 1
\end{array}
\right]
\end{array}
$$

(a)初始前向关联矩阵 I_{init}

$$
\begin{array}{c}
\quad\;\; T_1 \quad\; T_2 \quad\; T_3 \quad\; T_4 \; T_5 \; T_6 \; T_7 \; T_8 \; T_9 \\
\begin{array}{c}
P_1 \\ P_2 \\ P_3 \\ P_4 \\ P_5 \\ P_6 \\ P_7 \\ P_8 \\ P_9 \\ P_{10} \\ P_{11} \\ P_{12} \\ P_{13} \\ P_{14}
\end{array}
\left[
\begin{array}{ccccccccc}
0 & 0 & 0 & 0 & 0 & 0 & 0 & 0 & 0 \\
0 & 0 & 0 & 0 & 0 & 0 & 0 & 0 & 0 \\
2.283 & 0 & 0 & 0 & 0 & 0 & 0 & 0 & 0 \\
0 & 0 & 0 & 0 & 0 & 0 & 0 & 0 & 0 \\
0 & 0 & 0 & 0 & 0 & 0 & 0 & 0 & 0 \\
0 & 2 & 0 & 0 & 0 & 0 & 0 & 0 & 0 \\
0 & 0 & 2.1 & 0 & 0 & 0 & 0 & 0 & 0 \\
0 & 0 & 0 & 0 & 0 & 0 & 0 & 0 & 0 \\
0 & 0 & 0 & 0 & 1 & 0 & 0 & 0 & 0 \\
0 & 0 & 0 & 1 & 0 & 0 & 0 & 0 & 0 \\
0 & 0 & 0 & 0 & 0 & 0 & 1 & 0 & 0 \\
0 & 0 & 0 & 0 & 0 & 1 & 0 & 0 & 0 \\
0 & 0 & 0 & 0 & 0 & 0 & 0 & 0 & 1 \\
0 & 0 & 0 & 0 & 0 & 0 & 0 & 1 & 0
\end{array}
\right]
\end{array}
$$

（b）初始前向关联矩阵 O_{init}

图 3.5　烧碱工艺 CECPM_UF 模型的初始关联矩阵

在连续型企业生产过程中，资源消耗与产出速率和设备瞬时激发速率都会受到各种不确定性因素的共同影响。以 t 时刻升膜蒸发器的瞬时激发速度的计算为例，影响升膜蒸发器工作的不确定性因素有：蒸汽压力 f_1、冷却水温度 f_2、真空度 f_3 和设备老化 f_4，它们之间的三角模糊数互补判断矩阵如图 3.6 所示。

$$
\begin{array}{c}
\qquad\quad f_1 \qquad\qquad\quad f_2 \qquad\qquad\qquad f_3 \qquad\qquad\qquad f_4 \\
\begin{array}{c}
f_1 \\ f_2 \\ f_3 \\ f_4
\end{array}
\left[
\begin{array}{cccc}
(0.5,0.5,0.5) & (0.35,0.45,0.55) & (0.5,0.6,0.7) & (0.2,0.25,0.4) \\
(0.45,0.55,0.65) & (0.5,0.5,0.5) & (0.6,0.7,0.8) & (0.3,0.3,0.4) \\
(0.3,0.4,0.5) & (0.2,0.3,0.4) & (0.5,0.5,0.5) & (0.1,0.15,0.25) \\
(0.65,0.75,0.85) & (0.6,0.7,0.8) & (0.75,0.85,0.9) & (0.5,0.5,0.5)
\end{array}
\right]
\end{array}
$$

图 3.6　与 T_1 相关的不确定因素间三角模糊数互补判断矩阵

由公式（3.1）可以得到四种不确定因素的三角模糊数权重值分别为：

$$\tilde{w}_1 = (0.168, 0.225, 0.307)$$

$$\tilde{w}_2 = (0.201, 0.256, 0.336)$$

$$\tilde{w}_3 = (0.12, 0.169, 0.236)$$

$$\tilde{w}_4 = (0.272, 0.35, 0.436)$$

假设不确定因素 f_1 的隶属度函数用前述第三类隶属度函数 μ_1 描述，其中 μ_1 的参数取值分别为 $a_1 = 0.3$，$a_2 = 0.4$；不确定因素 f_2 用第二类隶属度函数 μ_2 描述，μ_2 的参数取值为 $a = 38$，$k = 0.1$；不确定因素 f_3 用第四类隶属度函数 μ_3 描述，其中 μ_3 的参数取值为 $a_1 = 70$，$a_2 = 80$；设备老化因素 f_4 用第二类隶属度函数 μ_4 描述，其中 μ_4 的参数为 $a = 10$，$k = 0.1$。升膜蒸发器的对应额定瞬时激发速度的条件如表 3.2 所示，在物料和能源供给充足，仓库容量足够的条件下，t_1 时刻升膜蒸发器的工作环境为：蒸汽压力为 $x_1 = 0.38\text{MPa}$；真空度为 $x_2 = 78\text{kPa}$；冷却水温度为 $x_3 = 40℃$；设备使用了 13 年。

根据本章第 3.4 节提出的多种不确定性因素共同作用下设备瞬时激发速率的计算方法，可得：

$$\eta_1 = \mu_1(x_1) = 1$$

$$\eta_2 = \mu_2(x_2) = e^{-k(40-38)^2} = e^{-0.1 \times 4} \approx 0.67$$

$$\eta_3 = \mu_3(x_3) = 0.5 + 0.5\sin\frac{\pi}{10}(78 - \frac{150}{2}) = 0.50822$$

$$\eta_4 = \mu_4(x_4) = e^{-k(13-10)^2} = e^{-0.1 \times 9} \approx 0.407$$

由公式（3.2）可以得到：

$$\tilde{v}_1 = \sum_{k=1}^{4} \tilde{w}_k \otimes \tilde{v}_1 \otimes \eta_k = (0.237, 1.426, 2.841)$$

由公式（3.4）可以得到当前 t 时刻，在不确定性因素影响下升膜蒸发器的实际瞬时激发速度为：$v_1(t) = (0.5 \times 0.237 + 1.426 + 0.5 \times 2.841)/2 = 1.4825$（吨/小时）

为对比分析不确定因素对设备瞬时激发速率的影响，假设 t_2 时刻升膜蒸发器工作环境中的蒸汽压力、真空度、冷却水温度均与 t_1 时刻的相同，但设备的使用年限从 13 年增加到了 15 年。依上述步骤，求解 t_2 时刻升膜蒸发器瞬时激发速率，可得：

$$\tilde{v}_1(t_2) = \sum_{k=1}^{4} \tilde{w}_k \otimes \tilde{v}_1 \otimes \eta_k = (0.193, 1.167, 2.356)$$

$$v_2(t_2) = (0.5 \times 0.193 + 1.167 + 0.5 \times 2.356)/2 = 1.2207（吨/小时）$$

由 t_1，t_2 时刻升膜蒸发器的瞬时激发速率可以看出，纵然其他生产条件完全相同，但因设备的老化程度不同，就导致了设备瞬时激发速率的差异。

对比传统的建模方法（王坚和张悦，2012；马福民和王坚，2008），忽略模型语义的不同，在生产条件和这里完全相同的情况下，单从设备瞬时激发速率的计算上来做对比，如表 3.3 所示：

表 3.3　　　　　不同建模方法下升膜蒸发器瞬时激发速率对比　　单位：吨/小时

$v_1(t)$	t_1	t_2
CECPM_UF	1.4825	1.2207
EEC-FPN	2.283	2.283
FOHPN	2.283	2.283

表 3.3 中的数据表明，若采用马福民和王坚（2008）的 EEC-FPN 模型和王坚和张悦（2012）的 FOHPN 模型，升膜蒸发器 t_1，t_2 时刻的瞬时激发速率均为额定激发速率，这两种建模方法未能反映不确定性因素的影响。而本章所提建模方法 CECPM_UF，充分考虑了不确定性因素的综合影响，并及时地反映在瞬时激发速率上，使得所建模型更加符合实际生产过程。

3.7　本章小结

本章在连续型企业能耗过程的建模中，考虑不确定性因素对设备瞬时激发速度的影响将使所建模型更加符合实际能耗过程的需要。由于各种不确定性因素对同一设备瞬时激发速度的影响又各不相同，往往无法用简单的数值描述它们的关系，所以使用三角模糊数互补判断矩阵描述各因素之间的比较关系，对不确定因素影响性的描述做了有效地拓展和补充。本章还将连续型企业能耗过程中设备的瞬时激发速度描述为由最小瞬时激发速度、额定激发速度和最大瞬时激发速度组成的三角模糊数，并通过多属性决策的三角模糊数综合评价法对生产过程中设备的实际激发速率做出决策，这不但有效地反映了设备自身工作性能的动态变化，而且使得设备能耗随着其工作性能的变化而动态改变。在 CECPM_UF 模型中，通过交互弧的引入更加清晰地反映了连续行为和离散事件的交互，从而使得建模过程中更为直观地反映了企业能耗过程中能源、物料和信息的相互作用关系。

第4章　企业能耗单元输入输出模型

企业能源消耗系统涉及因素众多，而企业能耗过程模型主要反映了各组成因素之间的相互作用关系以及能耗过程的结构和过程逻辑。虽然，过程模型具有重要的地位，但单元模型却是系统模型的基本组成部分，也是系统模型的基础，正如第2.1节所述，单元模型和过程模型构成了系统的基本模型。本章将基于第2章对企业能耗过程模型的研究，着重展开对企业能耗单元模型的研究。

能耗单元模型是企业能耗系统模型的基础，也是分析各能耗单元用能状况和设备能效的依据。然而，由于不同行业或同一行业的不同企业，其用能设备各有差异，从而造成能耗单元种类繁多，而对于一个稍微复杂的企业能耗系统，所涉及的能耗单元将会成百上千。这里，能耗单元不单单局限于用能设备本身，还包括各种个体能耗过程单元。不同能耗单元的工况特性各有差异，其模型的表现形式更具有多样性；即使是同一能耗单元，例如，同一化工设备，亦并非只能有同一种模型，依问题的性质、模拟的任务与要求不同，同一种设备的模型，亦可有繁有简、有粗有细，可有多种不同的选择。能耗单元模型不可能也不必要完全描述实际用能设备或能耗活动，只需反映我们感兴趣的主要特性。根据人们对实际能耗单元的了解以及建立模型的目的，可以按照不同的分类方式将能耗单元模型分为线性模型或非线性模型、输入输出模型或状态空间模型、确定性模型或随机模型、连续时间模型或离散时间模型等。在这里，由于模型建立的目的是模拟设备或单元的能源消耗行为，即解决模拟型问题，而输入输出模型可以反映能耗单元在给定输入数据（如进料组成、流量等）以及表达系统特性数据（如各个单元的设备参数等）的情况下，预测其输出的数据（如产品的组成、流量等）。因此，这里将介绍能耗单元输入输出模型，模型的表现形式一般用数学、逻辑或其他抽象的方法进行描述，尽管它们并非都具有精确的数学表达形式，但统称为数学模型。

4.1　企业能耗单元输入输出模型建立方法分析

由于研究能耗单元输入输出模型主要用于分析企业能耗单元的用能状况、设备能效，因此，为了充分反映能耗单元的用能工况特性，能耗单元输入输出模型的建立大体上可从以下几个方面入手：第一，物料衡算方面：直接表达物料守恒关系；第二，能量衡算方面：直接表达能量守恒关系即热力学第一定律的方程；第三，设备约束方面：能耗单元作为一项特定的用能设备，其中进行的过程都将受到具体设备的约束，而使物料通过时按照特定的关系发生变化。表达这方面关系的方程，称为设备约束方程，这类方程中时常含有某些设备参数。例如分流器模型中，根据分流率（分流器的设备参数）计算两股（或多股）出口物流流量的方程，就属于设备约束方程。在推导这类方程时有时也要用到物料守恒或能量守恒的关系，但它们主要还是反映具体设备中的过程特点。另外，能耗单元输入输出模型的表示形式主要以形式化程度最高的数学模型为主，并辅以简单的规则或语言模型的形式描述能耗过程的逻辑规则或辅助说明。

虽然当前在能耗单元模型方面的研究成果较多，但究其建模方法，通常采用系统建模方法中的机理建模、辨识建模以及两者相结合的方法。对于不同的系统，往往根据各自的特点采用不同的建模方法。

4.1.1　机理建模

机理建模是一种常用的建模方法，是根据实际系统工作的物理或化学过程机理，分析系统的结构和系统运动的规律，在某种假定条件下，按照相应的理论（如化学动力学原理、物料平衡、能量平衡、信息传输，以及质量守恒和传热传质原理等）推导出描述系统的数学模型，建立的模型可能是线性的或非线性的，其模型形式有代数方程、微分方程、差分方程、偏微分方程等，这类建模有时也称为白箱建模。

机理建模一般只能用于比较简单的系统建模或较低层次、较小范围的系统状态描述；对于比较复杂的实际过程来说，机理建模方法有较大的局限性。这是因为进行机理建模时，对研究对象一般都需要提出合理的假设或简化，否则会使问题过于复杂化。然而，由于环境条件的复杂多变，这些假定往往不一定能符合实际情况，况且实际过程的机理有时也并未被人们完全认识清楚。此外，过程的某些影响因素也可能在不断变化，而又难以精确描述。因此，在对于复杂系统模型的建立，采用机理建模方法往往难以奏效。

由于机理建模本身的局限性，当前，机理建模方法主要用于简单能耗单元的模型建立。属于机理建模本身的方法有很多，包括直接分析法（如线性规划和目标规划模型等）、概率统计方法（对随机服务系统进行系统分析）、系统动力学方法（适用于社会经济系统的长期发展规划）和状态空间方法（用于控制系统的分析与设计）等，然而用于能耗单元输入输出模型建立的机理建模手段通常是依靠设备或单元的物料或能量平衡关系，以及相应的传热传质原理建立其输入原料和输出产品之间确定的映射关系。究竟采用什么样的原理、定理或定律进行能耗单元输入输出模型的建立，主要取决于能耗单元本身的特性以及模拟任务的具体需要。就最简单的混合器来看，其输入输出模型的建立，往往只需要进行简单的物料衡算，但如果根据需要要求计算混合后出口物料的温度，那么则还需进行相应的热量衡算，此时同一混合器其输入输出模型的繁简程度就有很大的不同。又例如固定床反应器（杨友麒和项曙光，2006），如果需要根据化学反应动力学的关系来计算其（基于进料中某一组分的）转化率，以及出口物料组成，则其输入输出模型是一个分布参数模型，要用到微分方程；但是，如果转化率作为模型中的一项已知设备参数而被给出，则这样的简化模型就只属于是集中参数模型；若又是稳态的（主要研究的参数不随时间变化而变化），就只含有代数方程。由这些例子可以看出，采用机理建模法建立能耗单元输入输出模型时，应针对模拟任务的具体需要，区别不同情况，合理地选取模型及其相应的机理分析手段。另外，采用这种方法所建立的能耗单元输入输出模型往往是确定性的数学模型（如代数方程、微分方程等）。

4.1.2 辨识建模

辨识建模方法是利用系统实际运行或试验过程中所取得的输入输出数据，采用各种辨识算法来建立系统数学模型的建模方法。由于系统的输入和输出信号一般是可测量的，而系统的动态特性必然表现在这些输入和输出数据之中，即使对系统的结构和参数一无所知，也可以通过多次测量得到系统的输入和输出数据来求得系统的模型，该模型是对实际系统的一个合适的近似（Sjöberg J. et al.，1995）。因此，从某种意义上说，系统辨识法比机理分析法灵活。系统辨识的主要研究内容有：系统辨识的试验设计，系统模型结构辨识，系统模型参数辨识，系统模型验证。建立一个好的模型往往需要足够多的、准确的数据，而且这些数据应覆盖所有主要的运行工况。

由于系统辨识建模方法无须深入了解系统内部的复杂机理，仅需通过对系统动态行为信息的测试和分析便可建立其模型，因此，对于某些复杂的能耗单元或用能设备，由于其内部机理难以了解，且大多为复杂非线性系统，通常情况下很难得到其精确的解析表达式，一般采用系统辨识建模的方法来构造（逼近）能耗单元或设备的输入输出模型。近年来，系统辨识技术得到了飞速发展，并在线性系统辨识方面取得了比较成熟的理论，其主要方法有：最小二乘法、辅助变量法、极大似然法等。而对于非线性系统的辨识还没有形成完整的理论体系，其方法主要有 Volterra 级数、神经网络以及模糊逻辑系统辨识等。其中神经网络以其自学习能力、任意非线性函数的逼近能力以及良好的容错性能在非线性系统的模型辨识中受到了广泛的关注，并在企业能耗单元模型的研究方面取得了广泛的应用。如，谢安国和陆钟武（1998）利用神经网络的 BP 算法，构造了钢铁企业炼铁和烧结工序能耗的影响因素定量分析模型；Geng 等（2016）构造了用于能效预测的径向基函数（Radial Basis Function，RBF）人工神经网络。神经网络所建模型已不再是传统的代数方程、微分方程、状态方程等，而是具有神经网络结构形式的智能模型，利用神经网络对非机理性因素进行系统分析，建立企业能耗单元输入输出模型，从而实现企业复杂能耗单元用能状况分析是当前主要采用的能耗单元用能分析和预测评价方法。

4.1.3　机理分析和辨识建模相结合

机理建模只适用于简单系统的建模，而系统辨识法则必须设计一个合理的实验方法，以便有效地测试并尽可能多地获得过程所包含的各种有用信息，因此，在实际过程的建模中，通常把机理分析法和系统辨识法有机结合起来，对机理已知的部分采用机理建模方法，机理未知的部分采用辨识建模方法，即灰箱建模法（Sohlber B.，2003；Paulescu M. et al.，2017；Kicsiny R.，2017；Jiménez-González A. et al.，2017）。

结合上述三种方法，国内外在企业能耗单元模型的研制方面已经取得了较多的研究成果，分别针对不同的用途和目的，对不同工业领域所涉及的设备研制了大量的设备模型，其中不乏各种设备的用能输入输出模型。由于，在系统工程的研究活动中，要真正解决问题，有赖于在实践中合理地利用已有的模型，正确地改造已有的模型，创造性地建立或发展新的模型。因此，本章将在继承这些已有的单元过程建模与分析方法的基础上，从非线性系统建模这一有待进一步发展与完善的角度出发，针对企业复杂能耗单元的特点和需求性，研究复杂非线性系统建模方法，从而为企业复杂能耗单元输入输出模型的建立提供新方法。

4.2　基于改进资源分配网络的企业能耗单元输入输出模型

能耗单元的输入输出模型的建立对于了解企业的用能状况、设备能效以及建立其物料或能量平衡模型等具有重要的意义。然而，对于某些复杂的能耗单元或用能设备，由于非线性系统的复杂性，通常情况下很难得到其精确的解析表达式，一般采用系统辨识建模的方法来构造（逼近）能耗单元或设备的输入输出模型（如第4.1节分析）。

在非线性系统的模型辨识中，神经网络以其自学习能力、任意非线性函数的逼近能力以及良好的容错性能而受到了广泛的关注，并取得了较多的研究成果，尤其是近年来发展起来的径向基函数（RBF）神经网络以其拓扑结构简单和易于学习等优点，成为一种新的用于非线性系统模型辨识的工具。建立 RBF 网络模型的关键在于选择适当的隐节点数以及确定合适的中心向量。常用的学习方法是在学习过程中根据某种准则动态地添加或删除隐节点，以达到网络结构适当的要求。其中最著名的是 Platt 提出的资源分配网络（RAN）学习算法（Feng S. H. & Guan X. J. , 2007）。

对于复杂系统，用神经网络建立模型，初始的训练样本难以保证知识的完整性和有效性，往往存在着冗余和噪声，加上神经网络自身的高度非线性，当训练数据增多时，往往由于网络结构过于庞大和训练时间超长而影响了神经网络的实用性。另外，常用的 RAN 网络由新性条件决定网络结构，而新性条件受输入样本的影响较大，尤其是矛盾及异常样本的存在对网络的训练有很大影响，因为矛盾样本都企图向有利于自己的方向调整权值，会使网络的权值或阈值难以修正，而异常数据的存在会影响网络模型的泛化能力。对于上述问题，一方面，有待于神经网络研究的不断进展；另一方面，随着其他一些智能方法的发展，利用神经网络与这些方法的集成技术予以解决也是目前的一个发展方向（Hassan Y. F.，2017；Cheng Q. et al.，2016）。

波兰数学家 Z. Pawlak 于 1982 年提出的粗糙集理论（Rough Set Theory，RS）是一种较新的软计算（soft computing）方法，它能有效地分析和处理不精确、不一致、不完整等各种不完备信息。粗糙集理论以信息系统决策表为主要工具，可以提取描述信息的主要特征，消除信息系统中冗余的属性，通过知识约简提取有用的决策规则，从决策表中发现隐含的知识，揭示潜在的规律，或在保证分类质量不变的前提下寻求描述系统特征的最小简化规则集合。经过二十多年的研究和发展，粗糙集理论以其在智能信息处理方面的突出特点，目前已经成功的应用到机器学习与知识发现、数据挖掘、决策支持与分析、专家系统、归纳推理、模式识别等新一代智能信息系统和自动化技术应用领域。

粗糙集理论与神经网络作为智能信息处理较为有效的两种方法，均可以用于系统的非机理建模以及非线性函数的拟合，但都有着各自的缺点与不足，同时又可以优势互补，例如，粗糙集方法只适用于处理量化的数据且无法保证模型的完备性，即无法保证对每一个新样本都能给出决策判断，泛化能力较差，而神经网络在这方面则具有明显的优势，经过训练可以有效地给出新样本的决策输出，具有良好的外推特性；另外，粗糙集可以有效地简化带有冗余和噪声的初始训练样本，加快神经网络训练的速度，提高网络模型的精度。因此，两者的集成则可以很好地利用两者之间的优点而相互弥补其不足，为复杂非线性系统的模型辨识提供了一种新的工具。

基于上述分析，针对资源分配网络设计中存在的问题，本章在这里将介绍一种基于粗糙集和正交最小二乘（OLS）学习算法的 RAN 神经网络，并将其应用于企业能耗单元输入输出模型的辨识。首先，通过粗糙集知识约简，提取训练样本中能够表征能耗单元输入输出模型典型特征的有用信息，作为隐节点的中心向量候选集；其次，根据新性条件的判断，结合OLS 算法完成 RAN 网络的学习训练，并给出了算法的具体实现步骤；最后，通过企业能耗单元输入输出模型的实例仿真计算，验证了该方法的有效性。

4.2.1 资源分配网络

资源分配网络（RAN）学习算法是 Platt 于 1991 年提出的，其主要思想是当神经网络在学习过程中对某个样本不能给出较好响应时，则分配一个新隐节点以改善网络对该样本的响应；如果当前网络对样本的响应较好，则通过调节网络权值来提高模型辨识的精度。资源分配网络的学习行为是根据新性条件来决定分配新的隐层节点或调整现有节点的参数。

RAN 网络结构和 RBF 网络完全一样，是一种单隐层的前向网络，其结构如图 4.1 所示。

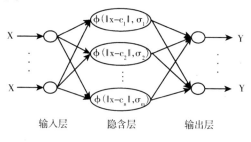

图4.1 RAN 网络结构

　　隐层各节点采用径向基函数作为激活函数，径向基函数有很多不同的形式，例如，Gaussian 函数、Multiquadric 函数、Inverse Multiquadric 函数以及 Cauchy 函数，其中最为常用的是 Gaussian 型激活函数，RAN 神经网络中第 k 个隐节点实现以下局部映射：

$$\phi_k(X_i) = \exp\left(-\frac{\|X_i - C_k\|^2}{2\sigma_k^2}\right) \tag{4.1}$$

　　式中，$X_i = [X_{i1}, X_{i2}, \cdots, X_{in}]$ 为第 i 个输入样本向量；$C_k = [C_{k1}, C_{k2}, \cdots, C_{kn}]$ 为第 k 个隐节点的中心向量，与 X_i 具有相同的维数；σ_k 为第 k 个隐节点径向基函数的扩展常数，也称为半径，决定了该基函数围绕中心点的宽度。$\|X - C\|$ 为向量 $X - C$ 的范数，是对输入向量 X 与中心 C 的距离的一种衡量。在一维情况下，径向基函数的输出与 $\|X - C\|$ 以及半径 σ 之间的关系如图 4.2 所示。

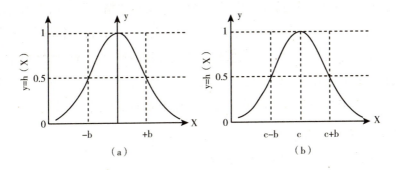

图 4.2　Gaussian 径向基函数的输出特性

　　其中，图 4.2（a）表示中心点 c = 0 时的基函数输出图形，在 x = ±b 点，基函数的输出为 0.5，通过调整 σ 的值，可使得当 $\|X - c\| \leqslant b$ 时，基函数的输出大于或等于 0.5。图 4.2（b）表示中心在 c 点时基函数的输出图形。

　　由此可见，径向基函数仅仅对隐节点数据中心附近的输入敏感，随着与中心向量距离的加大，基函数的输出很快衰减到 0，衰减的快慢由基函数的半径 σ 决定，σ 越小，衰减越快，表现为一种局部映射的特性。

因此，径向基函数是一种局部分布的、对中心对称衰减的非负非线性函数。局部分布是指仅当输入落在输入空间一个很小的指定区域时，隐单元的径向基函数才做出有意义的非零响应。对中心径向对称衰减是指与基函数中心向量 C 径向距离相同的输入，隐节点中的径向基函数都产生相同的输出。并且输入与隐节点的数据中心越近，隐节点对输入的响应越大。通过调整半径 σ 的值便可调节径向基函数的局部响应区域。

整个 RAN 网络的输入输出方程为：

$$y(i) = w_0 + \sum_{k=1}^{m} w_k \phi(X_i) \tag{4.2}$$

式中，m 为当前网络中隐节点的个数；w_0 为偏移量；w_k 为输出层与隐层第 k 个节点间的连接权值。

开始时网络没有任何隐节点（即不记忆任何模式或样本），w_0 是网络的默认输出。RAN 学习算法由隐节点分配策略和"精调"网络参数的学习规则组成。学习过程中，循环地检查各样本输入输出对，当算法发现某个样本（X，T）不能由当前网络实现并满足新性条件时，就向网络添加一个隐节点以记忆该模式。该新性条件为：

（1）当前样本输入距离最近的隐节点中心向量超过某一定值 δ（距离准则）：

$$\| X - C_{nearest} \| > \delta \tag{4.3}$$

（2）神经网络的输出与样本输出的偏差大于某一定值 ε（误差准则）：

$$\| T - Y(X) \| > \varepsilon \tag{4.4}$$

公式（4.3）认为当前样本输入距离已有的数据中心都较远；公式（4.4）认为当前样本的期望输出值与当前神经网络的实际输出值相差太大。

上述两个条件须同时满足才分配新的隐节点，否则通过神经网络的迭代算法来逐步消除神经网络的学习误差。调节网络权值以提高模型辨识精度的迭代学习通常采用 LMS 算法。

LMS 算法即 δ 规则，设有 p 组输入/输出样本 $u_p/d_p, p = 1, 2, \cdots, L$。网络在第 p 组样本输入下的输出 y_p 为：

$$y_p(t) = \sum_{j=0}^{n} w_j(t) u_{jp} \qquad (4.5)$$

定义目标函数：

$$E_p(t) = \| d_p - y_p(t) \|^2 = \frac{1}{2} [d_p - y_p(t)]^2 = \frac{1}{2} e_p^2(t) \qquad (4.6)$$

$$J(t) = \frac{1}{2} \sum_p \| d_p - y_p \|^2 = \frac{1}{2} \sum_p \sum_k (d_{kp} - y_{kp})^2 = \frac{1}{2} \sum_p e_p^2(t)$$
$$\qquad (4.7)$$

学习的目的是使

$$J(t) \leqslant \varepsilon \qquad (4.8)$$

用于权值调整的自适应学习算法为：

$$w_j(t+1) = w_j(t) - \eta \frac{\partial E_p(t)}{\partial w_j(t)} = w_j(t) + \eta e_p(t) u_{jp} \qquad (4.9)$$

式中 w 为输出层的权值，η 为学习步长。

将

$$\eta = \alpha \,/\, \| u_p \|^2 \qquad (4.10)$$

代入上式，可得：

$$w_j(t+1) = w_j(t) + \alpha \frac{e_p(t) u_{jp}}{\| u_p \|^2} \qquad (4.11)$$

式中，α 是常数，$0 < \alpha < 2$，可使算法收敛。

当 $J(t) \leqslant \varepsilon$ 时，算法结束。

4.2.2　粗糙集与知识约简

粗糙集理论是建立在分类机制的基础上的，认为分类是在特定空间上的等价关系，而等价关系构成了对该空间的划分。粗糙集理论将知识理解为对数据的划分，每一被划分的集合称为概念。粗糙集理论的主要思想是利用已知的知识库，将不精确或不确定的知识用已知的知识库中的知识来（近似）刻画。

4.2.2.1　知识与不可分辨关系

在粗糙集理论中，"知识"被认为是一种将现实或抽象的对象进行分类的能力。设 $U \neq \phi$ 是我们研究的对象组成的有限集合，称为论域。任何子集 $X \subseteq U$，称为 U 中的一个概念或范畴，空集也是一个概念。U 中的任何概念族称为关于 U 的抽象知识，简称知识。一般情况下我们只对在 U 上能形成划分的那些知识感兴趣，划分的定义如下：

$$\pi = \{X_1, X_2, \cdots, X_n\} \tag{4.12}$$

其中，$X_i \subseteq U, X_i \cap X = \phi; \bigcup_{i=1}^{n} X_i = U, i \neq j, i,j = 1,2,\cdots,n$。

论域 U 上的一族划分称为关于 U 的一个知识库（knowledge base）。

假定我们起初对全域里的元素具有必要的信息或知识，通过这些知识能够将其划分到不同的类别。例如，我们对一班学生的描述，可以有男生和女生、党员和非党员等，按照这些知识可以将这班学生分成"男生党员"、"男生非党员"、"女生党员"和"女生非党员"四个不同的类别，而在每一个类别中，如果没有其他的知识，两个学生将具有相同的信息，则他们就是不可区分的（即根据已有的信息不能够将其划分开），显然这是一种等价关系。

设关系 R 是论域 U 上的一族等价关系，x、y 为 U 中的两个对象，若

对于任意的 $a \in R, a(x) = a(y)$，则称对象 x、y 是关于 R 不可分辨的，即是二元等价的。称：

$$IND(R) = \{(x,y) \in U \times U | a(x) = a(y), \forall a \in R\} \qquad (4.13)$$

为论域 U 上的不可分辨关系。对象 x 在关系 R 上的等价类表示为：

$$[x]_R = \{y : y \in U, xRy\} \qquad (4.14)$$

关系 R 的所有等价类一般用 U/R 来表示。若 $P \subseteq R$，且 $P \neq \phi$，则 $\cap P$（P 中所有等价关系的交集）也是一个等价关系，记为 ind（P）。且有：

$$[x]_{ind(P)} = \bigcup_{R \in P} [x]_R \qquad (4.15)$$

不可分辨关系是粗糙集理论最基本的概念，在此基础上引入了成员关系，上近似和下近似等概念。

对于论域中的每个子集 $X \subseteq U$ 和不可分辨关系 R，集合 X 的下近似集和上近似集可以分别定义为：

$$\underline{R}X = \cup \{y \in U/R | Y \subseteq X\} \qquad (4.16)$$

$$\overline{R}X = \cup \{y \in U/R | Y \cap X \neq \Phi\} \qquad (4.17)$$

下近似集 $\underline{R}X$ 是那些根据知识 R 判断肯定属于 X 的 U 中元素组成的集合；上近似集 $\overline{R}X$ 是那些根据知识 R 判断可能属于 X 的 U 中元素组成的集合。上近似和下近似集合的差集：

$$bn_R(X) = \overline{R}X - \underline{R}X \qquad (4.18)$$

称为 X 的 R 边界域，是那些根据知识 R 既不能判断肯定属于 X 又不能判断肯定属于 ～X（即 U – X）的 U 中元素组成的集合；下近似集 $\underline{R}X$ 也称为集合 X 的 R 正域，记为：POS_R（X）；那些根据知识 R 判断肯定不属于 X 的 U 中元素组成的集合称为 X 的 R 负域：

$$neg_R(X) = U - \overline{R}X \qquad (4.19)$$

根据上述定义，显然有：

$$\overline{R}X = POS_R(X) \cup bn_R(X) \tag{4.20}$$

并且，X 为 R 可定义集，当且仅当 $\overline{R}X = \underline{R}X$；X 为 R 粗糙集，当且仅当 $\overline{R}X \neq \underline{R}X$。

图 4.3 给出了一维数据信息的粗糙集上、下近似描述示例。

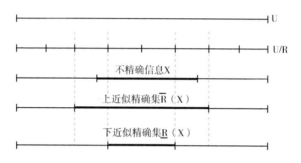

图 4.3　不精确信息的上、下近似描述

由上述定义可知，集合的不精确性是由于边界域的存在而引起的，集合的边界域越大，其精确性则越低。为了更准确地表达这种不精确性，引入近似精度的概念，由等价关系 R 定义的集合 X 的近似精度为：

$$\alpha_R(X) = \frac{|\underline{R}X|}{|\overline{R}X|} \tag{4.21}$$

其中，$X \neq \phi$，$|X|$ 表示集合 X 的基数。精度 $\alpha_R(X)$ 反映了我们了解集合 X 的完全程度，显然，对于每一个 R 和 $X \subseteq U$，有 $0 \leq \alpha_R(X) \leq 1$。

4.2.2.2　决策表与知识约简

决策表是一张二维表格，每一行描述一个对象，每一列描述对象的一种属性，属性分为条件属性和决策属性。这一工具在粗糙集理论中起着重要的作用。

表 4.1 为一简单的决策表，论域 U 有 5 个对象，编号 1～5，{a,b,c} 是条件属性集，{d,e} 为决策属性集。

表 4.1   决策表

U	a	b	c	d	e
1	1	0	2	1	1
2	2	1	0	1	0
3	2	1	2	0	2
4	1	2	2	1	1
5	1	2	2	0	2

论域中的对象根据条件属性的不同，就可以被划分到具有不同决策属性的决策类。然而对于分类来说，并非所有的知识（属性）都是同等重要的，甚至有些是不必要的、冗余的。为了得到所有属性中比较重要的属性集，就要用到粗糙集理论中一个重要的概念：知识约简。所谓知识约简就是在保持分类能力不变的条件下，删除其中不相关或不重要的知识。知识约简包括属性约简和规则约简。

属性约简是粗糙集理论中非常重要的内容，目前，国内外学者已提出了若干个属性的约简算法。由于在决策表中不同的属性可能具有不同的重要性，为找出某些属性的重要性，通常的方法是从决策表中去掉这个属性，考察没有该属性后分类的变化情况。若去掉该属性相应变化较大，则说明该属性比较重要；反之，说明该属性不是太重要。如在表 4.1 中，删除属性 a 或 b 并不影响决策表的分类能力。

属性约简定义为不含多余属性并保证分类正确的最小条件属性集。一个决策表可能同时存在几个约简，这些约简的交集定义为决策表属性的核，核中的属性是影响分类的重要属性。约简与核的数学定义如下：

设 R 为一族等价关系，$r \in R$，如果：

$$IND(R) = IND(R - \{r\}) \tag{4.22}$$

则称 r 为 R 中不必要的，也即可以约简的；否则就是必要的，不可以约简的。如果每一个 r∈R 都是必要的，则称 R 为独立的。

设 P⊆R，若 P 是独立的，且 IND(P) = IND(R)，则称 P 为 R 的一个约简；R 的约简往往不止一个，所有约简的交集称为核，记作 Core(R)。属性核包含在所有的简化之中，它可以作为所有简化的计算基础；也可解释为当属性化简时，它是不能消去的重要属性的集合。

在信息系统决策表的应用中，需要研究条件属性的分类相对于决策属性的分类之间的关系，因此相对约简和相对核的概念十分重要。定义如下：

设 P 和 Q 为 U 中的等价关系，Q 的 P 正域记为 $POS_P(Q)$，即

$$POS_P(Q) = \bigcup_{X \subseteq U/Q} PX \qquad (4.23)$$

Q 的 P 正域是 U 中所有根据分类 U/P 的信息可以准确划分到关系 Q 的等价类中去的对象集合。对任意的 r∈P，如果

$$POS_P(Q) = POS_{(P-\{r\})}(Q) \qquad (4.24)$$

则称 r 为 P 中不必要的，否则 r 为 P 中必要的。如果 P 中每个 r 都为 Q 必要的，则称 P 为 Q 独立的。

设 R⊆P，如果 R 为 Q 独立的，且

$$POS_R(Q) = POS_P(Q) \qquad (4.25)$$

则称 R 为 P 的 Q 约简。

由于求所有属性约简是 NP 难题（Pawlak Z.，1998），因此到目前为止，还没有一个高效的求最佳与所有属性约简的算法。不过，在实际应用中，往往只要求出某种次优的属性约简就可以了。一般的做法是采用启发式信息找出最优或次优约简（张腾飞、肖健梅和王锡淮，2005）。

知识约简的另外一个主要内容是决策规则的约简。

设 S = <U,R,V,f> 是一个决策表，R = C∪D，C∩D = φ。令 X_i，Y_j 分

别代表 U/C 与 U/D 中的各个等价类，des(X_i)表示对等价类 X_i 的描述，即等价类 X_i 对于各条件属性值的特定取值，des(Y_j)表示对等价类 Y_j 的描述，即等价类 Y_j 对于各决策属性值的特定取值。

决策规则定义如下：

$$r_{ij}: des(X_i) \rightarrow des(Y_j), Y_j \cap X_i \neq \phi \qquad (4.26)$$

任何决策表 S = < U, R, V, f > 可以看作如下形式的（广义）决策规则集（张文修，2001）：

$$\wedge(c,v) \rightarrow \vee(d,w) \qquad (4.27)$$

其中，$c \in C, v \in V_c, w \in V_d, \wedge(c,v)$ 称为规则的条件部分，$\vee(d,w)$ 称为规则的决策部分。

可见，在决策表中，每个样本代表了一条决策规则。属性约简之后，决策表已经得到了简化，但此时的决策表仍然存在着冗余的样本以及样本中一些不确定的信息，我们希望通过粗糙集理论的分析处理，利用决策规则的提取算法得到决策表中最简的决策规则，并且完全覆盖决策表中每个确定的类。

在决策表中，每一样本最终分类归属的确定，是由它的各个条件属性取值决定的，而在这众多的条件属性值中，有些属性值对决策并不是必要的，对该样本的分类归属不起决定作用，对于这样的冗余属性值，希望发现并删去它，为了得到最简的更确切的决策规则，需要对决策规则进行化简，使得经过简化处理的决策表中的一个样本就代表一类具有相同规律特性的决策规则，称之为决策规则的约简。决策规则的约简也就是计算每条规则的核和简化，消去每一个决策规则的不必要条件属性值，它不是整体上的简化属性，而是针对每一个决策规则，去掉表达该规则的冗余属性值。约简后的决策规则具有与约简前的决策规则相同的功能。

将决策规则表示成蕴涵式的形式：$\varphi \rightarrow \psi, \varphi, \psi$ 分别称为 $\varphi \rightarrow \psi$ 的前件

和后件。φ 中包含的属性集合记为 P，以 φ/（P－{a}）表示从 φ 中移去属性 a 对应的值后剩余的条件部分，则对于属性 a∈P，我们称 a 在该规则中是冗余的，当且仅当：φ→ψ 蕴涵 φ/（P－{a}）→ψ；否则，a 在该规则中就是必要的。如果 ∀a∈P 在该规则中都是必要的，则称该规则是独立的。

P 的一个子集 R 是规则 φ→ψ 的一个约简，如果 φ/R→ψ 是独立的而且 φ→ψ 蕴涵 φ/R→ψ。此时 R 称为是既约的。

规则 φ→ψ 的所有必要属性组成的集合称为该规则的核，记作 core（φ→ψ）。去掉了冗余属性值的决策表称为条件属性的核值表。

在表 4.1 中，对于第一条规则 $a_1b_0c_2→d_1e_1$，去掉 a_1、b_0、c_2 中的任何一个得到的规则在系统中都是正确的，即都蕴涵在规则 $a_1b_0c_2→d_1e_1$ 中，因此该规则的核为空。进一步约简，得到 $b_0→d_1e_1$，这已经是最简的规则。在第二条规则 $a_2b_1c_0→d_1e_0$ 中，去掉 c_0 后得到的规则 $a_2b_1→d_1e_0$ 在系统中是不相容的，故属性 c 在该规则中是核属性，最后可以得到约简的规则 $b_1c_0→d_1e_0$。类似的也可以得到剩余的规则。

在表 4.1 中，注意到第三条和第四条规则，同样是在 a＝1 and b＝2 and c＝2 的条件下，却有两个不同的结论 d_1e_1 和 d_0e_2，因此是矛盾的。在决策表中，如果两个规则的条件属性取值完全相同，而决策属性的取值不同，则这两个规则就是不相容（矛盾）规则。含有不相容规则的决策表称为不相容或不一致决策表。

由于不相容规则会给决策表的分析和应用带来许多不确定性的影响，目前，国内外的学者已进行了较多的研究，而且提出了各种解决方法，主要有：

（1）加权综合法：为每条规则赋以一定的权值系数，将每条规则所得到的不同的结论进行加权求和，得到最终的结论，通常在模糊推理系统中被采用；

（2）试探法：如果发生多条规则之间存在冲突，就考虑这些规则的后续规则所得到的结果，最终保留一个合适的结论，这种方法搜索范围太大；

（3）高信任度优先法：根据每条规则所得结论的可信度，选择结论可信度最高的规则，如果规则同时具有最大可信度或可信度差别微弱时，则无法确定最合适的规则；

（4）多（少）数优先原则：选择覆盖多（少）数样本的规则，如果在生成规则时，出现频率高和低的样本都有相应的规则来反映，那么适合用多数优先原则，而少数优先原则适合于考虑特例的情况。

考虑到个别不相容样本是由噪声引起的，这里采用多数优先的原则对不相容规则进行处理。

4.2.3　基于粗糙集和 OLS 学习算法的资源分配网络

4.2.3.1　基于粗糙集的数据预处理

在用粗糙集理论对样本数据处理之前，要先将连续属性值离散化。属性值的离散化是指将条件属性划分为若干个子区间，并将划分结果用 1，2…表示，以此区间来代替原有实值，从而使决策表泛化。为了便于处理，在此用离散化区间的中点值来表示离散化的结果，例如，区间 (a,b)，用 $(a+b)/2$ 表示这个区间的离散化值，好处是用神经网络实现的时候省去了离散化的环节。

利用粗糙集数据处理的优势，通过属性相对约简和规则获取，从训练样本中提取出数据内部蕴涵的决策规则。由于经过粗糙集数据预处理得到的最小简化决策规则约简掉了矛盾的样本和冗余的信息，体现了初始数据中的典型特征，因此，将每条决策规则的条件部分作为一个隐节点的候选中心向量，可以使得 RAN 网络在学习过程中迅速地逼近系统的非线性特征，并且得到较为精简的网络结构。另外，在基于粗糙集的知识约简处理过程中，采用的是条件属性相对于决策属性的相对知识约简，因此，中心向量的选取同时利用了样本输入和样本输出的信息。

假设经过知识约简和规则提取之后得到属性集（attr1，attr2，attr3）和如下的决策规则：

Rule 1： （attr1,1）（attr2,0）（attr3,1）－－>（d,1）

Rule 2： （attr1,1）（attr2,0）（attr3,2）－－>（d,1）

Rule 3： （attr1,2）（attr2,1）（attr3,2）－－>（d,2）

其中，（attr1,1）表示 attr1 的取值范围在以 1 为中心的一个区域。可以将决策规则的前件作为 RAN 网络的中心向量候选集，即

$$C_1 = [1,0,1]; C_2 = [1,0,2]; C_3 = [2,1,2]$$

由于在资源分配网络中，各隐层节点的中心向量维数是相等的，因此，在基于粗糙集理论的数据分析处理中，只考虑属性的约简而不涉及属性值的约简。例如，在上面的规则集中，前两条规则可以进一步约简，得到

Rule 1'： （attr1,1）（attr2,0）－－>（d,1）

将此决策规则的前件映射为 RAN 网络的中心向量，即 $C_{1'} = [1,0]$；$C_2 = [2,1,2]$。两个隐节点的维数不相等，为神经网络的设计和计算带来了麻烦。因此，只考虑属性的约简。

径向基函数的半径，即扩展常数，可以根据离散化的区间大小进行设置，例如，设（attr1，2）代表属性 attr1 所在的离散化区间为（0，4），根据径向基函数的输出特性，其半径可以设置为 2，为便于调节，可以再乘上一个系数 β，即扩展常数初始化为 2β。对于多维空间向量，可以根据每一个属性的离散化区间对基函数的多维扩展常数进行设置。

粗糙集规则自动提取的优点以及对数据训练样本的预处理能力，为 RAN 神经网络的构造和学习提供了一个良好的前置系统。

尽管经粗糙集数据分析得到的规则集冗余较小，但规则集的数量有时仍较大，此时只需选择其中"足够好"的规则子集来构造 RAN 的网络结

构，这里利用正交最小二乘（OLS）算法从候选集中逐步选取对输出能量贡献较大的中心向量加入到 RAN 网络的隐层节点。

4.2.3.2　正交最小二乘学习算法

S. Chen（1999）提出 OLS 算法的目的就是用来选择径向基函数网络的中心，其基本思想是：由 OLS 算法导出的误差下降速率指标为依据，按照每个正交向量对误差下降速率的贡献大小，依次选取作为网络的中心向量，因此所得到的网络不但具有唯一性，而且具有最少的中心数目。

OLS 算法利用了线性回归模型，将公式（4.2）所表达的 RAN 网络的输入输出方程看作是下面的线性回归模型的一种特殊情况：

$$d(n) = \sum_{i=1}^{M} x_i(n)a_i + e(n), n = 1, 2, \cdots, N \qquad (4.28)$$

其中，$d(n)$ 是模型期望的输出，a_i 为模型参数，$x_i(n)$ 是模型的回归因子，$e(n)$ 为残差。将上式改写为向量的形式：

$$d = Xa + e \qquad (4.29)$$

其中，$d = [d(1), d(2), \cdots, d(N)]^T, a = [a_1, a_2, \cdots, a_M]^T, X = [x_1, x_2, \cdots, x_M]^T$，而 $x_i = [x_i(1), x_i(2), \cdots, x_i(N)]^T, 1 \leqslant i \leqslant M, e = [e(1), e(2), \cdots, e(N)]^T$。

回归因子向量 x_i 的集合构成了一个基向量空间，由于回归因子之间通常是相关的，无法清楚地知道每个回归因子对于输出能量的贡献大小，因此，利用 OLS 算法把回归因子向量 $x_1, x_2, \cdots, x_M$ 变换为一组正交基 $u_1, u_2, \cdots, u_M$，这样便能够很容易地计算出每个基向量对输出能量的贡献大小。变换的方法可以用标准的 Gram-Schmidt 正交化方法：

$$u_1 = x_1 \qquad (4.30)$$

$$\alpha_{ik} = u_i^T x_k / u_i^T u_k, 1 \leqslant i < k \qquad (4.31)$$

$$u_k = x_k - \sum_{i=1}^{k-1} \alpha_{ik} u_i, k = 1, 2, \cdots, M \qquad (4.32)$$

由于利用粗糙集理论对输入样本进行数据分析得到的候选中心向量都是各不相同的，如果把所有候选向量均映射为 RAN 网络的隐节点，根据 Micchelli 定理（Micchelli C. A.，1986），隐层输出矩阵 $H \in R^{N \times N}$ 是可逆的。由 RAN 网络的输入输出方程可知，目标输出 y 可以由 H 的 N 个列向量线性表示，而且 H 的 N 个列向量对 y 的能量贡献显然是不同的，因此可以从 H 的 N 个列向量中按能量贡献大小依次找出 $M \leqslant N$ 个向量构成 $\hat{H} \in R^{N \times N}$，直到满足给定误差 ε，即

$$\| y - \hat{H}w_0 \| < \varepsilon \qquad (4.33)$$

式中，w_0 是使 $\| y - \hat{H}w_0 \|$ 最小的最优权矢量 w 的值。一旦确定了 $\hat{H}$，也就确定了网络的中心向量。

4.2.3.3 基于粗糙集和 OLS 的 RAN 学习算法

将粗糙集数据分析得到的每个候选中心向量看作是回归因子向量 x_i，则 x_i 对输出能量的贡献大小可以由 RAN 网络隐层输出矩阵 H 的对应列向量来体现。由于 H 的各列并不正交，因此，OLS 算法对 H 的列的选择是在对 H 作 Gram-Schmidt 正交化的过程中实现的，其步骤如下：

第一步：设定 RAN 网络的新性条件，即距离和误差准则的设定值 δ 及 ε；计算隐节点输出矩阵 H，并令 H 的 N 个列向量为 $h_1^1, h_1^2, \cdots, h_1^N$，构成 N 维欧氏空间 E_N^H。

第二步：把当前训练样本输出数据矢量 y 投影到 $h_1^1, h_1^2, \cdots, h_1^N$，如果 y 与某一个 h_1^k 具有最大的夹角，即 $y^T h_1^k / (\| y \| \cdot \| h_1^k \|)$ 的绝对值达最大（表示该 h_1^k 对 y 有最大能量贡献），则把 h_1^k 对应的回归因子向量 x_i，即对应的候选中心向量选为 RAN 网络第一个隐节点中心。h_1^k 构成一维欧氏空间 E_1。

第三步：利用广义逆方法计算网络的输出权值（包括偏移），得到网

络对样本的训练误差，如果训练误差小于设定值则终止算法，否则判断是否满足新性条件：

- 若不满足新性条件，则通过迭代学习算法训练网络权值，以减小网络的学习误差。

- 若满足新性条件，则对上一步剩余的 N − 1 个向量作 Gram-Schmidt 正交化，使之正交于 E_1，得到 $h_2^1, h_2^2, \cdots, h_2^{N-1}$；找出与 y 有最大投影的 h_2^j，选择与之对应的候选向量为第二个隐节点中心并计算网络输出权值和训练误差。

第四步：重复以上步骤，直使网络训练误差小于给定值，从而得到 M 个隐节点中心向量。

如果候选集中心向量全部加入到 RAN 网络隐节点并通过迭代学习仍然无法满足精度要求，则说明粗糙集数据分析离散化区间过大，丢失了较多有用信息，可以增加离散化区间个数，或者增加新的训练样本，重新采用上述方法进行 RAN 网络中心向量的选取，直到满足一定要求为止。

为叙述方便，将基于粗糙集和 OLS 算法的 RAN 网络记为 RS-RAN 网络。

4.2.4 企业能耗单元输入输出模型仿真实例

4.2.4.1 样本数据预处理

某化工反应装置的机理模型为：

$$z = \begin{cases} \{2/[1 + \exp(-x/ay)] - 1\} \times y, & x < 3y \\ \{2/[1 + \exp(-3/a)] - 1\} \times x/3, & x \geqslant 3y \end{cases} \quad (4.34)$$

其中，装置的输入为原料 1（记为 x）和原料 2（记为 y），并按照特定的流量比进行反应，输出为流量连续变化的产品（记为 z），以此机理模型产生的数据作为训练样本进行仿真计算。

为适应能耗单元的非线性特征，建立其动态的网络模型，采用 [x (t −

1)，x(t-2)，y(t-1)，y(t-2)]作为输入，[z(t-1)，z(t-2)，…，z(t-n_y)]作为反馈，即

$$z(t) = f[x(t-1), x(t-2), y(t-1), y(t-2),$$
$$z(t-1), z(t-2), \cdots, z(t-n_y)]^T \qquad (4.35)$$

记录 800 组数据用于网络的训练，300 组数据用于模型测试。根据前面介绍的方法，首先对采样数据进行预处理。采用等区间的离散化方法对连续属性进行离散化，再通过经验调整，得到尽可能合理的离散化区间。利用粗糙集理论对量化数据进行属性约简，根据属性的重要性度量，选取对模型输出较重要的输入变量，即，通过属性约简选择输出反馈合适的回归量 n_y，以降低神经网络输入空间的维数。

设置 n_y 初始值为 5，如此一来，建立的决策表包含 9 个条件属性。通过粗糙集属性约简，约去 3 个不太重要的条件属性，得到 6 维的神经网络输入空间，[x(t-1)，x(t-2)，y(t-1)，y(t-2)，z(t-1)，z(t-2)]。根据这 6 个属性构造新的信息系统决策表，通过知识约简和规则提取得到125 个粗糙决策规则。

4.2.4.2   基于 RS-RAN 网络的模型仿真

将决策规则前件作为资源分配网络中心向量的候选集，根据新性条件的判断，利用 OLS 算法逐步将候选中心向量加入到 RS-RAN 网络的隐层节点，最终将网络初始化为 75 个隐层节点。经过进一步迭代学习训练，模型稳定收敛，均方误差低于 0.04。利用测试样本对网络模型进行泛化能力测试，图 4.5 为数字仿真结果，图 4.5 为原料 1 输入恒定为 6L/s 时产品输出随原料 2 变化的仿真曲线，图 4.6 为原料 1 输入恒定为 2L/s 时产品输出随原料 2 变化的仿真曲线。

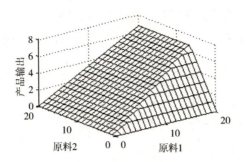

图 4.4 能耗单元输入输出模型仿真曲线

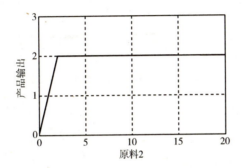

图 4.5 原料 1 不变时，产品随原料 2 变化的仿真曲线

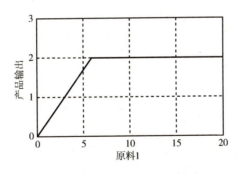

图 4.6 原料 2 不变时，产品随原料 1 变化的仿真曲线

由图 4.5 和图 4.6 可以看出，当原料 1 和原料 2 的输入流量比约为 3 : 1 时能够基本实现完全反应，即该反应装置的用能效率最高，随着输入流量比的不断增大或者减小，设备能效都会逐渐降低。可见，该能耗设备输入输出网络模型的建立很好地反映了其用能特性。

记录 OLS 算法选取 RS – RAN 网络隐节点中心向量的过程中学习误差的下降曲线，如图 4.7 所示。

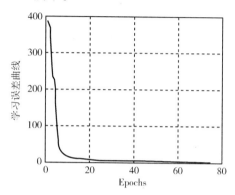

图 4.7　RS – RAN 网络 OLS 算法学习误差曲线

从图 4.7 可以看出，由于粗糙集数据分析去除了冗余和矛盾的数据，提取了训练样本中典型的数据特征，初始学习误差较小，而且下降速度较快。

为了更好地说明基于粗糙集的资源分配网络能耗单元输入输出模型的优越性，这里仍以同样的这批数据作为训练样本，直接利用传统 RAN 网络进行建模分析。为了使结果具有可比性，传统 RAN 网络采用与 RS – RAN 网络相同的输入空间向量（经过粗糙集属性约简后的输入空间向量），并且仍然采用 OLS 学习算法，学习误差下降曲线如图 4.8 所示。

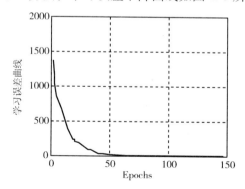

图 4.8　传统 RAN 网络 OLS 算法学习误差曲线

与图4.7相比，传统 RAN 网络初始学习误差较大，而且由于较多的冗余和不相容训练样本，学习误差下降速度较慢，在大于60个隐单元之后学习误差才接近于零，而 RS - RAN 网络则只需40个隐单元就可以达到较小的误差范围。由此可见，RS - RAN 网络相对传统 RAN 网络而言可以更好地逼近复杂能耗单元的非线性动态特性。

记录两种资源分配网络模型的训练时间随着训练次数增加的变化曲线和学习误差随着训练时间增加的变化曲线，如图4.9和图4.10所示。

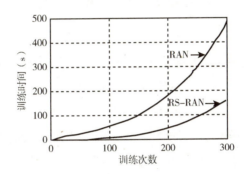

图4.9　训练时间随着训练次数增加的变化曲线

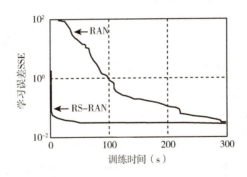

图4.10　学习误差随着训练时间增加的变化曲线

可见，相对传统 RAN 网络而言，由于 RS - RAN 网络滤除了冗余和不相容的训练样本，简化了训练数据，学习速度较快；而且由于 RS - RAN 网络将提取的简化决策规则集映射为中心向量候选集，涵盖了训练样本中的典型特征，因此，学习误差随着训练时间的增加迅速下降，可以很快接近最小值。

从上述仿真结果可以看出，基于粗糙集和 OLS 算法的资源分配网络与传统 RAN 网络相比，所建立的能耗单元模型不但具有较小的网络规模，而且具有较好的逼近精度和泛化能力，因而，本节基于改进资源分配网络的企业能耗单元输入输出模型辨识方法是有效的。

4.3 本章小结

企业能耗单元输入输出模型的建立不排除对现有方法的采用和借鉴，在充分继承已有能耗单元模型和现有建模方法的基础上，针对复杂非线性系统资源分配网络建模所存在的缺陷与不足，研究了基于改进资源分配网络的复杂能耗单元输入输出模型辨识方法，该方法为企业复杂能耗单元输入输出模型的建立提供了一种智能化建模方法，并为复杂非线性系统模型的构建提供了新途径。

另外，由于当物料或能源输入输出于能耗单元时，存在着相应的操作逻辑或物理化学反应规则，因此，企业能耗单元输入输出模型的建立需反映其相应的逻辑机理，可以采用规则模型的形式，具体规则模型的建立方法可参见史忠植（2016）[①]，在此不再阐述；此外，由于企业能耗单元类型的多样性和操作的复杂性，在具体建模时还可以用形式化程度最低的自然语言作相应的辅助说明。因此，企业能耗单元输入输出模型的建立以数学模型为主（包括确定性数学模型和智能化数学模型），并同时结合了语言、规则模型。

此外，为提高能耗单元输入输出模型的可操作性，使得能耗单元数学模型能适应操作变量大范围的变化，通常采用同时引用多个并列数学模型，即通过规则关联的方式，在不同的约束条件下，使用不同的模型以适应大范围变化。

---

① 史忠植. 人工智能 [M]. 北京：机械工业出版社，2016.

第5章 企业能耗系统多维子模型及其开放性框架

单元模型和过程模型构成了系统的基本模型。然而，对于一个完整的系统模型，为实现系统的完备描述，需要从不同的角度对涵盖系统各个方面的因素分别予以建模。那么，对于复杂的企业能源消耗系统而言，单一的模型将无法合理、全面地描述清楚系统的各个层面、各个组成因素及其相互之间的关联。企业能源消耗系统贯穿着能源流、物料流和信息流，并同时涉及有关人、技术和管理等因素，它们分别反映了企业能耗系统的不同侧面，并相互作用于能源消耗过程中。因此，企业能耗系统模型应能从以上各视角分别描述能耗系统的不同侧面，每一个视角模型都是系统的子模型，并从一个侧面描述系统的一部分特性，不同的子模型之间相互补充，共同完成对企业能耗系统的描述任务。比如，建立能源传输管网模型描述企业能源流的传递特性；建立资源模型描述企业所涉及的不同能源物质、非能源物质以及各种产品等；通过组织模型可以描述企业能耗活动所涉及的人员组成及其组织关系；而通过信息模型则可以描述企业能耗系统所使用的数据之间的关系。

无论是能耗单元输入输出模型，还是传输管网模型、资源模型以及组织与信息模型，它们描述的是同一个企业能耗系统，这些子模型之间具有内在的联系，它们通过能耗过程模型而相互制约又相互集成。集成是构成整体、构成系统的主要途径，只有集成才能建立模型之间的有机关联并提高整个企业能耗系统模型的描述能力，从而描述使用多个独立模型集合不能够反映的企业能耗系统的特性。因而，构建集成化的模型也是企业能耗系统建模中需要解决的关键技术问题。

本章将从不同的视角建立企业传输管网模型、资源、组织与信息等其他子模型，最后研究如何以企业能耗过程模型为主线，其他不同视角的子模型为辅助来实现企业能源消耗系统的集成化建模。

5.1 传输管网模型

5.1.1 能源传输管网模型

能源传输管网是企业能耗系统中各能耗活动间能源与非能源物质的流动载体，它不仅传输能源物质，亦传输物料和产品等非能源物质，这里统称为能源传输管网。能源传输管网模型不仅反映了能源传输管网的静态物理结构等信息，而且作为能源或产品仓库与能耗活动间的输入输出连接线，使得各能耗活动通过流程控制条件相互联系起来，它反映了各能耗活动在不同时刻的输入输出量的变化以及能源传输过程中的耗能量。

每个能源传输管网都包括：

（1）静态的物理结构属性：<最大传输速率、传输损耗率、管网长度、管网直径>。

（2）动态的传输信息：<实际传输率、输入（或输出）强度计算函数>。

（3）网络连接结构：<源结点、目标结点>。

（4）外观属性：<颜色、粗细>。

上述各属性中，网络连接结构反映了能源或物料上下游间的流向，源结点表示能源传输管网的起始连接处，当然可以是能源或物料仓库也可以是能耗设备，而目标结点表示能源传输管网的连接终端，代表了能源或物料传送目的地。而动、静态属性相结合则能够反映能源供给或产品产出状况的动态变化情况。其中，静态的物理结构属性往往是给定的固定值，而动态的传输信息则是因物料的供给情况等外部因素的变化而动态变化的。能源传输管网模型的建立主要是对上述 4 个方面属性的描述，其具体定义如下：

定义 5.1：一个能源传输管网 EIO 可以定义为，$EIO = (\lambda, \eta, L, r, \omega, S, From, To, \Theta)$。其中 λ 表示最大传输速率；η 表示传输损耗率；L 和 r 分别代表能源传输管网的长度和直径；ω 表示实际传输率；而 $S \in \{I(P,T), O(P,T)\}$ 是关于 λ、η 以及 ω 的传输强度计算函数，当能源传输管网 EIO 是从能源仓库 P 到能耗单元 T，即 From = P，To = T 时，则 $S = I(P,T)$；而当 EIO 的源结点为 T 目标结点为 P 时则 $S = O(P,T)$，即 $I(P,T)$ 和 $O(P,T)$ 分别代表输入和输出传输强度计算函数，其具体定义可参见第 2.4.1 节；Θ 是从图形化的角度定义能源传输管网的外观特性，主要包括管网外形粗细和颜色取值的选取。

假设，这里有用于连接能源仓库 P_1 和能耗设备 T_1 的能源传输管网 $EIO_{1,1}$，其最大传输速率为 $\lambda_{1,1}$，传输损耗率为 $\eta_{1,1}$ 那么在当前时刻 t 其实际传输率 $\omega_{1,1}(t) = \min\{\lambda_{1,1}, M_1(t)\}$，$M_1(t)$ 为 t 时刻能源仓库 P_1 内的能源数量。而用于表示其传输强度计算函数的 $I(P_1, T_1)$ 可根据建模的需要而定义，如第 2.4 节所述，它可以为 $I(P_1, T_1) = \omega_{1,1}(t)$ 或 $I(P_1, T_1) = \omega_{1,1}(t) \times \eta_{1,1}$ 等形式。

能源传输管网模型的具体展现方式可以因需不同，例如，可采用图形化和数学描述相结合的方式，即以 GUI 方式实现对能源传输管网模型的编辑，而对于动态传输信息则根据实际情况以数学表达式进行描述，参见第 10 章软件系统的实现。

5.1.2 信息传输管网模型

企业能耗系统中存在着能源流、物料流和信息流的交织，因此，除了用于描述能源与非能源物质流动的能源传输管网模型外，还需要有用于描述能耗活动执行命令传送，设备工作状态传递等信息或消息流的传输模型，这里称为信息传输管网模型。信息传输管网模型作为消息或状态位置与能耗活动或逻辑操作之间的输入输出连接线，使得能耗活动通过对消息或状态的读取而作使能判断，并且使得离散操作活动通过相应的控制条件来传递信息。它反映了信息在能耗系统中的流动以及设备工作状态的传递。

信息传输管网具有能源传输管网中除静态物理结构属性之外的其他属性，从某种意义上来说，可以将信息传输管网看成是能源传输管网的特例，即在定义 5.1 中，当 λ、ω 和 S 只能取正整数值，η，L 和 r 取值为 0，而 From 取为消息与状态位置时，能源传输管网模型就演变为信息传输模型，通常有 $S = \lambda = \omega$ 并且多数情况下取值为 1。

综上可以看出，传输管网模型主要体现为两个方面，一个是能源传输管网模型，另一个是信息传输管网模型。如果定义信息传输管网模型为 MIO，而传输管网模型为 IO，那么传输管网模型 IO = EIO ∪ MIO。

5.2　资　源　模　型

资源是企业生产过程所必需的物质因素。通常意义上讲，资源是执行企业活动的任何功能实体，是一个范围很广的概念。然而，由于企业能耗系统模型研究的目的主要用于系统用耗状况的折算分析，这里仅将资源所属范畴限定为企业的能源物质和非能源物质，这类资源构成了物流与能流中能耗活动的输入与输出，企业能耗活动通过对资源的使用和消耗，实现资源的转化，产生新的产品或中间产品。

资源模型作为企业能耗系统模型的重要组成部分，是一个通过定义企业能耗系统中资源实体的具体属性及其结构关系，从而为企业能耗过程的仿真分析提供支持，并为最终的评价指标计算提供依据。其中，对资源结构的描述需要提供对资源分类方法的描述，对资源实体的描述需要提供对资源属性，如资源类别、资源性质和性能、资源能力等的描述方法。目前资源建模的主要方法有 CIM-OSA（CIM Open System Architecture）的资源模型描述方法，但 CIM-OSA 是面向全企业生产经营各方面与各环节的，它只给出了资源建模的一般原则，对资源模型的具体描述方法没有深入论述，这里，将研究面向企业能源消耗环节的资源模型描述方法。借鉴 CIM-OSA 的资源模型描述形式所采用的资源分类和资源类型分解的概念，在建立资源模型时首先对资源分类，如上所述企业能耗系统模型中将资源的范畴限定为企业的能源物质和非能源物质，而能源物质又包括一次能源和二次能源，非能源物质主要包括企业生产所需各种物料、企业产品和中间产品以及污染物等物质，图 5.1 给出了资源分类树结构。

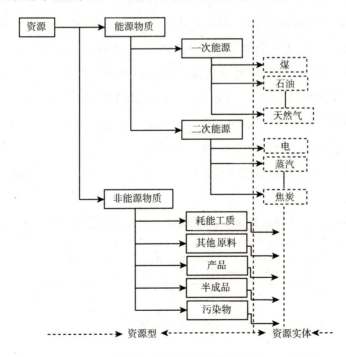

图 5.1　资源分类树结构

资源模型的构成包括资源型对象和资源实体对象。资源型是具有某些公共属性的一类资源实体的集合，资源型对象从资源分类的角度描述企业能耗系统中所涉及的资源，可以嵌套定义，子资源型对象可以继承其父资源型对象的属性，从而构成企业能耗系统的资源分类树。资源实体描述某一个资源个体，资源实体对象描述能耗系统中原子级的具体资源。下面分别给出资源型（定义5.2）和资源实体（定义5.3）的描述方法：

定义 5.2：资源模型中的资源型 RSet =（ID，Type，Father，Description）。其中，ID 表示资源型对象的唯一标识；Type 表示其类型，取值范围为图 3.11 中的资源型对象；Description 为其说明描述；Father 是结构属性的体现，Father = 父资源型对象 ID。

定义 5.3：资源模型中的资源实体 REntity =（ID，Name，Father，Unit，Price，Power，Org-Relation，Description）。其中，ID 表示资源实体对象的唯一标识；Name 表示资源个体的具体名称；Father 是结构属性的体现，通过对 Father 的定义可以将资源实体与相应的资源型相关联，Father 取值为其相应父资源型对象的 ID；Unit 表示资源实体对象的数量单位；Price 表示单位数量的资源实体对象的价格（价格单位限定为元）；Power 表示资源实体对象的能源强度，通常取值为其折标煤参考系数；Org-Relation 表示资源实体所归管理的组织单元，对应于组织单元的 ID；Description 为辅助说明。

资源模型与企业能耗过程模型构成要素间的关联如图 5.2 所示。

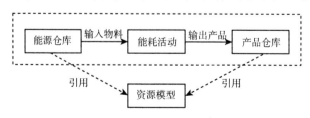

图 5.2　资源模型与企业能耗过程模型要素之间的关系

5.3　组　织　模　型

组织模型作为企业能耗系统模型的组成部分，是对企业能耗过程模型、能耗单元输入输出模型等的补充。组织模型以职责、权限的形式定义了企业成员、企业各个部门的作用与任务。建立组织模型有助于企业在能效评估中对企业部门或个人实施"定额考核""节奖超罚"等能源管理措施，从而将企业的能源管理从生产管理、设备管理等层面，扩延到企业员工绩效考评层面，避免因人为操作失误以及职责失守等因素所造成的无端能源浪费。

企业能源消耗系统中的组织结构是面向企业生产过程的团队，它不像企业建模方法学中所研究的组织结构是面向整体企业生产与经营所涉及的行政部门、生产部门，以及营销部门和财务部门等。这里，组织建模的范畴仅是企业能耗过程所涉及的生产与管理部门及其成员；组织建模的目的是根据企业生产过程的目标和能源消耗约束条件，依据企业组织之间的内在联系和与其他模型之间的关联，从过程和技术的角度将企业能耗过程所涉及的组织单元组织成适当的结构，并对其结构和属性进行具体描述。目前，对组织建模方法的研究主要采用组织图方法，其中，GRAI（graph with results and activities interrelated）方法的 GRAI 栅格是一个对企业进行快速自顶向下分析，获得对企业整体结构描述的一个有效工具，它可以对企业组织进行宏观的建模。CIMS-OSA 为组织建模提供了一个组织视图的建模框架，它也采用了层次化的方法描述企业的组织结构，与 GRAI 方法不同的是，CIM-OSA 不强调决策的作用。在 IDEF 方法中，组织信息只在功能模型的机制中有所表示，而在 IEM（information engineering methodology）等不少方法中，部门和人员都只作为一种人力资源在资源模型中维护。上述这些方法在组织建模方面各有特点，其不足之处主要表现在：没有提供独立的组织模型或模型构件，有的只能用于对企业组织或领域的定义进行粗略的建模。

为使组织模型与企业能耗系统更好地结合，在借鉴 CIM-OSA 所提供的组织视图建模框架的基础上，采用组织单元、基本组织单元和人员的概念来描述组织模型，并采用组织－过程/活动矩阵来表示组织模型与能耗过程模型的关系。组织模型中组织单元（organization unit，OU）是由人员/企业基本组织单元和低层组织单元构成，组织单元间的隶属联系构成企业的组织结构树，组织结构树描述了企业的静态层次结构，在企业能耗系统中一般将生产车间或生产工段划分为组织单元；基本组织单元（basic organization unit，BOU）是不可再分的企业原子级组织，这里通常将设备或工作站作为基本组织单元；人员（Human）是指组织单元/基本组织单元中包含的人员。将组织模型 ORG 形式化地定义为：

$$ORG :: = (OUS, BOUS, Humen), OUS :: = \{OU\}, BOUS :: = \{BOU\}$$

$$Humen :: = \{Human\}$$

其中，OUS、BOUS 和 Humen 分别表示组织单元和基本组织单元集合以及人员集合。

定义 5.4：OU/BOU =（ID，Type，Name，Father，Manager，Pro-Relation，Responsibilities，Authorization），其中，ID 表示组织单元或基本组织单元的唯一标识；Type = 0 时为组织单元，Type = 1 时为基本组织单元；Name 表示组织单元或基本组织单元的名称，这里，从技术的角度，将企业能耗系统中的组织层次依次划分为企业、工厂、车间、单元、工作站、设备，而 Name 通常为这些组织级别所对应的名称；Father 描述了其结构属性，它取值为上级组织单元的 ID；Manager 对应于组织单元或基本组织单元负责人 ID；Pro-Relation 是指组织单元与能耗过程的外部关联；而 Responsibilities 和 Authorization 分别表示其职责和权限属性。

定义 5.5：Human =（ID，Name，Father，Pro-Relation，Responsibilities），其中 ID 和 Name 分别表示人员的唯一标识和名称；Father 表示人员

所属组织单元；Pro-Relation 人员与过程模型中对应对象的关联；Responsibilities 用于描述职责。

企业能耗系统模型中组织模型的组织对象间除了层次联系之外，还存在语义联系。如表示组织对象间的构成关系的参与联系（BOU 与 OU 构成参与联系，Human 与 BOU 构成参与联系），再如表示组织对象间的工作关系的业务联系（主要体现为组织与能耗过程的关系）。组织对象与能耗过程的关联主要是通过组织单元或成员与能耗过程中的能耗单元相关联的，这里用组织—活动矩阵表示。如前第 2.4 节能耗过程模型中的每个能耗单元或活动都具有组织属性，过程模型中能耗单元的组织属性映射生成组织模型中的组织—活动矩阵，如图 5.3 所示。组织模型与企业能耗过程模型以及资源模型的关联，如图 5.4 所示。

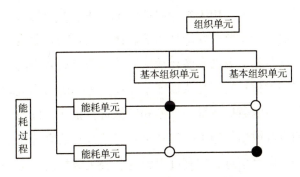

图 5.3 组织—活动矩阵示意图

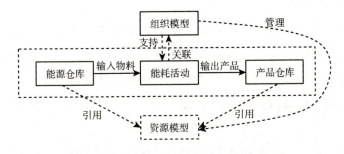

图 5.4 组织模型与其他模型要素之间的关系

5.4　信　息　模　型

这里，信息模型区别于企业建模方法中的信息模型，在企业建模中往往是通过信息视图从微观上，从信息关系的角度来更加细致地描述系统的数据结构特征，为关系型数据库语法和数据结构设计提供工具支持，所采用的方法主要有数据流图（DFD）、实体—关系图（E‐R）以及在 E‐R 模型的基础上形成的 IDEF1x。当然，这种意义上的信息模型在企业能耗系统模型中也会有所体现，其体现方式主要是在建模时采用 XML（eXtensible markup language）来保存模型信息，实现微观上系统特征属性的描述，并在仿真实施时根据需要采用关系型数据库来描述各种信息的结构和信息之间的关系。然而，本小节所要研究的信息模型主要指企业能耗过程定义中的相关数据，这些相关数据在能耗活动间传递信息或者中间结果。也就是说，这里所提到的信息模型是从贯穿于能耗过程中的信息流和数据流的角度出发，对其相应的数据变量、类型和特征进行描述，以便于其在能耗过程中与相应的资源或信息相关联，其主要目的是在仿真分析中作为状态或数据变量来记录仿真信息，仿真过程中这些相关数据的动态变化体现了能源消耗过程中的动态变化，包括能源的消耗情况、产品的生产情况以及系统的状态变化情况。

由上述分析可知，这里信息模型主要是描述能耗过程定义中的相关数据，包括能源和非能源数据、产品与中间产品数据以及系统数据和环境数据等，并为能耗系统中相关数据和信息管理提供平台，同时便于仿真信息数据库以及仿真报表的生成。企业能耗系统模型中信息模型的定义如下：

定义 5.6：企业能耗系统模型中的信息模型 DM =（ID，Variable，Type，Re‐Relation，Description），其中 ID 表示信息的唯一标识；Variable

是用于表示当前信息或数据的变量名称；Type 表示数据类型，如浮点型、整型或布尔型等；Re-Relation 表示所定义数据与能耗系统中相应资源的关联；而 Description 为所定义信息的特征或作用的辅助描述。

信息模型与资源模型的关联体现了所定义的信息或数据代表的实际物质意义，它同能耗过程模型之间的直接关联则是对能耗过程中的数据以及信息流的表述。在图 5.4 的基础上，进一步给出信息模型与企业能耗系统中其他模型要素之间的关系如图 5.5 所示。

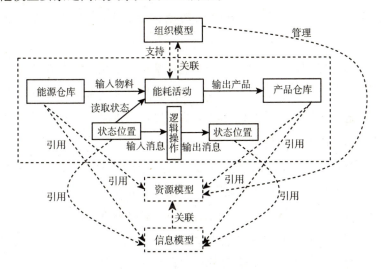

图 5.5　信息模型与其他模型要素之间的关系

5.5　流程工业能耗系统多维子模型之间的关联

5.5.1　各子模型之间的关系

企业能耗系统模型包括能耗过程模型、能耗单元输入输出模型、传输管网模型、资源模型以及组织模型和信息模型。这 6 个子模型分别从不同的侧面单独建模，它们各自的功能如下：

（1）企业能耗过程模型：是能源消耗系统动态行为的结构化描述，体现了能源消耗过程多装置、多过程、多工序的并行、串行、返流等特性，反映了企业能源消耗系统组成因素如何协同完成能源消耗行为。

（2）企业能耗单元输入输出模型：反映了能耗单元（或设备）的用能工况特性及其潜在的能源约束关系和动力学特性，可以计算能耗单元在给定输入数据（如进料组成、流量等）以及表达系统特性数据（如各单元的设备参数等）的情况下，其输出数据（如产品的组成、流量等）的情况。

（3）传输管网模型：反映了企业能源流、物料流和信息流在不同能耗活动间的传递情况。其中能源传输管网模型反映了其静态的物理结构以及动态的物质传送状况；而信息传输模型则描述了能耗活动执行命令以及设备工作状态等信息传递情况。

（4）资源模型：描述了支持企业生产活动的能源、物料及产品等资源的结构关系，反映了来自各能耗过程及用能设备的资源的价格、能源强度和总供应量等属性，从而为最终的用能评价提供折算依据。

（5）组织模型：反映了与能耗系统相关的企业部门及人员配置情况，便于企业对各部门或人员实施"节奖超罚"等能源管理措施。

（6）信息模型：描述了企业能源消耗系统使用的数据特征及关系，从而便于仿真信息数据库和仿真报表的生成，以及仿真结果的分析。

上述各子模型描述了企业能源消耗系统的多方面的特性，但由于它们所描述的对象是一致的，因而可以说各子模型之间是相互关联相互引用而又相对独立的。企业能耗过程模型处于整个系统模型的核心地位。在静态结构方面，企业能耗过程模型同其他模型之间均有紧密的联系。从建模过程的动态角度来看，企业能耗过程模型的建模和维护活动处于整个系统建模的中心地位。图 5.6 给出了企业能耗系统模型中各子模型之间的关系。

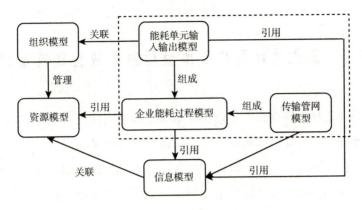

图5.6 各子模型之间的关系

5.5.2 企业能耗系统建模的实施步骤

企业各子模型是相对独立的，其建模过程可以是一个并行过程，但由于各子模型之间的关联和引用关系，企业能耗系统建模时其最佳实施顺序可按组织模型、资源模型、信息模型、能耗单元输入输出模型、能耗过程模型。图5.7从功能维和顺序维的角度，给出了企业能耗系统建模实施的步骤和具体情况。

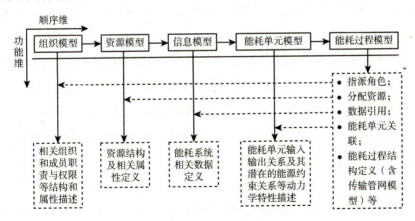

图5.7 企业能耗系统建模实施步骤和具体情况

5.6 企业能耗系统多维模型的开放性集成框架

在企业能耗系统建模中，通过建立各子模型之间的有机关联可以提高整体企业能耗系统模型的描述能力，从而描述使用多个独立子模型集合不能够反映的系统整体特性，因此，只有将各不同子模型集成起来，才能形成一个一致的整体，并可以提高模型的一致性。如何将这些子模型有机地集成起来，将是企业能耗系统多维模型集成框架需要解决的重要技术问题。

该问题的解决有赖于现有的软件技术，而在目前众多的软件开发技术中，基于构件的技术在封装复杂性、简化接口等方面具有明显的优势，设计一种基于构件化的企业能耗系统多维模型开放性集成框架，该框架以能耗过程模型为主线，并在此基础上提供一系列可进行扩展的集成接口，这些接口在能耗过程的定义或仿真运行中被调用，通过这些接口能够有效地与构件（如能耗设备输入输出模型构件）进行交互。这里，集成框架的构件主要从能耗系统模型定义和能耗过程模型仿真两个方面入手，并以能耗过程核心模块、构件管理与运行控制模块以及其他子模型构件集和扩展构件集作为主要组成部分，具体如下：

（1）能耗过程核心模块是企业能耗系统建模的核心部分，它由不同粒度的构件所形成，包括模糊库所构件、模糊变迁构件以及传输管网构件。同时它还开放了一系列用来进行扩展的集成接口，这些接口会在能耗过程模型定义时被调用，通过这些接口，能耗过程核心模块能够有效地与各种原子级和非原子级的构件进行交互。

（2）子模型构件集是企业能耗系统多维模型中能耗单元输入输出模型、资源模型、组织模型和信息模型所对应的基本模型构件。这些模型构件的功能和行为与环境相对独立，并且具有不同的粒度，对于原子级的模型构件是不可分的，而非原子级的模型构件是若干较小粒度构件的有机组合，例如，资源基本模型构件就是一非原子级模型构件，它可以由若干种原子级的资源实体（如水、煤、电等）模型构件所构成。另外，每一个基本模型构件都包括模型本体和界面两部分，模型本体是对模型元素及元素属性等的描述，而界面是关于模型构件对外关联部分的输入输出描述。

（3）扩展构件集是一系列可接插的软件构件，这些构件实现了能耗过程核心模块指定的接口，并能够在能耗过程定义或仿真运行的过程中被加载或动态调用，是集成框架的重要组成部分。

（4）构件管理与运行控制模块实现其他子模型构件以及能耗过程扩展构件的管理与加载，其主要功能包括构件的注册信息维护、构件的存储和部署，以及构件的运行时加载。构件管理与运行模块是衔接能耗过程核心模块和其他模型构件的关键模块。

构件在能耗系统模型定义和能耗过程模型仿真两个方面的主要作用分别是：第一，在能耗过程设计时，过程设计人员通过指定能耗过程要嵌入的构件，屏蔽对技术细节的描述，简化集成参数的设置；第二，在能耗过程模型仿真运行中，通过驱动调用构件，实现与被集成外部系统的衔接。例如，在仿真运行中，根据模糊变迁的定义以及使能条件，动态调用相应的能耗单元输入输出模型构件。因此，可以说构件包括系统模型定义时扩展和能耗过程仿真运行时扩展两大部分，模型定义时部分提供有效的方式，让建模人员查找并调用已有子模型构件或设置被集成系统的参数；而仿真运行时部分则实现能耗过程核心模块对外部系统的驱动。这种方式使得企业能耗系统模型可以很好地实现以能耗过程模型为主线集成能耗设备输入输出模型等其他子模型，这不仅实现了能耗系统多维模型的集成化，而且增强了系统的可扩展性，使得企业能耗系统模型的建立可以充分继承目前国内外在能耗设备模型上已有的研究成果。图 5.8 为基于构件化的企业能耗系统多维模型开放性集成框架。

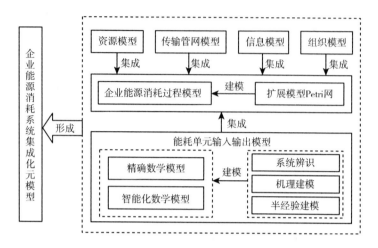

图 5.8　基于构件化的企业能耗系统多维模型开放性集成框架

在实际应用过程中，定制好的构件，首先通过构件注册与管理模块注册到系统集成框架中；一旦注册成功，构件存储和部署模块就会将组成构件的文件自动地部署到需要用到构件的位置；完成部署后，构件就可以通过建模工具在模型定义过程中被附加到具体的位置上。而当能耗过程核心模块需要配置构件或者加载构件时，则通过构件的管理与运行控制模块对构件进行加载；一旦构件被加载，能耗过程核心模块将按照指定的接口驱动构件，同时通过接口参数，以封装好的类的形式传递数据给构件，从而完成对该部分系统的集成。

5.7　本章小结

本章主要介绍了企业能耗系统中除能耗过程模型和能耗单元模型以外其他各子模型的建立方法。围绕与企业能源消耗行为密切相关的内、外部因素，分别从不同侧面建立了能源消耗系统多维子模型，依据各子模型的关联关系给出了能耗系统多维模型的开放性集成框架，从而实现了流程工业错综复杂的能源传输管网、动态多变的能源消耗过程以及资源、组织与信息等多种具有一定结构化和非结构化子系统的多维集成化描述。多维集成化模型的构建为企业能源消耗系统"综合集成与全局分析"目标的实现奠定了基础，它是企业进行系统性能效综合评估的关键。

第6章　企业能源消耗过程系统仿真方法

6.1　过程系统仿真概述

仿真作为基于模型的基本方法，是研究复杂系统的一种重要手段，并具有低成本、低风险、可重复使用的优点。利用计算机仿真技术，可以求解许多复杂而无法用数学手段解析求解的问题；可以预演或再现系统的运动规律或运动过程；还可以对无法直接进行实验的系统进行仿真试验研究，从而节省大量的资源和费用。由于企业能源消耗行为贯穿于企业能耗过程，这里，通过研究企业能耗过程仿真方法，对所建立的企业能耗过程系统模型，在计算机上进行求解，得出在给定条件下系统的特性和行为，即可确定企业能源消耗过程系统的工况特性。具体地说，也就是在给定系统结构和输入参数（包括物流、能流和信息流），求解其输出参数（包括物流、能流和信息流）。这完全是比照着实际能耗系统工况特性的因果关系在计算机上进行的模仿性演示，企业能耗过程仿真具有以下几个方面的作用：第一，模拟企业能源消耗的动态行为，为企业能耗系统分析提供依据；第二，通过对能耗过程的仿真，可以在系统运行或建造之前，研究或实验复杂能耗过程的运行性能，降低能耗系统的实施风险；第三，通过对各能耗过程的仿真及仿真数据的分析，可以识别影响能源消耗的关键部分，发现能耗系统中的薄弱环节或低能效环节；第四，借助仿真运行，可得到或整理出在不同结构或不同参数下企业能耗过程的行为, 以比较不同方案的"优劣", 并可对未来系统的行为进行"预见"。

目前, 国内、外关于过程系统模型的求解方法, 即过程系统的模拟方法主要有: 序贯模块法、联立方程法和联立模块法。

(1) 序贯模块法。序贯模块法将各单元模型方程分散地隐藏到各个模块中, 是一种逐模块进行计算的方法。对于系统结构只是逐单元地向后面的单元传送, 且既无物流又无能流从后面的单元反过来向前面的单元传送的简单流程情况, 采用序贯模块法来进行模拟, 将十分顺当。但对于带有循环回路的流程模拟问题, 则需要通过对流程分块、切割以及增加收敛块之后, 才能运用序贯模块法, 这种做法较为累赘, 加大了模拟计算的工作量。

(2) 联立方程法。联立方程法也称面向方程法, 是指对列出的一个作为整个复杂流程系统模型的庞大方程组, 也就是通常所说的联立方程, 直接进行求解的做法。该方法避免了序贯模块法中的多层次迭代计算, 故计算效率较高 (杨友麒和项曙光, 2006)。但联立方程法的不足之处在于: 正确建立庞大的方程组较困难; 不能继承已开发的大量单元模块; 缺少高效的大型非线性方程组求解算法。

(3) 联立模块法。广义地说, 联立模块法也称二水平法可定义为: 利用黑箱过程模块灵活求解模拟问题的方法。其基本思路是用近似的线性模型来代替各单元过程的严格模型, 可以采用较简单的方法求解。在联立模块法的计算过程中交替使用两种模型: 流程水平上的简化模型和模块水平上的严格模型。前者由线性化的单元设备模型和物流联系方程组成, 后者即序贯模块法中使用的传统的单元设备模型。联立模块法的关键是由严格模型产生简化模型, 然而将严格模型变成简化模型时, 需要花费机时, 并且简化模型与精确模型的近似程度和模型的建立与求解难度成矛盾 (鄢烈祥, 2010)。

综上, 过程系统模拟的三种方法各有其优缺点, 如表 6.1 所示。这些过程模拟方法在化工和石油化工领域有着相应的应用，如美国仿真科学中心（Sim Sci Inc）开发的大型化工过程流程仿真系统 PROCESS（PRO/Ⅱ）、美国 ASPEN 公司的 ASPEN PLUS 流程仿真软件以及 ECSS 工程化学模拟系统，它们就是采用了序贯模块法的模拟系统；而 SPPEEDUP 和 ASCEND 均为面向方程法的流程模拟系统；英国 ICI 公司的 Flowpack-Ⅱ 则是依据联立模块法的流程模拟系统。这些流程模拟系统主要用于过程研究开发和设计中，以便通过仿真对不同方案进行快速评价和分析，或实现装置的模拟与优化，它们主要立足于先进控制与工艺设计等层面，而非企业能效评估层面。

表 6.1　　　　　　　　　　　过程系统模拟的三种方法

方法	优点	缺点	代表软件系统
序贯模块法	与实际过程的直观联系强，便于学习使用；易于通用化，已积累了丰富的单元模块	再循环引起的收敛迭代很费机时，计算机效率较低	ASPEN PLUS；PRO/Ⅱ；ECSS
联立方程法	解算快；适合最优化计算，效率高	求解超大型非线性方程组较为困难；难于形成通用化程序，故使用不便；难以继承已有的单元操作模块	SPPEEDUP ASCEND
联立模块法	可以利用已有的单元操作模块；较易实现通用化；可以避免序贯模块法中的再循环流迭代	将严格模型变成简化模型时，需要花费机时；简化模型与精确模型的近似程度和模型的建立与求解难度成矛盾	Flowpack-Ⅱ

　　企业能耗过程系统是由多台单元设备组成的复杂组合体，它的模型既包括表述流程结构的部分，又包括表述能耗单元物料和能量衡算的部分，在对企业能耗过程仿真模拟时，要能够处理单元之间互有联系、彼此影响所带来的困难，并求解单元设备输入输出模型之间的物料和能量衡算，从而对整个能耗过程系统模型进行有效的求解。由于企业能源消耗过程包含

错综复杂的能源流、非能源流和污染物流等多种相互交织物质流，是一个具有复杂联结关系的动态系统。由上述分析可知，当前的流程模拟方法并不能很好地解决企业能耗过程并联、绕行、反馈等复杂结构下的动态仿真。

本章针对企业能耗过程多装置、多过程、多工序的并行、串行、绕行、反馈等特性，基于前述企业能耗过程系统模型的建立，研究企业能源消耗过程仿真方法，仿真方法的设计围绕面向企业能源消耗过程的模糊Petri 网模型。由于将理论模型转换为能在计算机上运行的仿真模型，需要完成三个方面的工作：设计仿真机制，确定仿真模型表达方法和仿真运行解算方法（赵雪岩、李卫华和孙鹏，2015）。因此，本章对仿真方法的研究，分别从仿真机制的设计、仿真模型的实现以及仿真运行算法的研究这三个方面进行展开，详细介绍了基于 EEC-FPN 和 EEC-HFPN 的企业能耗过程仿真算法。

6.2 仿真机制的设计

仿真机制不仅对仿真模型的基本框架及实现进行了约定，同时也对仿真模型解算方法和仿真运行管理方法（统称仿真算法）进行了约定。仿真机制的建立是为了更加直观、有效地执行企业能耗过程系统模型仿真。

企业能源消耗过程的动态运行对应于各能耗设备或能耗活动的协同工作，而面向企业能源消耗过程的模型 Petri 网模型的仿真演化则对应于各模糊变迁的激发和模糊库所标识的变化，本节构建企业能耗过程的仿真机制如图 6.1 所示，分为表示层，能耗过程逻辑层和数据库层，从而将仿真推进过程中的逻辑控制与数据存储和应用表示相分离。

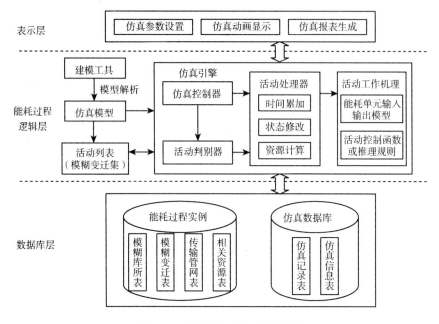

图6.1 企业能耗过程仿真机制

6.2.1 表示层

表示层主要用于完成仿真参数的设置、仿真动画的显示以及仿真报表生成等人机交互工作。对企业能耗过程仿真而言，仿真参数的设置主要用于：第一，设定虚拟仿真速度，从而确定仿真时间标尺，即仿真时钟与实际时钟的比例关系。当仿真时钟与实际时钟完全一致时称为实时仿真，当仿真时钟慢于实际时钟时称为亚实时仿真，通常情况下为了加快仿真分析，模型仿真的速度快于实际系统运行的速度，即设定为超实时仿真；第二，设定仿真终止条件。仿真的结束条件的设定见第6.5.1节。另外，为动态地反映企业的能源流动与消耗状况以及设备的工作状态，仿真执行过程中，应通过相应的仿真动画反映其能耗过程的动态行为。其次，在仿真过程中，仿真系统应根据前述企业能耗系统模型中信息模型的建立，有选择地收集仿真数据，从而在仿真结束时生成仿真报告，供用户定量地分析企业能源消耗状况及能耗系统的性能。通常，仿真报表中的数据包括企业能耗过程相关资源的量的变化以及能耗活动的执行时间等。

6.2.2　能耗过程逻辑层

能耗过程逻辑层，首先应解释模型所含有的语义信息，从而将能耗过程模型转换为仿真模型。仿真引擎是能耗过程仿真运行环境中的核心组件，它通过模拟能耗活动的执行来推进能耗过程实例的执行，而所有能耗活动最终都体现在模糊变迁的实施上，实施与否又取决于网中的标识，即能耗活动的激活由模糊变迁的状态和模糊库所的标识共同决定，因此企业能耗过程仿真以模糊变迁的实施为主线展开。

其中，仿真控制器读取仿真模型、定义模糊变迁列表并生成相应的能耗过程实例库，同时负责资源的动态调度和分配，以及仿真过程中数据收集和仿真动画控制；活动判别器根据仿真控制器读取的仿真模型判断各模糊变迁类型，确定各模糊变迁的使能与激发时间，并将信息传递给活动处理器；活动处理器执行一些系统事件，它的执行需调用活动工作机理，通过读取能耗活动的输入输出模型来计算活动的输出资源，并通过对活动控制函数或推理规则的调用来处理活动与系统或环境的交互判断，活动处理器本身的主要功能是对能耗活动进行时间累加和状态修改，记录能耗活动前后应该发生的时间、资源和状态的变化。

仿真引擎对于不同活动的模拟执行过程基本类似，所不同的是，对于不同类型的活动，依据其活动类型如连续型的能耗活动，或离散型的操作活动，则会根据其不同是的使能和激活规则来执行活动，而对于不同能耗活动中的各种人为的或系统与环境等因素引起的不确定因素，仿真引擎采用基于规则的不确定性分析方法来处理。

6.2.3 数据库层

数据库层用来存储能耗过程实例和相应的仿真推进数据等信息。其中能耗过程实例库包括由仿真控制器读取仿真模型所生成的模糊库所列表、模糊变迁列表、传输管网列表以及相关的资源信息表，仿真引擎在对能耗过程的推进过程中通过对这些数据表的访问来读取模型定义中相关的能耗活动和能源流向信息。而仿真数据库包括仿真引擎推进过程所生成的仿真记录表和仿真过程中用于数据收集的仿真信息表，仿真记录表的生成与仿真运行算法的设计有关，通过仿真记录表，仿真算法可以方便地记录并读取仿真推进过程中每一步的状态；而仿真信息表则是指由信息模型所生成的仿真过程中需要采集的相关数据，包括各能源物质和非能源物质数量上的变化等相关仿真信息。另外，数据库层通过引入数据代理来负责各个数据库之间的通信、数据交换和协调。

上述企业能耗过程仿真机制的设计，主要是从仿真系统整体运行的角度给出其仿真运行的基本机理或基本过程，详细的仿真运行算法及仿真模型的实现将在下述几节详细展开。

6.3 仿真模型的实现

仿真的关键在于解释模型含有的语义信息，并执行语义表示的各种动作。语义信息主要有两种：一种是基本网结构所表示的能耗活动间的关系，另一种是各网元素及其约束所表示的语义信息。如果把这两种语义信息描述清楚了，仿真模型也就建立起来了，下面以面向对象的程序设计方法来解释面向企业能源消耗过程的模糊 Petri 网模型含有的语义，从而实现企业能耗过程从扩展模糊 Petri 网结构到程序结构的转换，使得其可在计算机上运行，即构造仿真模型设计与实现的方法。

根据面向企业能源消耗过程的模糊 Petri 网模型的定义，一个能耗过程网结构至少应该包含模糊库所，模糊变迁，逻辑门，连接弧和托肯。利用面向对象方法的特征（封装性、继承性和多态性），首先构造一个基类，它包含各类的共有属性（如 ID 和 Name 属性等），然后从该基类派生出模糊库所类，模糊变迁类，逻辑控制门类，连接弧类以及托肯类。另外，依据面向企业能源消耗过程的模糊 Petri 网模型映射为企业能源消耗过程的转换规则，再将上述模糊库所类派生为能源仓库和状态位置，模糊变迁类派生为原子或抽象型能耗活动与逻辑控制操作，连接弧派生为能源传输管网与状态或消息流（信息传输管网），逻辑门派生为阀或消息路由，而托肯类则派生为资源类与消息令牌类。每个类都包括各自的属性和读取方法，各属性的定义与面向企业能源消耗过程的模糊 Petri 网模型中的定义保持一致。整个模型对象类及其关联设计如图 6.2 所示。

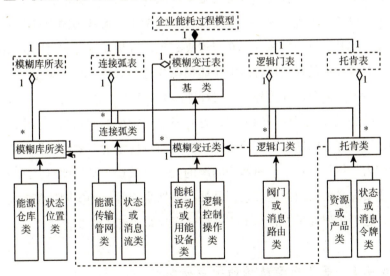

图 6.2　仿真模型对象类及关联设计

由以上各类产生的实例对象可用于描述由网元素的约束所表示的语义信息，而各类实例的属性，比如模糊变迁类实例的输入、输出对象集属性，连接弧类实例的起、始节点属性等将网连成了一个整体，以描述由网结构所表示的各能耗活动或逻辑控制间的关系。当模型的所有元素都实例化以后，需要定义一个管理各个对象实例之间消息传递的主程序，即仿真运行算法，从而完成系统的仿真。有关仿真运行算法的研究见第6.5节。

6.4 模型冲突分析及解决策略

为了分析企业能耗系统可靠性与安全性，需要研究企业能耗过程模型的行为特别是冲突关系。冲突是 Petri 网及其扩展模型的重要行为，在经典 Petri 网中，冲突是指两个转移都有发生权，但只有一个能点火的关系（金光，2002）。当依据前述 EEC-FPN 或 EEC-HFPN 为实际企业能耗过程建立模型时系统中的冲突现象不可避免地要反映在模型中，如能耗系统中的资源冲突、设备竞争等现象在企业能耗过程模型中就表现为网中的冲突。对于冲突，尤其是有效冲突的判断与解决是正确分析模型动态行为的基础和关键。有效冲突的存在使得网中使能模糊变迁的激发产生不确定性，在很多实际情况下需要消除这种不确定性即冲突消解。

为缩小模型冲突检查的范围，首先通过对模型的网结构进行分析，研究网中可能存在的冲突和不冲突情况，从而将模型的有效冲突限制在更小的范围内，尽量避免生产瓶颈等问题的发生；其次，基于此定义了对建模具有重要意义的有效冲突关系；另外，根据当前常用冲突解决策略存在的弊端，进一步研究了一种基于模糊综合评判的冲突消解方法。

6.4.1 基于模型结构的冲突分析

这里，为便于对 EEC-FPN 和 EEC-HFPN 的分析，排除 EEC-HFPN 中对色彩集合的引入（因为色彩是建模时对数据结构表述的扩展，并不影响模型内部的行为关系，因而与冲突的发生与否并无关系）。

　　基于这种排除设定，在 EEC-FPN 和 EEC-HFPN 模型中，冲突的发生主要体现在两种模型结构情况下：一是有两个以上的模糊变迁共享同一输入模糊库所；二是同一模糊变迁具有多个输入模糊库所。

6.4.1.1　两个或两个以上的模糊变迁共享同一输入模糊库所

两个或两个以上的模糊变迁共享同一输入模糊库所，如图 6.3 所示。

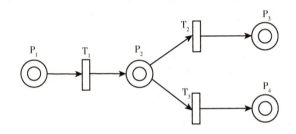

图 6.3　两个或两个以上模糊变迁共享同一输入模糊库所

（1）当 T_2 和 T_3 在时刻 t 同时使能。

　　如果 $M_2(t) > 0$，则 T_2 和 T_3 在时刻 t 均为强使能，此刻不构成有效冲突，T_2 和 T_3 的瞬时激发速度均等于其最大激发速度，即 $v_2(t) = V_2$，$v_3(t) = V_3$。

　　如果 $M_2(t) = 0$，那么对于 EEC-HFPN 而言，T_2 和 T_3 在时刻 t 则均为弱使能，此刻当 $v_1(t) \geqslant V_2 + V_3$ 时，仍不构成有效冲突，并且 $v_2(t) = V_2$，$v_3(t) = V_3$；然而，当 $v_1(t) < V_2 + V_3$ 时，EEC-HFPN 则会构成有效冲突，即资源竞争现象。

　　此时，有效冲突的消解，往往需要人工干预或事先给出冲突解决方案，如优先权法、按最大速度比例分配法等。所谓优先权法，即事先给定可能发生冲突的各模糊变迁以不同的优先权，在冲突发生时，优先权高的模糊变迁先触发。如这里的 T_2 优先于 T_3，则在 t 时刻如果 $v_1(t) \geqslant V_2$，则 $v_2(t) = V_2$，如果 $v_1(t) < V_2$，则 $v_2(t) = v_1(t)$，而 $v_3(t) = 0$。最大速度比例分配法，则是指在有效冲突发生时，各冲突模糊变迁按照其最大激发速度

V_j 在其最大激发速度总和中所占的比例来计算其瞬时激发速度。按此法，这里 T_2 的瞬时激发速度 $v_2(t) = v_1(t) \times \dfrac{V_2}{V_2 + V_3}$，$T_3$ 的瞬时激发速度 $v_3(t) = v_1(t) \times \dfrac{V_3}{V_2 + V_3}$。

（2）当 T_2 和 T_3 的使能时间不同。

假设 T_2 的使能时间早于 T_3，而当 T_3 使能时 T_2 仍处于使能但未激发状态，此时，如果模糊库所 P_2 内的标识数 $M_2(t) < \lambda_{2,2} + \lambda_{2,3}$，则会出现资源冲突现象。

解决资源冲突的有效方法在 EEC-FPN 中是采用先使能先激发的原则，即后使能者 T_3 的使能时间延迟到 T_2 激发结束；而对于 EEC-HFPN 则是通过在模型定义中将模糊库所 P_2 的标识数 $M_2(t)$ 分为已预定的托肯 $M_2^r(t)$ 和未预定的托肯 $M_2^n(t)$ 两部分，如前 EEC-HFPN 模型中定义 2.2* 所述。当 T_2 使能时，用于使能 T_2 的托肯 $M_2^r(t)$ 将被预定，有效防止了这部分托肯再次用于模糊变迁 T_3 的使能。由此可见，EEC-HFPN 模型比 EEC-FPN 具有较强的冲突避免能力；另外，资源冲突的发生还有赖于初始标识的设定。

6.4.1.2　同一模糊变迁具有多个输入模糊库所

同一模糊变迁具有多个输入模糊库所，如图 6.4 所示。

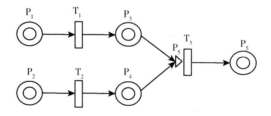

图 6.4　同一模糊变迁具有两个输入模糊库所

（1）当模糊变迁 T_3 的输入门 IG_1 为"与"门。

IG_1 为输入"与"门时，则要求 P_3 和 P_4 同时向能耗设备 T_3 提供能源或物料，此时不会出现设备竞争现象。

只有当 P_3 和 P_4 内的资源数大于 0 或处于被供给状态时（仅 EEC-HF-PN）模糊变迁 T_3 才会使能，并且只有当 P_3 和 P_4 内的资源数均大于 0 时，T_3 为强使能，在 EEC-FPN 和 EEC-HFPN 中其瞬时激发速度 $v_3(t) = V_3$，否则在 EEC-HFPN 中 T_3 为弱使能，而 EEC-FPN 中 T_3 将不会使能。假设 t 时刻 P_3 内资源数大于 0 而 P_4 处于被供给状态，那么在 EEC-HFPN 中此刻 T_3 的瞬时激发速度 $v_3(t)$ 取决于其输入模糊变迁 T_2 的实际激发速度 $v_2(t)$，当 $v_2(t) \geqslant V_3$ 时，$v_3(t) = V_3$，否则 $v_3(t) = v_2(t)$。

（2）当模糊变迁 T_3 的输入门 IG_1 为"或"门。

IG_1 为输入"或"门时，只要 P_3 和 P_4 两者中有一个可以向能耗设备 T_3 提供能源或物料，T_3 就可以正常工作，此时易出现设备竞争现象。

假设在 t 时刻 T_3 在 P_3 的作用下使能，而经过 Δt 时间后 T_3 在 P_4 的作用下再次满足使能的条件，但此时 T_3 在 P_3 的作用下仍处于使能而未激发状态，即 T_3 已被 P_3 所占用，因此，在 $t + \Delta t$ 时刻出现了设备竞争现象。此时，解决设备竞争的方法是通过在模糊库所 P_4 中设置资源有效时延 d_4，如前 EEC-FPN 中定义 2.2 和 EEC-HFPN 中定义 2.2* 所述。假设这里 T_3 在 P_3 作用下的激发时间为 $t + \Delta t_1$，且 $\Delta t_1 > \Delta t$，那么 $d_4 = \Delta t_1 - \Delta t$。

通过上述基于模型结构的冲突分析可知，在 EEC-HFPN 中对强、弱使能的引入虽然使得所建模型更加真实地反映了企业能耗过程的连续性，但加大了模型产生有效冲突的可能性，而模型中瞬时激发速率的计算和资源预定与非预定状态的设定又会增强模型的冲突避免能力。另外，这里从模型结构的角度对资源冲突和设备竞争现象的研究，可以有效地避免生产中"停工待料"和"物料积压"等生产瓶颈或故障的发生。

6.4.2 模型有效冲突的定义

基于网结构的冲突关系，不仅提供了一种解决冲突机制，而且提供了一种模型确认的途径，使得在模型开发时可以检查是否存在错误，这对于动态系统可靠性安全性建模与分析都是非常重要的。然而，为便于对模型的有效冲突进行判定，本小节将在第 6.4.1 节模型冲突产生情况分析的基础上，分别从资源冲突和设备竞争两方面对模型的有效冲突作出定义，从而为模型有效冲突的判定提供方法。

定义 6.1：设 $< P_i, \{T_1, T_2, \cdots, T_k\}, M_0 >$ 为一个结构冲突，如果满足以下条件之一，则 $< P_i, \{T_1, T_2, \cdots, T_k\}, M_0 >$ 为一个有效的资源冲突：①T_1, $T_2, \cdots, T_k$ 在 $M(t)$ 下同时使能并且 $(M_i(t) = 0) \wedge (0 < \sum\limits_{T_j \in {}^* P_i} v_j(t) < \sum\limits_{T_k \in P_i^*} V_k)$；②$\forall T_{k1}, T_{k2} \in \{T_1, T_2, \cdots, T_k\}$，如果 T_{k1} 在 $M(t_1)$ 下使能且其运行区间为 Δ_{k1}，T_{k2} 在 $M(t_2)$ 下使能，且 $(t_1 \leqslant t_2) \wedge [\Delta_{k1} > (t_2 - t_1)] \wedge [M_i(t) < (\lambda_{i, k1} + \lambda_{i, k2})]$。

定义 6.2：设 $< \{P_1, P_2, \cdots, P_h\}, T_j, M_0 >$ 为一个结构冲突，如果以下条件满足，则 $< \{P_1, P_2, \cdots, P_h\}, T_j, M_0 >$ 为一个有效的设备竞争：①T_j 的输入门 IG_j 为 "或" 门；②$\exists P_{h1}, P_{h2} \in \{P_1, P_2, \cdots, P_h\}$，$T_j$ 在 $M_{h1}(t_1)$ 的作用下首先使能且其运行区间为 Δt，如果 t_2 时刻 T_j 在 P_{h2} 的作用下再次满足使能条件，并且 $t_2 - t_1 < \Delta t$。

6.4.3　模糊变迁优先权的动态确定

有效冲突的存在使得网中使能模糊变迁的引发产生不确定性，从而使得模型可能有多种不同的行为，在很多实际情况下需要消除这种不确定性即冲突消解。有效冲突的解决，往往需要人工干预或制定有效可行的冲突解决方案，如优先权法、最大速度比例分配法等。优先权法作为一种简单实用的措施被广泛采纳，常用的优先权法是在事先给定可能发生冲突的各模糊变迁以不同的优先权，而在模型运行时，如果冲突发生则优先权高的模糊变迁先触发（张永刚和叶鲁卿，1999），然而这种方法中各个模糊变迁的优先权是静态的，不能根据模型运行时各参数的改变而改变，从而对实际系统的动态适应性较弱。

模糊变迁优先权的动态确定对冲突的消解主要用于当有多个模糊变迁共享同一输入资源的情况下，其主要目的是根据模型中各参数的情况来确定各模糊变迁的优先权，相当于在多因素作用的情况下对各模糊变迁的优先级进行排序。这里，通过引入模糊理论，根据实际系统中需要综合考虑的诸多因素，采用模糊综合评判方法（薛惠锋等，2007）来确定企业能耗过程模型中使能模糊变迁的优先权，从而实现模糊变迁优先权的动态确定。

在前述 EEC-FPN 和 EEC-HFPN 模型中，需要对模糊变迁确定优先权的主要是前述第 6.4.1 节中所分析的第一种资源冲突情况，也就是说当有多个模糊变迁同时为弱使能的情况下，如何判定其优先权。具体方法如下：

第一步：确定模型中影响模糊变迁使能优先权的参数，即给出模型中需要综合考虑的因素集 F。

由于影响弱使能激发速度的因素包括模糊变迁的最大激发速度 f_1、标识为 0 的输入模糊库所个数 f_2 以及模糊变迁的优先值 f_3 等因素，这里，定义 $F = \{f_1, f_2, f_3\}$ 为影响弱使能模糊变迁优先权的参数集。

第二步：由于评判的目的是对弱使能模糊变迁进行排序，将需要排序的弱使能模糊变迁作为评判集合，即 $V = \{T_1, T_2, \cdots, T_k\}$。

第三步：建立模糊评判矩阵 $R = \begin{bmatrix} r_{11} & r_{12} & \cdots & r_{1k} \\ r_{21} & r_{22} & \cdots & r_{2k} \\ r_{31} & r_{32} & \cdots & r_{3k} \end{bmatrix}$，其中 $r_{ij} = \dfrac{f_{ij}}{\sum_{j=1}^{k} f_{ij}}$，

$(i = 1, 2, 3; j = 1, 2, \cdots, k)$ 表示模糊变迁 T_j 的第 i 个因素的值在所有弱使能模糊变迁的同一因素值总和中所占的比例，而 f_{ij} 表示第 j 个模糊变迁的第 i 个参数（或因素）值。

第四步：对影响模糊变迁使能优先权的各参数分配权重，从而确定各因素的权重，得到各因素集合 F 这一论域上的一个模糊集合 $A = (a_1, a_2, a_3)$，其中 $a_1 + a_2 + a_3 = 1$。

第五步：将模糊集合 A 经过模糊评判矩阵 R 变换为评判集合 V 这一论域上的模糊集合 B，即：B = A○R。其中，$B = (b_1, b_2, \cdots, b_k)$ 为模糊综合评判的结果，为 k 维的模糊行向量；R 为从各因素权重集合 A 到 B 的一个模糊关系，它是一个 $3 \times k$ 的矩阵，其元素 r_{ij} 表示从第 i 个因素（或参数）着眼，作出第 j 种评判的可能程度，这里，采用主因素决定型的模糊关系合成操作，即 $b_j = \overset{3}{\underset{i=1}{\vee}} (a_i \wedge r_{ij})$，$i = 1, 2, 3; j = 1, 2, \cdots, k$，其中"$\wedge$"表示为两个数中取其小者，"$\vee$"表示为在一组最小数中取最大的一个。

第六步：将模糊集合 B 中各元素 $b_1, b_2, \cdots, b_k$ 按从大到小的顺序排名，从而得到各弱使能模糊变迁的优先级排序，其中，排名最靠前的元素 b_j 则为优先权最高的模糊变迁 T_j，如果计算出来两个模糊变迁的优先级相等，那么依其静态优先值来决定其优先权次序。

【例子】下面以图 6.3 所示模型为例，依据上述方法计算 T_2 和 T_3 在出现第 6.4.1 节所分析的第一种冲突即资源竞争现象时，弱使能的模糊变迁 T_2 和 T_3 的优先级顺序。

假设这里 T_2 和 T_3 的最大激发速度分别为 $V_2 = 2$，$V_3 = 3$；T_2 和 T_3 的优先值分别为 1、2；由图 6.3 知 T_2 和 T_3 的标识为 0 的输入模糊库所个数均为 1。

从而可得：

$f_{11} = 2, f_{12} = 3, f_{21} = 1, f_{22} = 1, f_{31} = 1, f_{32} = 2$

$r_{11} = 2/5, r_{12} = 3/5, r_{21} = 1/2, r_{22} = 1/2, r_{31} = 1/3, r_{32} = 2/3$

因此，$R = \begin{bmatrix} 2/5 & 3/5 \\ 1/2 & 1/2 \\ 1/3 & 2/3 \end{bmatrix}$，假设，这里 $A = (0.4, 0.1, 0.5)$。有：

$$B = A○R = (0.4, 0.3, 0.3) ○ \begin{bmatrix} 2/5 & 3/5 \\ 1/2 & 1/2 \\ 1/3 & 2/3 \end{bmatrix} = (0.4, 0.5)$$

按从大到小的顺序排名，可得 T_2 和 T_3 的优先权次序为 2，1。

模糊变迁优先权的动态计算，针对因资源竞争所引起的模型冲突，当采用优先权法进行消解时，将不再以模糊变迁的优先值作为确定模糊变迁优先权的唯一标准，而是根据模型运行时各参数而动态改变的，从而增强了模型在实际运行中的自适应性。

6.5　仿真运行算法的研究

企业能源消耗过程模型反映了企业能耗过程多装置、多过程、多工序的并行、串行、绕行、反馈等特性，如何在仿真模型实现的基础上，依据仿真机制，对面向企业能源消耗过程的模糊 Petri 网模型以及基于模糊高级 Petri 网的企业能耗过程模型进行相应的解算，从而推进能源消耗过程的动态执行，将是企业能耗过程仿真方法研究的重点。本节将研究企业能耗过程仿真运行算法，从而实现企业能耗过程模型的解算，有效地模拟企业能源消耗的动态行为，实现企业能效评估的动态分析。

根据 EEC-FPN 和 EEC-HFPN 模型的语义，给出相应的模型动态演变正确求解理论是仿真运行算法研究的目标。对于普通 Petri 网以及随机、时间等扩展 Petri 网而言，其仿真过程大多是基于离散事件动态系统的三大仿真策略而形成的，按照国际仿真专家 C. M. Overstreet 和 R. E. Nance 的观点，这三种离散事件动态系统的解算方法分别是事件调度（event scheduling，简称 ES）、活动扫描（activity scanning，简称 AS）和进程交互（process interaction，简称 PI），它们之间的主要差别体现在提供了不同的"所在"，事件调度法提供了时间所在，因为事件例程给出的是发生在特定时刻的相关行为；活动扫描法提供了状态所在，因为活动例程给出的是在特定状态条件下发生的所有行为；过程交互法提供了实体所在，因为进程给出的是针对特定实体的完整行为序列。然而，由于 EEC-FPN 和 EEC-HFPN 模型在运行时具有连续性、不确定性并同时存在连续变量和离散事情之间的交互，而各种能源、物料以及消息的流向错综复杂且相互之间的逻辑关系各有不同，因此，针对 EEC-FPN 和 EEC-HFPN 模型的仿真运行算法将不同于普通 Petri 网等离散事件系统的仿真策略，也不同于传统的基于微分方程和代数方程解算的连续系统。

6.5.1 仿真相关问题

6.5.1.1 仿真钟

企业能耗过程仿真体现了随着时间的变化企业能源消耗的行为，对应为 EEC-FPN 或 EEC-HFPN 则为模型随时间的行为演变，因此，仿真过程中需引入仿真钟用于表示仿真时间的变化。肖田元和范文慧（2010）将仿真钟的推进方法分为两大类：第一类是按下一最早发生事件的发生时间推进，主要用于具有较强随机性的系统；第二类是固定增量推进方法，主要用于系统事件发生时间具有较强周期性的模型。在连续系统仿真中，将连续模型进行离散化而成为仿真模型时，仿真时间的变化基于仿真步长的确定，可以是定长，也可以是变长；而离散事件仿真中，由于事件发生时间的随机性，仿真钟的推进往往是变长的或随机的。

由于在企业能耗过程仿真中不但要考虑系统中连续的能源消耗过程，还要考虑系统中如：生产设备的开启、停止等离散事件的逻辑演化，因此其仿真钟的推进是变长的或不确定的，具体的仿真推进步长是由仿真运行区间来确定的，即，根据定义 6.3 仿真运行区间计算相应的仿真步长，从而将仿真中原本连续变化的能耗过程离散化，而原本离散的事件呈跳跃性推进。例如，在炼钢过程中，金属钢锭的加热即为一连续的能耗活动或能耗单元过程，仿真中则是将用于表示钢锭加热这一能耗单元对应的微分方程离散化，继而依据仿真步长采用数值积分的方法进行求解。

6.5.1.2 运行区间

运行区间，即仿真推进步长，往往是稳定运行的一小段时间，在期间，任一连续模糊变迁的实际激发速度不变且相关物质流和信息流的逻辑关系不发生变化。

定义 6.3：时间区间 $[t_{k-1}, t_k]$ 称为一个运行区间，当且仅当它满足下面两个条件：

① $\forall t \in [t_{k-1}, t_k)$，均有 $v(t) = v(t_{k-1})$。

② $\Delta_k = \min(\Delta_c, \Delta_t) = t_k - t_{k-1}$，其中 $\Delta_c = \min_i [M_i(t_{k-1})/(-B_i(t_{k-1}))]$，这里 i 使得 $B_i(t_{k-1}) < 0$ 且 $m_i(t_{k-1}) > 0$；而 $\Delta_t = \min\{d_{Tj}\}$，这里 d_{Tj} 指 t_{k-1} 时刻使能的模糊变迁 T_j 对应的时延。

运行区间的定义既适用于 EEC-FPN，也适用于 EEC-HFPN，不同之处在于对于 EEC-HFPN 而言，对应为 $\Delta_c = \min_{i,h}^n [m_{i,h}(t_{k-1})/(-B_{i,h}(t_{k-1}))]$，且 $m_{i,h}^n(t_{k-1}) > 0, B_{i,h}(t_{k-1}) < 0$。

一个 EEC-HFPN 在初始时刻 $t_0 = 0$，有一个初始标识 M_0，则由 M_0 可决定 $t \geq 0$ 时 $v(t)$ 的表达式，从而由定义 6.3 对运行区间的定义及基本关系 $\dfrac{dM(t)}{dt} = v(t)W(t)$ 可决定第 1 个运行区间 $[0, t_1)$，再由 $M(t_1)$ 可决定 $t \geq t_1$ 时 $v(t)$ 的表达式，从而同样可决定第 2 个运行区间 $[t_1, t_2)\cdots$，对于 EEC-FPN 而言，由于模糊变迁无强、弱使能之分，在满足使能条件后，其激发速度不发生变化，故其运行区间为 $\Delta_t = \min\{d_{Tj}\}$。

6.5.1.3 仿真终止条件

企业能耗过程仿真的终止条件同其他 Petri 网等系统的仿真终止条件的设定方法相同（Ghom ri L. & Alla H., 2007），可以分为两种：一种是给定企业能耗过程的仿真结束时间，在每一次仿真时钟推进后，判断其仿真时间是否满足，当时钟的仿真时间大于仿真结束时间时，仿真终止；另一种是给定企业能耗过程系统的目标标识，可以是对相应模糊库所的目标标识设定或对系统某相关变量应满足条件的定义等，通过对每一次 EEC-FPN 或 EEC-HFPN 网演化所得到的新标识与给定目标标识相比较，如果当前标识达到目标标识，仿真即终止。在对实际的企业能耗过程系统进行仿真时，具体采用何种终止条件与实际系统的性能以及仿真分析的目的有关。

6.5.1.4　能耗单元输入输出模型的解算

如前面章节所述，在支持企业能效评的能源消耗系统模型中能耗过程模型是核心主线，而能耗单元输入输出模型则是必需。因此，在仿真方法的研究中除了要能够处理能耗单元之间互有联系、彼此影响所带来的困难，即，将企业能耗过程模型的解算作为重点外；还需对能耗单元输入输出模型进行解算，以完成能耗过程仿真推进中对各能耗单元设备的执行，从而对整个能耗过程系统模型进行有效的求解。

能耗单元输入输出模型反映了用能设备等能耗单元之间的物料和能量衡算，在能耗过程系统模型中用能耗单元模块代表给定系统中设备的具体数学模型，单元设备的模拟计算即可调用模块来求解给定条件下设备的输出物流与输入物流之间的关系。比如，能耗单元设备各输入物流的有关变量已知，就能调用模块计算输出物流的各个变量。能耗单元模型大多为代数方程和微分方程的混合组成，或者是采用智能化的网络结构模型。其中，代数方程定义了变量之间连续且瞬时为真的代数关系，对于代数方程的解算基本上是在给定其输入物流数据（流量、组成等）的情况下直接解算。对于反映系统工艺参数随时变化情况的微分方程，在仿真求解过程中，应将其微分方程模型离散化，继而采用数值积分方法求解。即，首先要给连续状态变量和时间赋初值；然后按规定步长推进时间，这里步长的选取将于能耗过程仿真中的相应仿真时钟推进步长相一致，接下来逐步推进仿真时间，计算不同时刻的系统状态变量；当满足终止条件时完成求解过程。终止条件可能有许多种，可以判断是否到达最大给定时间，也可以是一个连续状态变量值超过给定的阈值或者另一个连续变量的当前值，或者是由这些结束条件形成的混合条件。有关微分方程的数值积分解法有很多，使用最普遍的欧拉法、梯形法以及四阶龙格—库塔（Runge-Kutta）法。而对于智能化模型则往往是在给定单元模块结构参数以及输入物流变量的情况下，如神经网络模型就是将训练好的具有一定结构和参数并能够代表相应用能设备的网络模型，在给定其网络输入信息的情况下通过对神经网络的运行而得出其输出数据作为该用能设备的产出信息（Moheb M. H. et al. ，1996；İLhan Ceylan & Aktas，M. ，2008）。

上述这些有关能耗单元模型的解算方法已经较为成熟，这里不再作重点研究，在仿真时将继承这些研究成果。

6.5.2 基于 EEC-FPN 的企业能耗过程仿真算法

根据 EEC-FPN 模型语义，相应模型的动态演变需要完成以下关键步骤：一是确定当前时刻的使能模糊变迁集；二是计算各使能模糊变迁的瞬时激发速度；三是模型中有效冲突的处理；四是确定各使能模糊变迁的激发时刻；五是计算系统的标识演化结果。

具体的仿真算法如下：

第一步：初始化 EEC-FPN 网模型，引入一个累加计时器作为全局仿真时钟 t，初始化 t =0，并给定仿真结束时间 t_{max}，确定模型中各模糊库所的初始标识 $M_0(P)$。

第二步：确定当前标识是否为目标标识，如果是，仿真结束，否则，转入第三步。（或者判断当前 t 的值，如果 $t \geq t_{max}$，仿真结束，否则转入第三步）。

第三步：根据定义2.5，确定在当前 t 时刻的使能模糊变迁集 T^E。

（1）令 $A = \{a_1, a_2, \cdots, a_n\}^T = 0, E = \{e_1, e_2, \cdots, e_m\}^T = 0$。这里，A 表

示各模糊库所的标识情况，E 表示各模糊变迁的使能状况，其元素均为 0 或 1。当模糊库所 $P_i(i=1,2,\cdots,n)$ 的标识数大于 0 时，a_i 为 1，否则 a_i 为 0；当模糊变迁 $T_j(j=1,2,\cdots,m)$ 使能时，e_j 为 1，否则 e_j 为 0。

（2）对于模糊库所 P_i，i 从 1 到 n，如果 $M_i(t) > 0$，则 $a_i = 1$；否则，$a_i = 0$。

（3）对于任意满足条件 $a_i = 1$ 的模糊库所 P_i，判断与其相连的时限是否到时，如果是，$a_i = 1$，否则令 $a_i = 0$。

（4）对于模糊变迁 T_j，j 从 1 到 m，当 T_j 的输入门 IG_j 为"与"门时，$\forall P_i \in {}^*T_j$，$(a_i = 1) \wedge (f_j \geq \tau_j)$，则 $e_j = 1$，否则，$e_j = 0$；当 T_j 的输入门 IG_j 为"或"门时，$\exists P_i \in {}^*T_j$，$(a_i = 1) \wedge (f_j \geq \tau_j)$，则 $e_j = 1$，否则，$e_j = 0$。

（5）$T^E = \{T_j \mid e_j = 1\}$ 为此刻使能的模糊变迁集。

第四步：计算 t 时刻各使能的连续型模糊变迁 $T_j \in T^E$ 的瞬时激发速度。对于使能模糊变迁 T_j，$\forall P_i \in IPO_j$，如果都有 $M_i(t) > 0$，则 $v_j(t) = V_j$。

第五步：依据第 6.4.1 节所讲述的冲突解决策略对有效冲突进行处理。

（1）如果发生第 6.4.1.1 节中（2）所示的冲突情况，那么此时对其有效冲突的处理采用先使能先激发的原则，即将后使能的模糊变迁的使能时间延迟到先使能模糊变迁激发完成时；

（2）如果发生第 6.4.1.2 节中（2）所示的冲突情况，则通过对相应模糊库所内资源设置有效时延的方法来解决（见第 6.4.1 节）。

第六步：对使能模糊变迁集 T^E 中的每个模糊变迁 T_j，根据定义 2.6，分别确定其激发时刻 t_j，并将 t_j 及其相应的激发模糊变迁 T_j 放入表 T^F 中。

第七步：扫描表 T^F，找出最小的激发时刻 $\min(t_j)$ 以及相应的激发模糊变迁 T_j。

第八步：推进全局仿真时钟 $t = \min(t_j)$，激发相应的模糊变迁 T_j，按照公式（2.1）和公式（2.2）计算相关模糊库所中的标识，得到下一时刻网的标识，转入第二步。

企业能源消耗过程的仿真由量变与质变混合交替而成，在仿真过程中，各类连续变量和状态信息均通过模糊库所中的标识来体现，而各类能源消耗活动和相关事件均通过模糊变迁的激发来完成。模糊变迁的激发过程等同于能耗活动对能源的消耗，每一个模糊变迁的激发开始都将消耗其前置模糊库所中的相关托肯（能源），并且在该模糊变迁执行中产生新的托肯，并在执行完成后将该新的托肯（相应产品或中间产品）放置于其后置模糊库所中。仿真中，通过引入一个累加计时器，以时间和系统的同步标识机制来控制 EEC-FPN 的运行和状态。

另外，能源消耗系统的演化过程是由离散事件和连续动态过程的状态共同推进的，即，企业能耗过程同时存在离散事件和连续变量部分，在仿真处理的过程中，离散操作事件的发生可能会触发连续进程的开始，如当某布尔型状态变量取值为真时，会触发相应连续能耗活动的执行，随着该活动对连续能源消耗进程的开始，仿真中将会采用划分运行区间作为仿真步长的方法对连续积分过程进行一步步迭代计算，而在连续能耗活动的计算过程中，当连续状态变化到一定值时，又会产生影响离散操作的事件，从而使能离散部分发生状态变化。基于上述过程，运行控制在模型的离散部分和连续部分来回传递，直到仿真结束为止。例如，在炼钢过程中，金属钢锭放入熔炉后，将会开始一个代表钢锭加热的连续过程，而仿真对连续加热过程的执行则是通过对表示钢锭加热这一能耗单元的输入输出模型（输入为燃料，输出为钢锭温度）采用依仿真步长进行数值积分计算，当温度达到一定值后，将会触发离散事件，将钢锭移出熔炉。

6.5.3　基于 EEC-HFPN 的企业能耗过程仿真算法

在 EEC-HFPN 模型中，为了使所建模型更加真实地反映企业能源消耗的连续性和动态性，通过对变速模糊变迁以及受供给模糊库所的扩展，增强了模型的实际应用性；另外，从简化模型结构，保障模型安全有界性以及冲突避免性等多方面考虑，EEC-HFPN 较之 EEC-FPN 其模型结构和语义均有较多的差别。这里，根据 EEC-HFPN 模型语义，研究其相应模型的动态演变算法。

在 EEC-HFPN 中，受供给模糊库所的扩展，虽增强了模型对连续性能源消耗行为的模拟能力，但随之也增加了模型有效冲突发生的情形。而有效冲突的存在使得网中使能模糊变迁的引发产生不确定性，其中包括对瞬时引发速率的影响，因此，对连续型模糊变迁的瞬时引发速率的正确计算将是 EEC-HFPN 模型行为分析的关键。本小节，依据前述 EEC-HFPN 模型有效冲突的定义，根据不同有效冲突的消解的方法，给出其相应的模糊变迁瞬时引发速率，并将其融入模型的动态演变步骤中。

另外，由于颜色概念的引入，使得模型的数据结构较为复杂。基于上述分析，在这种复杂数据结构情况下，EEC-HFPN 模型的仿真运行需要处理的关键步骤包括：一是确定当前时刻的强、弱使能模糊变迁动作色彩集；二是判定各动作色彩以及资源类之间是否产生有效冲突；三是依据不同的冲突消解策略计算各使能模糊变迁相关动作色彩的瞬时激发速度；四是计算各使能模糊变迁动作色彩的稳定运行区间；五是计算系统的标识演化结果。

具体的仿真算法如下：

第一步：初始化 EEC-HFPN 网模型，引入一个累加计时器作为全局仿真时钟 t，初始化 $t=0$，并给定仿真结束时间 t_{max}，确定模型中各模糊库所的初始标识 $M_0(P)$。

第二步：确定当前标识是否为目标标识，如果是，仿真结束，否则，转入第三步。（或者判断当前 t 的值，如果 $t \geq t_{max}$，仿真结束，否则转入第三步）。

第三步：根据定义 2.5*，确定在当前 t 时刻的使能模糊变迁动作色彩集 T^E。

（1）令 $A = \{a_1, a_2, \cdots, a_n\}^T = 0$，$E = \{e_1, e_2, \cdots, e_m\}^T = 0$，其中，$a_i = \{a_{i,1}, a_{i,2}, \cdots, a_{i,ui}\}$，$u_i = |C(P_i)|$，$e_j = \{e_{j,1}, e_{j,2}, \cdots, e_{j,sj}\}$，$s_j = |C(T_j)|$。

这里，A 表示各模糊库所的标识情况，E 表示各模糊变迁的使能状况，其元素均为行向量；而 a_i 和 e_i 的元素均为 0 或 1。当模糊库所 $P_i(i=1,2,\cdots,n)$ 关于色彩 $a_{i,h}(h=1,\cdots,u_i)$ 的未预定标识数 $m_{i,h}^n>0$ 或其被供给时，$a_{i,h}$ 为 1，否则 $a_{i,h}$ 为 0；当模糊变迁 $T_j(j=1,2,\cdots,m)$ 关于动作色彩 $b_{j,k}(k=1,\cdots,s_j)$ 使能时，$e_{j,k}$ 为 1，否则 $e_{j,k}$ 为 0。

（2）对于模糊库所 P_i，i 从 1 到 n 进行循环判断。

①对 $\forall P_i$，h 从 1 到 u_i，如果 $m_{i,h}^n(t)>0$，则 $a_{i,h}=1$；否则 $a_{i,h}=\max\{e_{j,k}|T_j\in{}^*P_i,b_{j,k}\in{}^*a_{i,h}\}$；

②$i=i+1$，如果 $i>n$，则转第三步—（3），否则转第三步—（2）—①。

（3）对于任意满足条件 $a_{i,h}=1$ 的模糊库所 P_i 的资源类，判断与其相连的时限是否到时，如果是，$a_{i,h}=1$，否则令 $a_{i,h}=0$。

（4）对于模糊变迁 T_j，j 从 1 到 m 进行循环判断。

①当 T_j 的输入门 IG_j 为"与"门时，对于 T_j 关于动作色彩 $b_{j,k}$，k 从 1 到 s_j，如果 $\forall P_i\in{}^*T_j$，$\forall a_{i,h}\in{}^*b_{j,k}$，当满足 $(a_{i,h}=1)\wedge(f_{j,k}\geq\tau_{j,k})$ 时，则 $e_{j,k}=1$，否则，$e_{j,k}=0$；当 T_j 的输入门 IG_j 为"或"门时，$\exists P_i\in{}^*T_j$，$\exists a_{i,h}\in{}^*b_{j,k}$，满足 $(a_{i,h}=1)\wedge(f_{j,k}\geq\tau_{j,k})$，则 $e_{j,k}=1$，否则，$e_{j,k}=0$；

②$j=j+1$，如果 $j>m$，则转第三步—（5），否则转第三步—（4）—①。

（5）$T^E=\{b_{j,k}|e_{j,k}=1\}$ 为此刻使能模糊变迁动作色彩集。

第四步：依据定义 6.1 和定义 6.2 判定是否存在有效冲突，并依据冲突消解的方法，计算 t 时刻各使能的连续型模糊变迁动作色彩 $b_{j,k}\in T^E$ 的瞬时激发速度。

（1）当无有效冲突存在时。

对于使能模糊变迁动作色彩 $b_{j,k}$，$\forall a_{i,h}\in IPO_{j,k}$（$IPO_{j,k}$ 为 $b_{j,k}$ 的输入资源类），如果都有 $m_{i,h}^n(t)>0$，则 $v_{j,k}(t)=V_{j,k}$，否则 $v_{j,k}(t)=\min[V_{j,k},\sum v_l(t)]$，这里 l 使得 $b_l\in{}^*a_{i,h}$，且 $m_{i,h}^n(t)=0$。

（2）当存在有效资源冲突时（见第 6.4.1.1 节中（1））。

①采用前述第6.4.3节中的动态优先权法进行冲突消解。

（a）设 $<a_{i,h}, \{b_{j,1}, b_{j,2}, \cdots, b_{j,k}\}, M_0>$ 为该有效冲突，并且通过第6.4.3节的方法将其优先权顺序依次确定为了 $b_{j,1}, b_{j,2}\cdots, b_{j,k}$，那么关于动作色彩 $b_{j,1}$ 的瞬时激发速度可通过线性规划 $\max v_{j,1}(t)$，$\begin{cases} 0 \leqslant v_{j,k} \leqslant V_{j,k} \\ B_{i,h} \geqslant 0 \end{cases}$ 求出。

（b）假设所求 $v_{j,1}(t) = s_1$，则优先级排名第2的弱使能动作色彩 $b_{j,2}$ 的瞬时引发速度可通过线性规划 $\max v_{j,2}(t)$，$\begin{cases} v_{j,1} = s_1 \\ 0 \leqslant v_{j,k} \leqslant V_{j,k}, \forall v_{j,k} \in \{b_{j,2}, \cdots, b_{j,k}\} \\ B_{i,h} \geqslant 0 \end{cases}$ 求出。

（c）依此类推，分别求出有效冲突 $<a_{i,h}, \{b_{j,1}, b_{j,2}, \cdots, b_{j,k}\}, M_0>$ 中各弱使能动作的瞬时激发速度。

②采用最大速度比例法进行冲突消解

设 $<a_{i,h}, \{b_{j,1}, b_{j,2}, \cdots, b_{j,k}\}, M_0>$ 为该有效冲突，那么，各弱使能动作色彩的激发速度 $v_{j,k}(t) = \left[\sum v_l(t) \right] \times \dfrac{V_{j,k}}{\sum_k V_{j,k}}$，这里 l 使得 $b_l \in^* a_{i,h}$，且 $m_{i,h}^n(t) = 0$。

（3）当存在有效设备竞争时（见第6.4.1.2节中（2））

通过对发生设备竞争的模糊库所内相应资源类设置有效时延的方法来解决（见第6.4.1节）。

第五步：计算各使能模糊变迁动作色彩的稳定运行区间。对连续型动作色彩，当瞬时速率 $v_{j,k}(t)$ 等于最大速率 $V_{j,k}$ 时，$\Delta_{j,k} = d_{Tj,k}$；当 $v_{j,k}(t) < V_{j,k}$ 时，其稳定运行区间 $\Delta_{j,k} = \min(\Delta_c, d_{j,k})$，其中 $\Delta_c = \min_{i,h}^n \{m_{i,h}(t_{k-1}) / [-B_{i,h}(t_{k-1})]\}$，这里 $a_{i,h}$ 使得且 $m_{i,h}^n(t_{k-1}) > 0$，$B_{i,h}(t_{k-1}) < 0$，而 $d_{Tj,k}$ 指当前时刻使能的模糊变迁动作色彩 $b_{j,k} \in T^E$ 对应的时延。

第六步：令 $\Delta = \min\{\Delta_{j,k}\}$，如果与 $\min\{\Delta_{j,k}\}$ 相对应的动作色彩 $b_{j,k}$ 满足定义2.8*所示激发条件，则转入第七步；否则暂将 $b_{j,k}$ 从 T^E 中移除后得

到次最小的相应稳定运行区间 Δ。

第七步：推进全局仿真时钟 t = t + Δ，激发与 Δ = min｛Δ$_{j,k}$｝相对应的动作色彩 b$_{j,k}$，按照公式（2.3）和公式（2.4）计算相关模糊库所中的标识，得到下一时刻网的标识，转入第二步。

从上述仿真算法可知，无论是否产生有效冲突，强使能的模糊变迁动作色彩总是以最大激发速率引发。而在产生有效冲突时，如果采用优先权的策略来实现有效冲突的消解，那么优先权高的弱使能动作优先以尽可能大的速率激发。当模糊变迁动作色彩的瞬时激发速度等于最大激发速度时，稳定运行区间为相应的时延；而当瞬时速度小于最大激发速度时，则参照定义6.3计算稳定运行区间。另外，由于颜色概念的引入，增加了模型仿真分析的复杂度，排除 EEC-HFPN 中对色彩集合的引入，将在第6.5.4节中通过仿真实例对比分析这两种仿真运行算法。

6.5.4　仿真实例

这里，为简化仿真算法的实现，在排除 EEC-HFPN 中对色彩集合的引入后，以一个高压反应流程为例，对比上述两种仿真运行算法的结果。该高压反应流程同前第2.5.4节的基本相似，只是在建立其能耗过程模型时，省去了对个别设备如，减压阀、反应器子模型等的描述。该反应流程的具体情况如图6.5所示。

两种不同的原料气 A、B 与循环流（以 A 为主并含有少量 B 和 C）混合后进入反应器。反应器在电加热情况下进行 A + B→C + D 反应，并且当反应器容积达到60升时，应停止进料。反应器出口流股经换热器冷却后进入闪蒸器。主要产品 C 从闪蒸器底部流出，未反应的 A（及少量的 B 和 C）与废气 D 从闪蒸器汽相出口排出后送至分割器，使得废气 D 排放，而未反应的 A（及少量的 B 和 C）返回使用。该生产过程除对原料 A、B 的消耗外，其生产设备的主要用能为电和水。

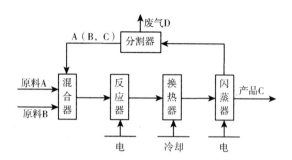

图6.5 一个高压反应流程

在排除 EEC-HFPN 中对色彩集合的引入后，采用 EEC-HFPN 和 EEC-FPN 建立上述高压反应流程时，其模型的结构相同（见图6.6），不同的只是模型元素部分参数的设置。

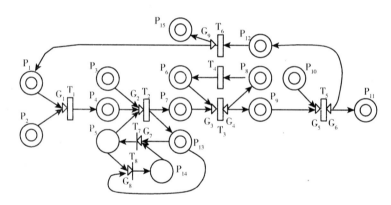

图6.6 上述高压反应流程的 EEC-FPN 和 EEC-FEPN

（排除色彩）模型结构

图6.6中，P_1，P_2分别表示原料气 A、B 的仓库；P_3，P_{10}分别储存为反应器和闪蒸器所供电能；P_6，P_8存放换热器所需冷却水的输入和输出；P_4，P_7，P_9，P_{11}，P_{15}分别表示混合器、反应器、换热器的输出物仓储以及产品 C、废气 D 的仓储；P_5，P_{14}分别存放反应器的供、停电状态标识；而P_{12}用于存放未反应气体，P_{13}用于体现反应器内部容量的变化。模型元素的约束条件描述如表6.2所示。

表6.2 模型元素的相关约束条件

T_1：混合器	$\tau_1 = 2, f_1 = \dfrac{I(P_1, T_1)}{I(P_2, T_1)}, q_1 : O(P_3, T_1) = I(P_1, T_1) + I(P_2, T_1), R_1 = 0,$ $IPO_1 = \{P_1, P_2\}, OPO_1 = \{P_3\}, l_1 = 0, h_{T1} = 1, V_1 = 1$
T_2：反应器	$\tau_2 = 0, f_2 = (I(P_3, T_2) > 0) \wedge (I(P_4, T_2) > 0) \wedge (M_5(t) == 1),$ $q_2 : \begin{cases} M_{13}(t) \geq 60 \rightarrow O(P_7, T_2) = 60 \\ \dfrac{dM_3(t)}{dt} = 0.04 \end{cases}, R_2 = 0, IPO_2 = \{P_3, P_4, P_5\}, OPO_2 = \{P_7, P_{13}\},$ $l_2 = 0, h_{T2} = 1, V_2 = 1/3$
T_3：换热器	$\tau_3 = 0, f_3 = (I(P_6, T_3) > 0) \wedge (I(P_7, T_3) > 0), q_3 : \begin{cases} O(P_8, T_3) = I(P_6, T_3) \\ O(P_9, T_3) = I(P_7, T_3) \end{cases}, R_3 = 0,$ $IPO_3 = \{P_6, P_7\}, OPO_3 = \{P_8, P_9\}, l_3 = 0, h_{T3} = 1, V_3 = 1$
T_4：冷却活动	$\tau_4 = 0, f_4 = I(P_9, T_4) > 0, q_4 : O(P_6, T_4) = I(P_8, T_4), R_4 = 0, IPO_4 = \{P_8\}, OPO_4 = \{P_6\}, l_4 = 0, h_{T4} = 1, V_4 = 1/5$
T_5：闪蒸器	$\tau_5 = 0, f_5 = (I(P_9, T_5) > 0) \wedge (I(P_{10}, T_5) > 0), q_5 : \begin{cases} O(P_{11}, T_5) = \dfrac{5}{6} \times I(P_9, T_5) \\ O(P_{12}, T_5) = 0.3 \times I(P_9, T_5), \\ \dfrac{dM_{10}(t)}{dt} = 1/3 \end{cases}$ $R_5 = 0, IPO_5 = \{P_{10}\}, OPO_5 = \{P_{12}, P_{11}\}, l_5 = 0, h_{T5} = 1, V_5 = 1/3$
T_6：分割器	$\tau_6 = 0, f_6 = (I(P_{12}, T_6) > 0), q_3 : \begin{cases} O(P_{15}, T_6) = \dfrac{4}{10} \times I(P_{12}, T_6) \\ O(P_1, T_6) = \dfrac{6}{10} \times I(P_{12}, T_6) \end{cases}, R_6 = 0, IPO_6 = \{P_{12}\}, OPO_3 = \{P_{15}, P_1\}, l_6 = 0, h_{T3} = 1, V_6 = 1/2$
T_7：供电	$\tau_7 = 1, f_7 = (I(P_{14}, T_7) == 1) \wedge (M_{13}(t) == 0), R_7 = 0, IPO_7 = \{P_{13}, P_{14}\}, OPO_7 = \{P_5\}, l_7 = 0, h_{T7} = 0, d_{T7} = 0$
T_8：停电	$\tau_8 = 1, f_8 = (I(P_5, T_8) == 1) \wedge (M_{13}(t) \geq 60), R_8 = 0, IPO_8 = \{P_{13}, P_5\}, OPO_8 = \{P_{14}\}, l_8 = 0, h_{T8} = 0, d_{T8} = 0$
初始值	$M_0(P_1) = 50, M_0(P_2) = 30, M_0(P_2) = 80, M_0(P_{14}) = 1, M_0(P_6) = 60, M_0(P_{10}) = 50$，其他各模糊库所的初始标识均为0

按照上述生产条件以及各设备的工作机理，在相应参数的设定条件下，分别采用上述两种方法进行仿真，仿真结果表明，各模糊库所标识的变化，基本反映了该生产流程的能耗与物耗情况，而各模糊变迁的激发则体现了各设备的工作状况。仿真数据分析可知，模糊库所 P_2 的标识变化呈线性下降趋势；而对于模糊库所 P_1，由于余能回收环节的存在，未反应的原料气 A 在 10 秒后返回使用，其标识在前 10 秒内呈线性下降趋势，而 10 秒后其下降速率有所回升。另外，模糊库所 P_7 标识的变化，很好地体现了反应器输出物的量变。这里，以模糊库所 P_1 和 P_7 的标识变化为例，给出 15 秒内的仿真曲线图，如图 6.7 中（a）和（b）所示。

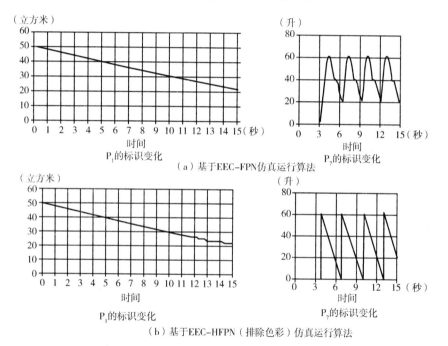

图 6.7　标识变化

其中，图 6.7 中（a）和（b）分别是基于 EEC-FPN 和基于 EEC-HFPN（排除色彩）仿真运行算法的结果，所示仿真数据的曲线图是在 C#开发环境下由 Dundas Win Chart 组件输出的。由图 6.7（a）和（b）可以看出它们均在整体上反映了原料 A 的变化趋势，且都在 10 秒时曲线的下降率有所回升，从而表明了未反应气体的回收利用情况。但对比图 6.7（a）和（b）可以看出，由于 EEC-FPN 不存在强、弱使能之分，且无法灵活地选取仿真运行区间，从而导致了其图形连续性较差。从图 6.7（a）中可以看出，在仿真时间为 6 秒时，依 EEC-FPN 的机理，换热器当前的运行区间为 1 秒且其输入流量为 20 升/秒，而当换热器本次运行结束时，与此并发运行的反应器将进行二次排放，此时，由于换热器运行区间较大，导致了其前置模糊库所 P_7 内的标识值直接从 6 秒时的 20 升转变为了 7 秒时的 60 升，从而使得原本连续下降的 P_7 内标识出现了如图 6.7（a）所示的跳跃式变化。

上述实例仿真结果，不仅表明了仿真算法的有效性，而且对比反映了两种算法的优缺点，基于 EEC-FPN 的仿真分析简单且易实现，而基于 EEC-HFPN 的仿真算法可以更进一步地逼近能源消耗行为的连续性，并可解决实际能耗过程中有效冲突所带来的不确定性问题，仿真运行区间和瞬时引发速率的动态求解均增强了模型仿真的动态适应性。

6.6　本章小结

本章主要以企业能耗过程模型为主线，根据模型语义展开了对企业能源消耗过程系统仿真方法的研究，从而给出相应的模型动态演变理论与方法。分别从仿真机制的设计、仿真模型的实现以及仿真运行算法等方面进行展开，着重研究了基于 EEC-FPN 和 EEC-HFPN 模型的企业能耗过程仿真演化算法，介绍了仿真相关问题的解决方法，并通过实例验证了算法的有效性。本章所述企业能耗过程系统仿真方法，可以有效地模拟企业能源使用与消耗的行为，为企业提供一系列能耗系统动态性能分析数据。此外，仿真方法很好地体现了企业能源消耗过程多装置、多过程、多工序的并行、串行、绕行、反馈等特性，弥补了当前过程模拟方法在过程系统结构处理上的不足。

第7章　不确定因素作用下连续型企业能耗过程仿真方法

在第3章中，研究了不确定性因素作用下连续型企业能耗过程建模方法，给出了模型的形式化定义。本章则在此基础上，对不确定性因素作用下连续型企业能耗过程模型的仿真分析进行研究。为了在仿真过程中体现真实生产过程中不确定性因素的作用，并能够及时地反映离散事件的发生对连续生产过程的影响，仿真方法的研究将合理划分稳态区间，在一个稳态运行区间内，不确定性因素的作用是相同的，当不确定性因素发生变化，则会进入新的稳态运行区间。在一个稳态运行区间内，仿真将以固定步长向前推进。本章将重点研究仿真推进关键问题，以及仿真算法的详细步骤，以期为不确定因素作用下连续型企业能耗过程的动态行为进行合理模拟和准确把握。

7.1　CECPM_UF 模型仿真关键问题的解决

不确定性因素作用下连续型企业能源消耗过程的仿真，需解决模型仿真的推进策略、当前时刻正在运行设备的确定、运行设备工作性能的模拟体现以及当前时刻各资源的消耗状况。因此，仿真的关键问题主要涉及稳态运行区间的确定、当前时刻使能变迁集的确定、当前时刻使能变迁瞬时激发速度的计算和资源仓库标识的更新。

7.1.1　稳态运行区间的确定

在连续型企业能耗过程中，离散事件的发生和不确定性因素的改变会使得生产系统从一个稳定态转移至另一个稳定态。为了能够在仿真过程中对离散事件的发生和不确定性因素的改变做出及时的反映，引入了稳态运行区间的划分，仿真过程中引起旧的稳态运行区间向新的稳态运行区间转换的因素如下：

（1）存在离散变迁的激发。

（2）有资源库所标志减为 0。

（3）存在不确定性因素发生。

在稳态运行区间内，连续型企业能耗过程模型采用固定步长的仿真推进策略，即根据需要选择仿真步长 Δ_t，当仿真时间间隔达到 Δ_t 时，就对仿真系统中资源仓库的标识进行更新。

7.1.2　确定当前时刻的使能变迁集

CECPM_UF 模型中，在时刻 t，$\forall T_j \in T_c$，$P_i \in P_D$，P_i 是与 T_j 相关联的状态，若 $M_t(P_i) = 1$，表示设备 T_j 是运行的。在设备 T_j 运行的前提下，若 $\forall P_i \in {}^*T_j$，$P_i \in P_c$ 且 $M_t(P_i) > 0$，称 T_j 是强使能的。若 $M_t(P_i) = 0$ 且 P_i 是被供给的，则称 T_j 是弱使能。

在仿真过程中，设当前时刻 t 的使能变迁集为 T^E，令 $A = \{a_1, a_2, \cdots, a_n\}$，$E = \{e_1, e_2, \cdots, e_m\}$。其中，n 为物料和能源库所的总数，m 为建模系统中生产设备的个数。根据以上的使能判断规则得到

$$a_i = \begin{cases} 1 & \text{,位置 } P_t \text{ 中标识非 0} \\ \max\{e_j \mid T_j \in {}^*P_i\} & \text{,其他} \end{cases}$$

$$e_i = \begin{cases} 1 & ,\text{原料和能源供应充足} \\ \max\{a_i \mid P_i \in^* T_j\} & ,\text{其他} \end{cases}$$

则此刻的使能变迁集为 $T^E = \{T_j \mid e_j = 1\}$。

7.1.3 计算各使能变迁在不确定性因素作用下的瞬时激发速度

除管道传输速率对设备生产能力的限制外，生产中各不确定因素同样影响设备的额定工作速率 v_j^n。依第 3.3 节所述设备瞬时激发速率的计算方法，假设存在 h 种不确定性因素，考虑各不确定因素间的重要程度，定义各不确定因素间的三角模糊数互补判断矩阵 $\tilde{A}$，即

$$\tilde{A} = \begin{array}{c} \\ f_1 \\ f_2 \\ f_3 \\ \vdots \\ f_h \end{array} \begin{array}{c} f_1 \quad f_2 \quad f_3 \quad \cdots \quad f_h \\ \begin{bmatrix} \tilde{e}_{11} & \tilde{e}_{12} & \tilde{e}_{13} & \cdots & \tilde{e}_{1h} \\ \tilde{e}_{21} & \tilde{e}_{22} & \tilde{e}_{23} & \cdots & \tilde{e}_{2h} \\ \tilde{e}_{31} & \tilde{e}_{32} & \tilde{e}_{33} & \cdots & \tilde{e}_{3h} \\ \vdots & \vdots & \vdots & & \vdots \\ \tilde{e}_{h1} & \tilde{e}_{h2} & \tilde{e}_{h3} & & \tilde{e}_{hh} \end{bmatrix} \end{array}$$

其中，$\tilde{e}_{ij} = (\tilde{e}_{lij}, \tilde{e}_{nij}, \tilde{e}_{mij})$ 是三角模糊数互补判断矩阵第 i 行 j 列的元素，它反映任意不确定因素 i 与 j 比较的标度，$0 < e_{lij} < e_{nij} < e_{mij}$，$e_{lii} = e_{nii} = e_{mii} = 0.5$，$e_{lij} + e_{mji} = e_{nij} + e_{nji} = e_{mij} + e_{lji} = 1$，$i,j \in N$。

进而，由矩阵元素的普通集结法公式：

$$\tilde{w}_u = \left(\frac{\sum\limits_{j=1}^{h} e_{luj}}{\sum\limits_{i=1}^{h}\sum\limits_{j=1}^{h} e_{mij}}, \frac{\sum\limits_{j=1}^{h} e_{nuj}}{\sum\limits_{i=1}^{h}\sum\limits_{j=1}^{h} e_{nij}}, \frac{\sum\limits_{j=1}^{h} e_{muj}}{\sum\limits_{i=1}^{h}\sum\limits_{j=1}^{h} e_{lij}} \right) \tag{7.1}$$

可求得用三角模糊数表示的第 u 种不确定性因素的权重值，依据各类型不确定性因素对 v_j^n 的影响规律，则各种不确定因素影响下设备 T_j 在时刻 t 的新的瞬时激发速率 $\tilde{v}_j(t)$ 为：

$$\tilde{v}_j(t) = \sum_{u=1}^{h} \tilde{w}_u \otimes \tilde{v}_j \otimes \eta_u \qquad (7.2)$$

其中，η_u 表示第 u 种不确定因素对设备 T_j 的额定激发速率的隶属度，其取值与不确定因素的影响规律有关。仿真推进中，设备在某一个时间点的瞬时激发速率应是一个确定的值，那么，根据三角模糊数期望值公式：

$$E[\tilde{v}_j(t)] = \frac{(1-\lambda)v_j^l(t) + v_j^n(t) + \lambda v_j^m(t)}{2} \qquad (7.3)$$

可求出三角模糊数 $\tilde{v}_j(t)$ 的期望值。

7.1.4 计算资源仓库中的标识

在连续型企业能源消耗过程中，各能源或物料仓库中资源的数量变化情况随着各设备激发速度的不同而不同，在一个稳态运行区间内，以 Δt 作为一个固定更新周期，依第 3.4 节资源标识更新规则，在经 Δt 后，资源仓库更新后的标识为：

$$M = M_0 + \int_0^{\Delta t} C_t \times E(\tilde{v}_j(t)) \times dt$$

$$= M_0 + \int_0^{\Delta t} C_t \times [(1-\lambda)v_j^l(t) + v_j^n(t) + \lambda v_j^m(t)]/2 \times dt \qquad (7.4)$$

其中，关联矩阵 $C_t = O_t - I_t$。

7.2　不确定性因素作用下连续型企业能耗过程仿真方法

　　基于第 7.1 节对仿真关键问题的解决方法，不确定因素作用下连续型企业能耗过程模型 CECPM_UF 的仿真，将采用通过合理规划稳态运行区间，在稳态运行区间内以固定步长向前推进的仿真策略，算法流程图如图 7.1 所示。

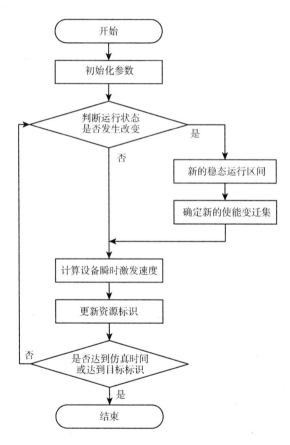

图 7.1　CECPM_UF 模型的仿真算法流程

仿真算法的详细步骤如下所述：

第一步：初始化 CECPM_UF 模型参数，初始化设备的运行状态，设置全局仿真时间 t 和仿真结束时间 t_{max} 或仿真目标标识，确定模型中各库所的初始标识 $M_0(P)$，并以 S_k 作为稳态运行区间，k 初值为 0。

第二步：确定系统的运行状态是否发生改变。若发生变化，k = k + 1，以当前时刻 t 作为新的稳态运行区间 S_k 的起始时间，并以 k 作为 S_{k-1} 稳态运行区间的终止时间；若无发生变化，转第四步。

第三步：根据第 7.1.2 节的判断方法，确定当前时刻 t 的使能变迁集。

第四步：根据第 7.1.3 节计算出时刻 t 使能变迁集中运行设备的瞬时激发速度。

第五步：推进仿真时钟 t = t + Δt，其中 Δt 为一个稳态运行区间内的固定仿真推进步长。

第六步：按第 7.1 节的资源标识更新方法，计算时刻 t 的资源标识，并判断是否为目标标识，若是，仿真结束，否则转第二步。

第七步：判断当前仿真时间 t 是否到达 t_{max}，如果是，仿真结束，否则转第二步。

7.3　仿真实例及对比分析

下面以第 3 章中的片状离子膜固体烧碱的生产过程为应用案例。离子膜固体烧碱的生产过程主要涉及三种加工设备，分别为：升膜蒸发器、降膜浓缩器和片碱机。设备协同生产片碱的基本流程为：液碱原液经过蒸发工序进入升膜蒸发器，经蒸汽加热至沸腾，得到液碱浓度为 60% 的浓液碱，浓液碱经过降膜浓缩器时被高温熔盐加热直至沸腾，浓缩后得到熔融浓碱，熔融浓碱在气液分离器和碱分配器的作用后，由片碱机制得片碱。

这里，各设备的激发速率采用第 3 章中的三角模糊数描述，升膜蒸发

器的激发速率为 $\tilde{v}_1(0,3.425,3.425)$，降膜浓缩器的激发速率为 $\tilde{v}_2 = (0,$

$4.02,4.02)$，片碱机的激发速率为 $\tilde{v}_3 = (0,3,3)$。各不确定因素对升膜蒸

发器和降膜蒸发器额定激发速率的影响程度以及其自身的三角模糊数权值

的计算如表 7.1 所示。因片碱机主要是物理过程，受环境影响较小，忽略

不确定因素，按额定激发速率工作。

表 7.1   各不确定因素对额定激发速率的影响程度及其三角模糊数权重

设备 T		不确定因素 1 （蒸汽压力）	不确定因素 2 （冷却水温度）	不确定因素 3 （真空度）	不确定因素 4 （设备老化）
升膜蒸发器 T_1	$\tilde{w}$	$\tilde{w}_1 = (0.168,0.225,$ $0.307)$	$\tilde{w}_2 = (0.201,0.256,$ $0.336)$	$\tilde{w}_3 = (0.12,0.169,$ $0.236)$	$\tilde{w}_4 = (0.272,0.35,$ $0.436)$
	η	$\eta_1 = 1$ （蒸汽压力 = $0.38MPa$）	$\eta_2 = 0.6703$ （冷却水温度 = $40℃$）	$\eta_3 = 0.5082$ （真空度 = $78kPa$）	$\eta_4 = 0.4066$ （设备使用年限 = 13 年）
降膜浓缩器 T_2	$\tilde{w}$	$\tilde{w}_1 = (0.168,0.225,$ $0.307)$	$\tilde{w}_2 = (0.201,0.256,$ $0.336)$	$\tilde{w}_3 = (0.12,0.169,$ $0.236)$	$\tilde{w}_4 = (0.272,0.35,$ $0.436)$
	η	$\eta_1 = 1$ （蒸汽压力 = $0.06MPa$）	$\eta_2 = 0.5$ （冷却水温度 = $22.6372℃$）	$\eta_3 = 0.4945$ （真空度 = $13kPa$）	$\eta_4 = 0.082$ （设备使用年限 = 15 年）

　　该过程消耗的能源主要为蒸汽、水和电，能源通过管道源源不断地输

入，不限制其输入量。烧碱工艺简化片段 CECPM_UF 模型同图 3.6 相同。由

公式（7.1）、公式（7.2）和公式（7.3）可求得各设备当前时刻的瞬时激发速

度。再根据第 7.2 节的仿真算法，可得部分仿真时间段的状态，如图 7.2 所示。

　　其中，$E(\tilde{V})$ 是各设备瞬时激发速度期望值的集合，即 $E(\tilde{V}) = \{E$

$(\tilde{v}_1),E(\tilde{v}_2),E(\tilde{v}_3)\}$。从 $t = 0 \sim 5$ 仿真时间段内，能耗

过程经历了两个

稳态运行区间 S_0 和 S_1，其中 S_0 稳态区间内设备 T_1 和 T_2 处于连续运行状

态，在 $t = 4$ 时刻，因为片碱机开机，稳态运行区间发生了改变，从而进入

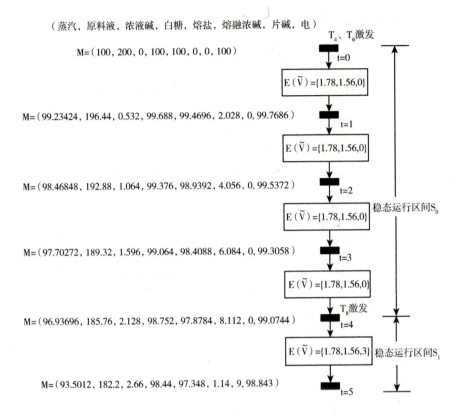

（蒸汽，原料液，浓液碱，白糖，熔盐，熔融浓碱，片碱，电）

M=（100，200，0，100，100，0，0，100）

M=（99.23424，196.44，0.532，99.688，99.4696，2.028，0，99.7686）

M=（98.46848，192.88，1.064，99.376，98.9392，4.056，0，99.5372）

M=（97.70272，189.32，1.596，99.064，98.4088，6.084，0，99.3058）

M=（96.93696，185.76，2.128，98.752，97.8784，8.112，0，99.0744）

M=（93.5012，182.2，2.66，98.44，97.348，1.14，9，98.843）

T_4、T_6激发
t=0

$E(\tilde{V}) = \{1.78, 1.56, 0\}$
t=1

$E(\tilde{V}) = \{1.78, 1.56, 0\}$
t=2

$E(\tilde{V}) = \{1.78, 1.56, 0\}$　稳态运行区间S_0

$E(\tilde{V}) = \{1.78, 1.56, 0\}$
T_8激发
t=4

$E(\tilde{V}) = \{1.78, 1.56, 3\}$　稳态运行区间S_1
t=5

图7.2 片状离子膜固体烧碱用能生产过程的状态演化

S_1。这里，对 S_0 和 S_1 两个区间的耗电量分别用 ΔE_{S_0} 和 ΔE_{S_1} 表示，两个区间的蒸汽消耗量分别用 ΔV_{S_0} 和 ΔV_{S_0} 表示。

升膜蒸发器的耗电量：

$$\Delta E(T_1) = \Delta E_{S_0}(T_1) + \Delta E_{S_1}(T_1)$$

$$= \int_0^4 I(P_8, T_1) \times E[\tilde{v}_1(t)] \times dt + \int_4^5 I(P_8, T_1) \times E[\tilde{v}_1(t)] \times dt$$

$$= \int_0^4 0.226 \times 1.78 \times dt + \int_4^5 0.226 \times 1.78 \times dt$$

$$= 2.0114（吨标煤）$$

降膜浓缩器的耗电量：

$$
\begin{aligned}
\Delta E(T_2) &= \Delta E_{S_0}(T_2) + \Delta E_{S_1}(T_2) \\
&= \int_0^4 I(P_8, T_2) \times E[\tilde{v}_2(t)] \times dt + \int_4^5 I(P_8, T_2) \times E[\tilde{v}_2(t)] \times dt \\
&= \int_0^4 0.233 \times 1.56 \times dt + \int_4^5 0.233 \times 1.56 \times dt \\
&= 1.8174(吨标煤)
\end{aligned}
$$

片碱机的耗电量：

$$
\begin{aligned}
\Delta E(T_3) &= \Delta E_{S_0}(T_3) + \Delta E_{S_1}(T_3) \\
&= \int_0^4 I(P_8, T_3) \times E[\tilde{v}_3(t)] \times dt + \int_4^5 I(P_8, T_3) \times E[\tilde{v}_3(t)] \times dt \\
&= \int_0^4 0.89 \times 0 \times dt + \int_4^5 0.89 \times 3 \times dt \\
&= 2.67(吨标煤)
\end{aligned}
$$

升膜蒸发器的蒸汽消耗量：

$$
\begin{aligned}
\Delta V(T_1) &= \Delta V_{S_0}(T_1) + \Delta V_{S_1}(T_1) \\
&= \int_0^4 I(P_1, T_1) \times E[\tilde{v}_1(t)] \times dt + \int_4^5 I(P_1, T_1) \times E[\tilde{v}_1(t)] \times dt \\
&= \int_0^4 0.13 \times 1.78 \times dt + \int_4^5 0.13 \times 1.78 \times dt \\
&= 1.157(吨标煤)
\end{aligned}
$$

综上可得，在 S_0 和 S_1 两个区间内，片状离子膜固体烧碱生产中的总耗电量为 $\Delta E(T_1) + \Delta E(T_2) + \Delta E(T_3) = 6.4988$ 吨标煤，蒸汽总消耗量为 $\Delta V(T_1) = 1.157$ 吨标煤。该结果与图7.2的仿真结果，$M_5(P_8) - M_0(P_8) = 6.4988$，$M_5(P_1) - M_0(P_1) = 1.157$ 相一致。

为对比分析在考虑不确定因素的作用和忽略不确定因素的情况下，该生产片段的用能状况的不同，图 7.3 给出了考虑和不考虑不确定性因素作用下片状离子膜固体烧碱生产片段的能耗对比分析图：

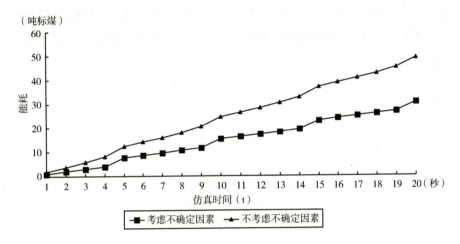

图 7.3　考虑和不考虑不确定性因素下能耗对比分析

　　图 7.3 能耗对比曲线图表明，若仿真过程中不考虑不确定性因素的作用，随着仿真时间的推移，能耗与实际能耗之间的差距越来越大，无法真实地反映系统的用能状况。在传统的企业能耗过程仿真算法中，当生产过程中的不确定性因素发生了变化，因仿真算法无法及时地进行调整，仍然按照原有的设备激发速度进行运算，从而使得仿真结果无法真实地反映其生产用能状况，导致企业无法较好地评估、预测其生产用能状况。

7.4　本章小结

　　本章在不确定性因素作用下连续型企业能耗过程建模的基础上，研究了不确定因素作用下连续型企业能源消耗过程的模型化仿真方法。该方法中通过划分稳态运行区间，有效模拟了离散事件和不确定性因素作用下连续型企业能源消耗的动态过程，从而使得仿真结果能够更为真实地反映实际能耗过程，弥补了仿真算法在不确定性因素对设备性能影响处理上的不足，为企业能效评估提供了更为合理、准确的方法手段。不确定因素作用下连续型企业能耗过程的优化和系统中各设备参数的优化是下一章的研究工作。

第8章　不确定因素作用下连续型企业能耗过程的优化方法

第3章和第7章分别对不确定性因素作用下连续型企业能耗过程建模和仿真分析进行了研究。但模型和过程仿真的目的不仅仅是帮助企业了解生产过程中的能耗情况，企业还需要在对模型分析的基础上优化生产过程，才能降低能耗、节约成本，从而提高竞争力。本章以单位产品综合能耗最低为优化目标，研究不确定因素作用下连续型企业能耗过程的优化方法。

8.1　企业用能优化方法概述

在新型工业化背景下，企业对生产能耗过程进行有效控制，成为企业控制成本、提升效益的重要手段。连续型企业生产能耗过程具有结构复杂、不确定性、非线性、多目标、多约束、多资源相互协调等特点，使得连续型企业生产调度更加复杂。按照订单的生产要求组织生产，调度成为生产管理的关键环节。对于连续型企业能耗过程而言，协调生产系统中各设备激发速度，是挖掘系统节能潜力的重要手段。

目前，针对连续型企业生产调度问题，主要有以下几种方法：基于数学规划的方法、基于仿真的方法和基于群智能优化方法等。数学规划的方法是指在诸多条件约束下，对单个或多个目标函数进行优化，比如运筹学方法、单纯形法、分支定界法等。然而，由于很多生产调度问题被证明是NP难题，即使是小规模的调度问题，也很难得到其最优解，随着规模的扩大，求解难度更大，因而，数学规划的方法很难对大规模调度问题建立方程组，且需要大量的计算时间，对于连续型企业能耗过程，因其结构复杂性，该方法不适用。仿真方法是对实际生产过程的模拟，有效地避开了计算和分析的困难，它能够通过给出各方案下的各设备具体运行情况对调度方案进行测试，并在对各调度方案的可行性和性能比较之后，对它们的优劣作出评价。因而，单纯性的仿真方法是一种实验性和试探性的方法。近些年来，仿真技术和智能优化算法的结合发展，避免了现有调度方法的弊端，展现出了广泛的应用前景。目前，常用的智能优化算法主要有：模拟退火算法、遗传算法、神经网络和粒子群算法等。粒子群优化算法由于具有算法简单、搜索速度快、效率高等优点而被广泛使用和扩展。

由于企业用能优化方法的研究一般主要集中在满足订单要求和约束条件下各种产品的排产情况，而在能效和设备瞬时激发速度的调配方面研究较少。在不确定因素作用下连续型企业能耗过程建模和仿真分析的基础上，研究各设备的瞬时激发速度的优化调配，降低企业单位产品的能耗，对企业有重大意义。因此，本章将智能优化算法和基于模型的仿真算法相结合，以单位产品能耗最低为目标，对设备的瞬时激发速度的合理调配进行研究。

8.2　粒子群优化算法

在自然界中，各种生物群体均具有一定的群体行为。群智能算法，出现于20世纪90年代初，其目的就是要在计算机上对自然界生物的群体行为构建模型。当时，鸟群和鱼群的群体行为一直是科学家关注的课题，粒子群优化算法（particle swarm optimization，简称PSO）于1995年最先被Eberhart和Kennedy提出，其基本思想是受对鸟类群体行为进行建模与仿

真的研究结果的启发，他们的模型和仿真算法主要对 Frank Heppner
(1990) 的模型进行了修正，以使粒子飞向解空间并在最好解处降落。粒
子群算法具有群智能算法的普遍特点：算法的参数较少、原理简单、容易
实现、群体搜索和无集中控制机制等。粒子群优化算法是一种并行优化算
法，除了最初被设计用于解决连续函数的优化问题外，还可以用于解决大
量非线性、不可微和多峰值的复杂优化问题，现已经被广泛地应用于神经
网络训练、模式分类、模糊系统控制、化工系统、机械设计等领域。

8.2.1　粒子群算法原理

与其他的群智能算法类似，粒子群算法也是基于群体的，群体中的个体
用 D 维搜索空间的无质量无体积，并以一定速度飞行的粒子表示，根据群体
中的个体对环境的适应度逐步将粒子的位置调整至最优个体的区域。粒子的
调整策略主要受三个因素的影响：上一代粒子的位置和速度，粒子本身历史
最优解和粒子群中所有粒子的历史最优解。将第 i 个粒子的位置表示为 $X_i = \{x_{i1}, x_{i2}, \cdots, x_{iD}\}$，i 粒子的速度表示为 $V_i = \{v_{i1}, v_{i2}, \cdots, v_{iD}\}$，该粒子的历史最
好位置为 $P_i = \{p_{i1}, p_{i2}, \cdots, p_{iD}\}$，该粒子的历史最优位置也被称为 pbest。粒子
群所有粒子的历史最优位置 $P_g = \{p_{g1}, p_{g2}, \cdots, p_{gD}\}$，称为 gbest。粒子在每一
代中，第 d 维 （1≤d≤D） 的位置和速度都按照如下公式进化：

$$v_{id}(t+1) = v_{id}(t) + c_1 \times rand() \times [p_{id}(t) - x_{id}(t)] + c_2$$
$$\times rand() \times [p_{gd}(t) - x_{id}(t)] \tag{8.1}$$
$$x_{id}(t+1) = x_{id}(t) + v_{id}(t+1) \tag{8.2}$$

公式 (8.1) 是粒子 i 第 d 维的速度更新公式，其中，t 表示粒子群更新的
代数，$v_{id}(t)$ 表示第 t 代粒子 i 第 d 维的速度，c_1，c_2 是加速度常数，分别表示
粒子对自身历史经验和对群体信息的依赖程度，rand() 是一个 （0～1） 之间的
随机数，$p_{id}(t)$ 表示到第 t 代为止，粒子 i 历史最优位置的第 d 维，$x_{id}(t)$ 表示
第 t 代粒子 i 第 d 维的位置，$p_{gd}(t)$ 表示到第 t 代为止，粒子群中所有粒子历史

最优位置的第 d 维。公式（8.2）中的 $x_{id}(t+1)$ 指 $(t+1)$ 代粒子第 d 维的位置，$v_{id}(t+1)$ 是由公式（8.1）求得的第 $(t+1)$ 代粒子 i 第 d 维的速度。根据算法不同的应用场景，可以对更新公式中的位置 x_{id} 和速度 v_{id} 进行指定范围的限制。

8.2.2　粒子群算法流程

第一步：初始化粒子群的粒子个数以及所有粒子的初始位置和初始速度，加速度常数 c_1，c_2，最大迭代次数 t_{max} 和初始迭代次数 t。

第二步：根据适应度函数计算粒子的适应度值。

第三步：对每个粒子，将其适应值同自身最好位置 pbest 作比较，如果好于 pbest，则将其当前适应度值作为新的 pbest。

第四步：对每个粒子，将其适应值同全局最好位置 gbest 作比较，如果好于 gbest，则将其当前适应度值作为 gbest。

第五步：根据公式（8.1）和公式（8.2）更新粒子的位置和速度。

第六步：判断迭代次数有没有达到最大值，若达到最大值，则算法停止，输出最优解，否则，返回第二步。其基本流程如图 8.1 所示。

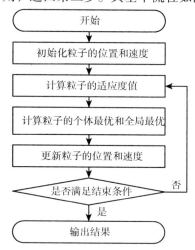

图 8.1　粒子群算法流程

8.2.3　全局模型与局部模型

在第 8.2.1 节描述的算法中，粒子的行为是受自身最优 pbest 和全局最优 gbest 的影响，这种版本称为全局版本 PSO 算法，另一种为局部版本 PSO 算法，在该版本中，粒子的行为是不受全局最优 gbest 影响的，而是受自身最优 pbest 和拓扑结构中邻近粒子中的局部最优 lbest 影响的。对局部版本，公式（8.1）改为：

$$v_{id}(t+1) = v_{id}(t) + c_1 \times rand() \times [p_{id}(t) - x_{id}(t)] + c_2$$
$$\times rand() \times [p_{ld}(t) - x_{id}(t)] \tag{8.3}$$

式中，$p_{ld}(t)$ 为邻居粒子的局部最优。

通过以上的分析，我们不难发现，在 PSO 算法的全局版本中，由于粒子之间共享信息，所以算法收敛的速度比局部版本 PSO 算法快。但 PSO 算法的全局版本容易陷入局部最优；而 PSO 算法的局部版本允许粒子与邻近粒子比较，彼此相互影响，虽然算法收敛速度慢，但不易陷入局部最优。

8.2.4　带惯性权重的粒子群优化算法

通过以上 PSO 算法的全局模型和局部模型的对比分析可知，优化算法偏离原来的寻优轨迹去寻找一个更好的解的能力被称为探索，探索能力是一个算法的全局搜索能力。根据一个已有的好的解的轨迹，继续搜索更好的解的能力称为开发，开发是算法的局部搜索能力。如何平衡局部搜索能力和全局搜索能力，对一个优化问题的求解来说很重要。针对这个问题，Eberhart R C 于 1998 年提出了带有惯性权重的改进粒子群算法。其进化过程为：

$$v_{id}(t+1) = wv_{id}(t) + c_1 \times rand() \times [p_{id}(t) - x_{id}(t)] + c_2$$
$$\times rand() \times [p_{gd}(t) - x_{id}(t)] \tag{8.4}$$

$$x_{id}(t+1) = x_{id}(t) + v_{id}(t+1) \tag{8.5}$$

在公式（8.4）中，前半部分表示粒子先前的速度，用于保证算法的全局收敛能力；后半部分则是使算法具有局部收敛能力。从公式（8.4）中可以看出，惯性权重 w 表示保留原来的速度的程度。w 越大，全局收敛能力越强，局部收敛能力就越弱；w 越小，局部收敛能力越强，全局收敛能力则越弱。当 w = 1 时，公式（8.4）就会与公式（8.1）完全一样，说明基本粒子群算法是带惯性权重的粒子群算法的一种特例。实验结果表明，w 在 [0.8, 1.2] 之间时，PSO 算法有更快的收敛速度，而当 w > 1.2 时，算法则易陷入局部极值。

8.3　基于 PSO 的 CECPM_UF 模型仿真优化算法

粒子群优化算法起源于对鸟群觅食行为模拟。每个粒子代表优化问题空间里的一个解，粒子的维度即为问题空间的维度。适应度函数对每个粒子的位置进行评价，选择出粒子个体最优解和粒子群全局最优解，并结合粒子的速度对粒子的位置进行更新。为了平衡全局搜索和局部搜索能力，带惯性权重的粒子群优化算法得以提出，本节正是依托带惯性权重的粒子群优化算法理论，结合仿真算法，研究了基于 PSO 算法的 CECPM_UF 模型仿真优化算法。

在第 7 章不确定性因素作用下连续型企业能耗过程仿真算法的基础上，结合粒子群优化算法对 CECPM_UF 模型进行仿真优化。优化算法首先根据需要优化的各设备在仿真中各时间点的瞬时激发速率的个数的总和来确定粒子的维度 d，当仿真时间为 l，固定仿真步长为 Δs，则单台能耗设备需要确定 l/Δs 个时间点的瞬时激发速度，粒子的维度即为需要优化的能耗设备

数与 $d = l/\Delta s$ 的乘积。在确定粒子的维度后，设置粒子初始位置向量、初始速度向量和加速度常数等参数，其中粒子的初始位置表示设备未优化前的各仿真时间点的瞬时激发速率，粒子的初始速度表示算法对设备的瞬时激发速率进行调整的幅度大小，加速度常数 c_1，c_2 一般在 $0 \sim 4$ 之间，常取 $c_1 = c_2 = 2$。然后，将需要优化设备的瞬时激发速率带入仿真算法进行仿真后可以得到各仓库的库存量，将库存量带入适应度函数进行计算从而得到单位产品综合能耗，比较得到瞬时激发速度集合的历史最优和全局最优解，再根据公式（8.4）和公式（8.5）对位置和速度进行更新，重复上述过程，迭代至最大代数为止。上述基本流程如 8.2 所示。

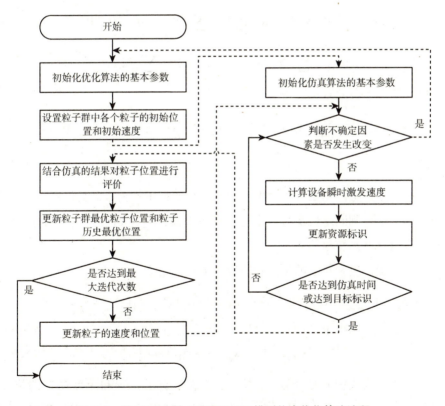

图 8.2　基于 PSO 的 CECPM_UF 模型仿真优化算法流程

算法的具体步骤如下：

第一步：初始化粒子群的粒子个数 n 以及所有粒子的初始位置和初始速度，粒子位置和速度的维度为 $d = l/\Delta s$，其中 l 表示仿真时长，Δs 表示仿真固定步长。惯性权重 w 依据第 8.2.4 节进行设置，加速度常数 c_1，c_2 一般在 0 ~ 4 之间，常取 $c_1 = c_2 = 2$。初始化最大迭代次数 t_{max} 和初始迭代次数 t。

第二步：通过执行第 7.2 节所述仿真算法，可以得到粒子群各个粒子在初始位置和初始速度下仿真得到的各仓库的库所标识。

第三步：根据第二步得到的库所标识和适应度函数计算粒子初始的适应度值，适应度函数为：

$$F = \sum_i \left[M_t(P_{gi}) - M_0(P_{gi}) \right] / \sum_i \left[M_t(P_{ei}) - M_0(P_{ei}) \right] \quad (8.6)$$

求解公式 $\min N = \sum_i \left[M_t(p_{ei}) - M_0(P_{ei}) \right] / \sum_i \left[M_t(P_{gi}) - M_0(P_{gi}) \right]$，可以转换为求解公式：

$$\max(1/N) = \sum_i \left[M_t(P_{gi}) - M_0(P_{gi}) \right] / \sum_i \left[M_t(p_{ei}) - M_0(P_{ei}) \right]$$

$$(8.7)$$

第四步：选取初始粒子群中适应度最高的粒子作为全局最优粒子。

第五步：判断迭代次数有没有达到最大值，若达到最大值，则算法停止，若没有，则转至第六步。

第六步：更新粒子的位置和速度，更新公式为：

$$v_{id}(t+1) = w \times v_{id}(t) + c_1 \times rand() \times \left[p_{id}(t) - x_{id}(t) \right] + c_2 \times rand()$$
$$\times \left[p_{gd}(t) - x_{id}(t) \right] \quad (8.8)$$
$$x_{id}(t+1) = x_{id}(t) + v_{id}(t+1) \quad (8.9)$$

其中，公式中 i 表示第 i 个粒子，d 表示粒子位置和速度向量的第 d 维，t 表示代数，rand() 是一个 (0,1) 之间的随机数，$p_{id}(t)$ 表示到第 t 代为止，粒子 i 的最优粒子位置向量的第 d 维，$p_{gd}(t)$ 表示到第 t 代为止，所有代所有粒子的最优粒子位置向量的第 d 维，惯性权重 w 和加速度常数 c_1，c_2 与第一步中设置的一致。

第七步：判断更新后的粒子的位置向量的每一维是否满足激发速度约束条件，如果该位置向量的值小于0，则将该维的值设置为0；如果大于设备最大激发速度，则将该维的值设置为最大激发速度值。

第八步：将更新后的粒子位置带入仿真算法中进行仿真分析，在仿真算法步骤2中判断不确定性因素是否发生改变，若不确定性因素发生改变，则转优化算法的第一步，否则跳过仿真算法的第三步和第四步继续执行，直至仿真算法结束，得到更新后的粒子位置和速度下的各仓库的库所标识。

第九步：判断第八步得到的各仓库的库存量，如果库存量大于仓库最大库存量或小于最小库存量，则将该粒子的适应度值设置为0，转至第一步。

第十步：根据适应度函数计算更新后的粒子的适应度值。

第十一步：更新个体和全局最佳适应度值，如果更新后粒子的适应度值大于粒子自身的最优适应度值，则将粒子的最优适应度值设置为更新后的粒子适应度值，否则不改变。如果更新后的粒子适应度值大于全局最优粒子的适应度值，则将更新后的粒子作为全局最优粒子。

第十二步：转至第五步。

8.4 离子膜固体烧碱流程的实例优化分析

烧碱工艺简化片段的 CECPM_UF 模型如图 3.6 所示，烧碱生产过程主要涉及三种加工设备，分别为：升膜蒸发器、降膜浓缩器和片碱机，记为 $T_j = (j=1,2,3)$，其中，升膜蒸发器的激发速率为 $\tilde{v}_1 = (0,3.425,3.425)$，降膜浓缩器的激发速率为 $\tilde{v}_2 = (0,3,3)$，片碱机的激发速率为 $\tilde{v}_3 = (0,3,3)$。用于存储能源和物料的设备有蒸汽储槽、原料液储槽、浓液碱储槽、白糖储槽、熔盐储槽、熔融浓碱储槽，片碱储槽、电源，记为 $P_i = (i=1,2,\cdots,$

8），其中 P_{ei} 表示第 i 个仓库是能源仓库，P_{gi} 表示第 i 个仓库是产品仓库，这八个仓库的初始储量记为 $M_0 = (100, 200, 0, 100, 100, 0, 0, 100)$（吨标煤）；$Q^{min}(Pi)$ 和 $Q^{max}(Pi)$ 分别表示仓库 P_i 的最小和最大储量。

8.4.1 离子膜固体烧碱生产过程约束条件

在离子膜固体烧碱生产过程中，有以下约束条件：

（1）加工能力约束。在连续型企业实际生产能耗过程中，设备的激发速度是在一定范围内的，不能低于设备规定的最小激发速度，同时也不能大于最大激发速度。数学描述如下：

$$v_j^l \leqslant E(\tilde{v}_j(t)) \leqslant v_j^m \tag{8.10}$$

其中，$\tilde{v}_j(t) = \sum_{u=1}^{h} \tilde{w}_u \otimes \tilde{v}_j \otimes \eta_u, E(\tilde{v}_j(t)) = ((1-\lambda)v_j^l(t) + v_j^n(t) + \lambda v_j^m(t))/2$

公式（8.10）表示设备 j 的单位时间处理量在最小和最大处理量之间。

（2）储槽容量静态约束。储槽容量静态约束是指，在连续型企业生产过程中，任意时刻，储槽中的资源或产品数量都不能超过储槽容量最大值，也不能低于储槽规定的最小值。当储槽中资源或产品数量超出最大储量时，会发生溢出，当低于最小储量时，可能导致系统停止生产。

$$Q_i^{min} < M_t(P_i) < Q_i^{max}, \forall i, t \tag{8.11}$$

上式表示在任何时刻仓库储量在该仓库的最小和最大储量之间。

（3）储槽容量动态约束。储槽容量动态约束是指，在连续型企业生产过程中，任意时刻 t，储槽中资源或产品的数量在有输入输出的情况下，在下一个时刻 t+1 仍应保持在最小储量和最大储量之间。

$$Q_i^{min} < M_{i,t} + \int_0^{\Delta t} C_t \times E(\tilde{v}_j(t)) \times dt < Q_i^{max}, \forall i, t \tag{8.12}$$

（4）调度的目标函数。在离子膜固体烧碱生产过程优化的过程中，主要目的是降低能耗，即使单位产品综合能耗最低。$M_0(P_{ei})$，$M_0(P_{gi})$ 表示能源和产品的初始数量。$M_t(P_{ei})$，$M_t(P_{gi})$ 则是指生产结束后的能源和产品数量，$M_0(P_{ei})$，$M_0(P_{gi})$ 和 $M_t(P_{ei})$，$M_t(P_{gi})$ 均是折标准煤的数量。所以单位产品综合能耗最低可以表示为：

$$minN = \sum_i \left[M_t(P_{ei}) - M_0(P_{ei}) \right] / \sum_i \left[M_t(P_{gi}) - M_0(P_{gi}) \right] \quad (8.13)$$

8.4.2　优化结果及分析

仿真根据 CECPM_UF 模型优化算法在 Matlab 环境下编写，其基本参数设置如下：种群规模为 10，最大迭代次数 t_{max} 为 100 次，惯性权重 w 取值为 1.0，学习因子 c_1，c_2 取值均为 2.0。

仿真结束后，单位产品能耗随着粒子群代数增长的变化趋势如图 8.3 所示。

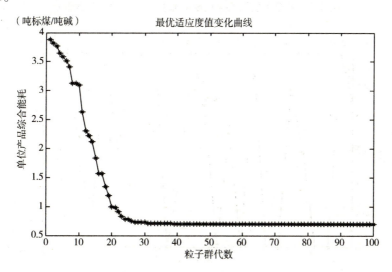

图 8.3　单位产品综合能耗变化趋势

由图8.3不难发现，粒子群在20~30代之间，此时适应度值（单位产品能耗）收敛降到了最低，约1.4266吨标煤，在30代之后该数值保持不变。优化后的升膜蒸发器、降膜浓缩器和片碱机的瞬时激发速率动态改变情况如图8.4、图8.5和图8.6所示。

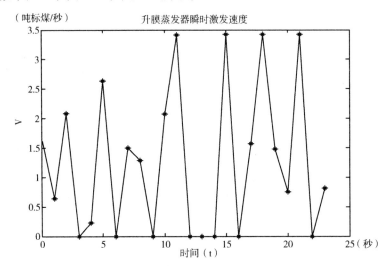

图8.4 升膜蒸发器优化后瞬时激发速率的动态改变情况

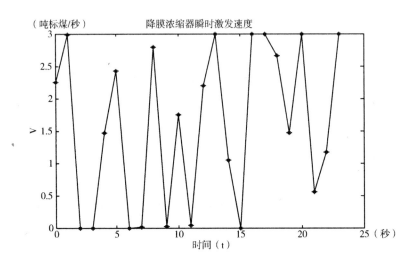

图8.5 降膜浓缩器优化后瞬时激发速率的动态改变情况

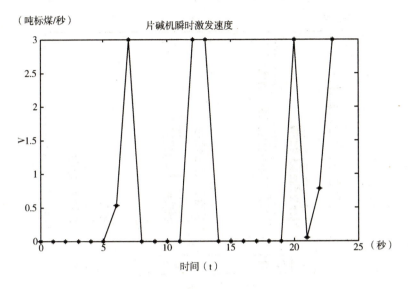

图8.6 片碱机优化后瞬时激发速率的动态改变情况

在该速度集下的各仓库容量仿真结果如图8.7所示。

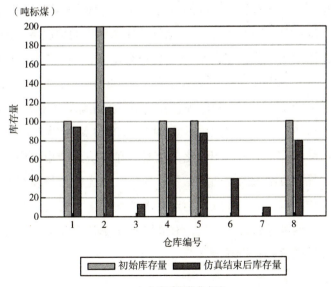

（a）未采用优化方法

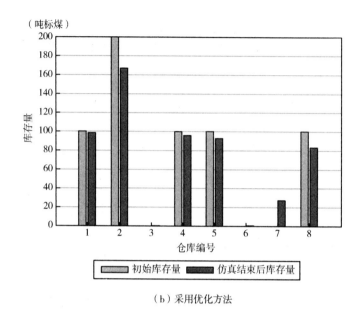

（b）采用优化方法

图 8.7　各仓库初始库存量和仿真后库存量对比

在图 8.7 中，随着生产过程的进行，资源仓库库存量不断下降，而产品仓库库存量上升。图 8.7（a）显示的是在未优化的情况下，图 8.7（b）显示的是在使用优化算法优化后的情况，对比分析图 8.7，生产能耗过程结束后，片碱仓库库存量从 9 吨标煤升至 37.4026 吨标煤，优化情况比未优化情况多生产了 28.4026 吨标煤，并且单位产品综合能耗从 2.9558 吨标煤降至 0.7006 吨标煤，其综合能耗下降了 2.2552 吨标煤；此外，P_3 和 P_6 作为中间产品仓库，在未采用优化方法时，存在仿真结束后中间产品的积留，而采用优化方法后无中间产品积存现象。该优化结果表明 CECPM_UF 模型优化算法是有效的，在满足生产要求的前提下，帮助连续型企业对设备的瞬时激发速度进行合理调配，有效降低了单位产品的综合能耗，对于企业生产过程优化具有指导意义。

8.5 本章小结

连续型企业生产调度是一个复杂的过程，在众多约束条件下，以单位产品能耗最低为目标，研究了基于仿真的连续型企业能耗过程优化算法。该算法通过对生产过程中各设备的瞬时激发速度合理调配，结合不确定因素作用下连续型企业能耗过程仿真方法，循环迭代，得到最优的设备瞬时激发速度的集合。离子膜烧碱的实例表明该优化算法能够和不确定因素作用下的连续型企业能耗过程建模和仿真进行有效的结合，在考虑不确定性因素的作用下，有效地对设备的瞬时激发速度进行优化，给企业的节能降耗提供了有力依据。

第9章 基于模型性质的企业生产过程能流物流平衡分析

企业能耗过程模型的核心地位影响了整体能耗系统的行为和结构特性，分析企业能耗过程模型的性能，可以对模型所模拟的系统进行性能分析和评估。另外，通过对模型进行分析，一方面能够正确的反映现有系统的特性；另一方面能够在新系统的设计中发现潜在的问题，保证新系统能够正确的实现。

企业能耗过程模型 EEC-FPN、EEC-HFPN 以及 CECPM-UF 模型，是为适应能耗过程建模的要求在模糊 Petri 网和混杂 Petri 网的基础上不断加以扩展而来的，因此，对企业能耗过程模型的分析同 Petri 网有着相似之处又有着不同之处。自 Petri 先生开创性的工作之后，至今已形成了相当规模的有关网论的分析技术，包括基于状态方程和代数分析技术，基于可覆盖树（可达树）的图分析技术，基于化简分解的归纳分析技术。代数分析技术首先是由 Peterson（1981）提出的，它主要以关联矩阵的形式对一个网系统的结构给予刻画，然后建立状态可达的线性系统关系，之后 Murata（1989）借助线性代数的有关结果来展现 Petri 网的一些性质，尤其是结构性质（如守恒性、重复性等），然而，其局限性是难于很好地刻画动态特征。基于可达树的图分析技术是由 Karp 和 Miller（2011）首先提出的，它是以一个有限的有向树，直接展现一个网系统的动态运行机制，类似于一个状态机，对于一个有界 Petri 网，它可以准确刻画其可达状态，而且对应一个有限状态机,而对无界 Petri 网,它只能部分反映,然而,虽说可达树是 Petri 网分析的一个较好工具,但其状态的复杂性往往是难以接受的。归纳分析技术是针对 Petri 网的状态复杂性而提出的,为避免状态组合爆炸所带的分析困难,提出了化简和分解的思想,化简是将一个较复杂的 Petri 网简化成一个比较简单的 Petri 网同时保留一些性质不变的同态变换过程(Hyung L. K. et al.,1987)。

本章将依据 EEC-FPN 和 CECPM-UF 的语义,给出静态关联矩阵和动态关联矩阵的定义,研究可以反映模型演变中任意时刻各能源或产品仓库量变的动态平衡量等动态性质,并研究网系统独立于初始标识分配的结构性质。依据动态平衡量的定义,对任意时间能量传递系统内各单元或生产范围内的物料平衡性状况进行分析,而能耗系统中能量平衡性的分析则主要依据于模型的加权守恒特性,通过基于 S 不变量的能量守恒性计算,判定能量在网系统中的分配与聚集状况,找出其不合理的能流分配与能量浪费等薄弱环节。

9.1　基于模型动态性质的物料平衡性分析

在前述企业能耗过程建模中,用于代表能源仓库的库所中的标识数是时间及变迁激发速度的函数,而且所有使能的变迁在满足生产配比的情况下是同时触发的,所以传统的可达树分析方法难以用于所提模型的分析。这里,我们基于对动态关联矩阵的定义,对可以反映模型演变中各能源或产品仓库量变的动态平衡量这一动态性质进行分析判定,从而对流程工业的物料平衡性分析提供指导。

9.1.1　基于动态平衡量的物料平衡性判定

定义 9.1:令 $W(t) = W^+(t) - W^-(t)$,其中,$W_{j,i}^-(t) = I(P_i, T_j)$:表

示 t 时刻从库所 P_i 到变迁 T_j 的实际输入强度，其取值随变迁 T_j 的使能条件以及库所 P_i 标识的变化而变化，即随时间动态变化；$W_{j,i}^+(t) = O(P_i, T_j)$：表示 t 时刻从变迁 T_j 到库所 P_i 的实际输出强度，其取值同样因 T_j 工作机理等的变化而动态变化；$i = 1, 2, \cdots, n$；$n = |P|$；$j = 1, 2, \cdots, m$；$m = |T|$。$W_{m \times n}(t)$ 称为流程工业能量传递过程模型的动态关联矩阵，其矩阵元素 $W_{j,i}(t) = W_{j,i}^+(t) - W_{j,i}^-(t)$。

动态关联矩阵有效反映了模型在动态运行时各结点之间的结构关系，并体现了不同时刻能源流、物料流等的流向以及并、串联与汇聚、分流等关系，其矩阵元素为正实数或 0。

定义 9.2：动态关联矩阵 $W(t) = [W_{j,i}(t)]_{m \times n} = [W_{j,i}^+(t)]_{m \times n} - [W_{j,i}^-(t)]_{m \times n}$，对于任意连续型模库所 P_i，定义：

$$B_i(t) = \sum_{j=1}^m v_j(t) W_{j,i}^+(t) - \sum_{j=1}^m v_j(t) W_{j,i}^-(t)$$

其中，$v_j(t)$ 表示连续型变迁 T_j 的瞬时激发速度；对于任意离散型库所 P_i，定义：

$$B_i(t) = \sum_{j=1}^m \sigma_j(t) W_{j,i}^+(t) - \sum_{j=1}^m \sigma_j(t) W_{j,i}^-(t)$$

其中，$\sigma_j(t)$ 表示离散型变迁 T_j 的激发状况；$B(t) = [B_1(t), B_2(t), \cdots, B_n(t)]$，称 $B_i(t)$ 为 t 时刻库所 P_i 的动态平衡量，$B(t)$ 为 t 时刻库所集 P 的动态平衡量。

假设，$[t, t+dt]$ 为过程模型的运行区间，这里库所 P_i 在 $t+dt$ 时刻的标记 $M_i(t+dt)$ 可由 t 时刻的标记 $M_i(t)$ 并通过如下关系导出：$M_i(t+dt) = M_i(t) + B_i(t)dt$，即：

$$\frac{dM_i(t)}{dt} = B_i(t), i = 1, 2, \cdots, n; n = |p|$$

从而有 $\dfrac{dM_i(t)}{dt} = B(t)$。

根据公式 $\dfrac{dM(t)}{dt} = B(t)$，可以看出 $B(t)$ 反映了任意时刻网系统中各能源、物料或产品仓库的供入与供出量之差额，体现了各仓库的瞬时量变，因而我们可以得出如下推论：

（1）如果 $B_i(t) < 0$ 在一段时间内持续，这将意味着仓库 P_i 中的物料将逐渐耗尽，从而会出现短缺现象。

（2）如果 $B_i(t) > 0$ 在一段时间内持续，这将意味着仓库 P_i 中的物料将不断增多，从而会出现物料积压的现象。

（3）如果 $B_i(t)$ 能够在零附近稳态周期变化时才能保证其物料平衡，避免出现供给不足或过量等现象。

9.1.2　基于有界性的物料积压分析

定义 9.3：若 $\forall P_i \in P$，若存在非负实数 L，使得 $\forall M(t) \in \{M \mid \exists t \geqslant 0, M(t) = M\}$ 均有 $M_i(t) \leqslant L$，则称库所 P_i 为有界的，并称 $\sup\limits_{t \in [0, +\infty)} \{M_i(t)\}$ 为库所 P_i 的界，记作 $L(P_i) = \sup\limits_{t \in [0, +\infty)} \{M_i(t)\}$；如果每个库所 $P_i \in P$ 都是有界的，则称过程模型为有界的，并称 $\max\{L(P_i) \mid P_i \in P\}$ 为其界。

定理 9.1：对 $\forall P_i \in P$，设 $B_i(t)$ 为 t 时刻能量传递过程模型关于库所 P_i 的动态平衡量，如果在任意时刻 t 都有 $B_i(t) \leqslant 0$，那么库所 P_i 一定为有界的。

证明：设 $\forall P_i \in P$，在 t 时刻有 $m_i(t)$，由定义 9.2 可知 $\dfrac{dM_i(t)}{dt} = B_i(t)$，

$t \geqslant 0$，从而 $\int_0^t \dfrac{dM_i(t)}{dt} dt = \int_0^t B_i(t) dt$，即 $M_i(t) - M_i(0) = \int_0^t B_i(t) dt, t \geqslant 0$。因为 $B_i(t) \leqslant 0$，所以 $M_i(t) \leqslant M_i(0)$，故库所 P_i 为有界的。

如果在过程模型中，定义了库所 P_i 的最大容量值 K_i，将会保证 P_i 以及过程模型在运行时的有界性。

模型的有界性可用于分析模型在不同的初始原料分配方案下是否会出

现产品或原料"积压"等现象，测试生产的瓶颈所在，及时调整相应时间段内各物料或产品的额定生产量。

9.2 基于网结构加权守恒性的能量守恒性分析

9.2.1 网结构加权守恒性的判定方法

定义 9.4：令 $C = C^+ - C^-$，其中，$C_{j,i}^- : P_i \times T_j \to \{0,1\}$ 表示从库所 P_i 到变迁 T_j 是否存在连接关系，如果存在，那么 $C_{j,i}^- = 1$，否则 $C_{j,i}^- = 0$；$C_{j,i}^+ : T_j \times P_i \to \{0,1\}$ 表示从变迁 T_j 到库所 P_i 是否存在连接关系，如果存在，$C_{j,i}^+ = 1$，否则 $C_{j,i}^+ = 0$；$i = 1,2,\cdots,n; n = |P|; j = 1,2,\cdots,m; m = |T|$。$C_{m \times n}$ 称为能量传递过程模型的静态关联矩阵，其矩阵元素 $C_{j,i} = C_{j,i}^+ - C_{j,i}^-$。这里，$C^-$ 称为前向（输出）静态关联矩阵，而 C^+ 为后向（输入）静态关联矩阵。

定义 9.5：当且仅当 $C_{m \times n} \cdot I_{n \times 1} = 0$，$m = |T|$，$n = |P|$ 且向量 I 中的任一元素均为非负实数，则称 $n \times 1$ 列向量 I 是网系统的 S 不变量。

定义 9.6：若存在一个 $n(n = |P|)$ 维非负实数权向量 $I = [I(1), I(2), \cdots, I(n)]^T$，使得对能量传递过程模型的任一初始标识 M_0 和 $\forall M(t) \in \{M | \exists t \geq 0, M(t) = M\}$，都有 $\sum_{i=1}^n M_i(t)I(i) = \sum_{i=1}^n M_i(0)I(i)$，即 $M(t)I = M_0 I$，则称模型为加权守恒的。

定理 9.2：当且仅当模型的静态关联矩阵 C 满足 $|CC^T| \neq 0$ 时，模型具有加权守恒性，且其加权矩阵为 S 不变量 I。

推导：

由动态关联矩阵的定义可计算模型运行时任意时刻的网络标识，即：

$$M(t) = M(t - dt) + \left[\sigma(t) + \int_{u=t-dt}^t v(u)du\right]W(t - dt)$$

其中，$M(t)$ 和 $M(t-dt)$ 分别表示当前时刻和上一时刻的网络标识；dt 为该步的仿真步长，而 $W(t-dt)$ 则是在运行区间 dt 内模型的动态关联矩阵；$\sigma(t)$ 表示上一时刻与 t 时刻间每个离散型变迁的激发情况，与连续型变迁的联立分量为 0；$v(u)$ 的分量表示与之相关联的连续型变迁在时刻 u 的瞬时激发速度，与离散型变迁的联立分量为 0。

由定义可看出模型的静态关联矩阵 C 和动态关联矩阵 $W(t)$ 是同型矩阵，如果在任意时刻 t 都存在 X_t 使得 $X_t \times C = W(t)$，那么由上述公式可得：

$$M(t+dt) = M(t) + \left[\sigma(t+dt) + \int_{u=t}^{t+dt} v(u)\,du\right] W(t)$$

$$= M(t) + \left[\sigma(t+dt) + \int_{u=t}^{t+dt} v(u)\,du\right] X_t C$$

这里，若 $X_t \times C = W(t)$，则有 $X_t \times (CC^T) = W(t)C^T$，$X_t \times (CC^T)(CC^T)^{-1} = W(t)C^T(CC^T)^{-1}$。

由此知，$X_t \times C = W(t)$ 有解的条件是方阵 CC^T 的逆存在，即 $|CC^T| \neq 0$。

由于 I 是模型的 S 不变量，即 $C \times I = 0$。因此，当 $|CC^T| \neq 0$ 时，有：

$$M(t+dt) \times I = M(t) \times I + \left[\sigma(t+dt) + \int_{u=t}^{t+dt} v(u)\,du\right] X_t C \times I$$

$$= M(t) \times I$$

由上述推导过程，根据模型守恒性的定义，可以得知模型加权守恒性的判定条件正如此定理所示。

9.2.2　基于加权守恒性的能效分析

S 不变量中各分量的值就是所对应库所的加权值，各库所中的标识数乘以相应的权值后所得加权和在网系统运行过程中保持不变，也就是说，对于一切可达的标识集合 $RD(M_0) = \{M \mid \exists t \geqslant 0, M(t) = M\}$，集合中的任

一 $M(t)$ 都满足 $M(t) \times I = M_0 \times I$。

对应于流程工业能源消耗过程，这种加权守恒特性表明了流程工业能源消耗过程模型的能量守恒性，在任意的时刻，模型中各资源或产品的数量乘以其加权值后得到的加权和恰为能耗过程中所蕴含的总能量值。

基于上述分析，流程工业能量传递系统所蕴含的总能量值为 $\sum_{i=1}^{n} M_i(t) I(i)$。

假设某终端能耗设备所对应的变迁为 T_j，那么设备的供入能量为：

$$Q_G = \sum_{P_i = *T_j} M_i(t+dt) I(i) - \sum_{P_i = *T_j} M_i(t) I(i)$$

设备的有效能量为：

$$Q_Y = \sum_{P_e \in |T_j^*|} M_e(t) I(e) - \sum_{P_e \in |T_j^*|} M_e(t-dt) I(e)$$

其中，P_e 表示设备输出产品的仓库；而设备的损失能量为：

$$Q_S = \sum_{P_c \in |T_j^*|} M_c(t) I(c) - \sum_{P_c \in |T_j^*|} M_c(t-dt) I(c) = Q_G - Q_Y$$

其中，P_c 表示设备排放物的仓库，因此可得该设备的能量利用率 $\eta_e = \dfrac{Q_Y}{Q_G}$。同样，如果某生产的最终产品数据为 $M_e(t)$，那么单位产品的综合能效正是 $I(e)$。

9.3 实例分析

以某化工反应过程为例，两种物料 A 和物料 B 经混合器混合后，输入给工作温度为 80℃~100℃ 的反应器，其中反应器采用电加热的工作方式 $Q = m \times c \times \Delta t$，这里 Δt 代表温度变化，m 和 c 代表混合物的质量和比热容。反应器工作时最少供给为 4.5 升。对于该生产过程，除了物料 A 和物料 B 外，主要的能源消耗是电。这里我们忽略传输管网的损耗，从而有 $v_j^n = v_j^m$，我们仅以物料平衡和能量守恒性分析为目标。

首先，构建其能耗过程模型，图 9.1 为按 EEC-FPN 建模原则给出的模型示意图，图中所有模型元素及其属性约束如表 9.1 所示。

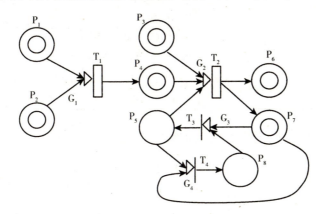

图 9.1　某化工反应过程的 EEC-FPN 模型

表 9.1　　　　　　　　图 9.1 中的主要模型元素及其属性约束

元素	说明	属性约束
P_1	物料 A 的仓库	$M_0(P_1) = 50$；$d_1 = 0$；$K_1 = +\infty$
P_2	物料 B 的仓库	$M_0(P_2) = 30$；$d_2 = 0$；$K_2 = +\infty$
P_3	反应器的电能供给	$M_0(P_3) = 280$；$d_3 = 0$；$K_3 = +\infty$
P_4	混合器的输出混合物仓储	$M_0(P_4) = 0$；$d_4 = 0$；$K_4 = +\infty$
P_5	上电状态	$M_0(P_5) = 0$；$d_5 = 0$；$K_5 = 1$
P_6	反应器的输出反应物仓储	$M_0(P_6) = 0$；$d_6 = 0$；$K_6 = +\infty$
P_7	反应器的温度变化	$M_0(P_7) = 80$；$d_7 = 0$；$K_6 = 100$
P_8	断电状态	$M_0(P_8) = 1$；$d_8 = 0$；$K_8 = 1$
T_1	混合器	$\tau_1 = 2, f_1 = \dfrac{I(P_1, T_1)}{I(P_2, T_1)}, q_1 : O(P_4, T_1) = I(P_1, T_1) + I(P_2, T_1), R_1 = 0, IPO_1 = \{P_1, P_2\}, OPO_1 = \{P_4\}, l_1 = 0, v_1^m = 1$

元素	说明	属性约束
T_2	反应器	$f_2 : [(I(P_4, T_2) > 4.5) \wedge (I(P_3, T_2) > 0) \wedge (M(P_5) = 1)] \vee [I(P_4, T_2) > 4.5]$, $q_2 : O(P_6, T_2) = 0.957 \times I(P_4, T_2)$, $R_2 = 0$, $IPO_2 = \{P_3, P_4, P_5\}$, $OPO_2 = \{P_6, P_7\}$, $l_2 = 0$, $v_2^m = 1$
T_3	反应器加热控制的上电操作	$f_3 : (M_7(t) < 80) \wedge (M_8(t) = 1)$ $IPO_3 = \{P_7, P_8\}$, $OPO_3 = \{P_5\}$, $d_{T_3} = 0$
T_4	反应器加热控制的断电操作	$f_4 : (M_7(t) \geq 100) \wedge (M_5(t) = 1)$ $IPO_4 = \{P_5, P_8\}$, $OPO_4 = \{P_8\}$, $d_{T_4} = 0$

由定义 9.4，可得模型前后向静态关联矩阵：

$$C^+ = \begin{bmatrix} 0 & 0 & 0 & 1 & 0 & 0 & 0 & 0 \\ 0 & 0 & 0 & 0 & 0 & 1 & 1 & 0 \\ 0 & 0 & 0 & 0 & 1 & 0 & 0 & 0 \\ 0 & 0 & 0 & 0 & 0 & 0 & 0 & 1 \end{bmatrix}$$

$$C^- = \begin{bmatrix} 1 & 1 & 0 & 0 & 0 & 0 & 0 & 0 \\ 0 & 0 & 1 & 1 & 1 & 0 & 0 & 0 \\ 0 & 0 & 0 & 0 & 0 & 0 & 1 & 1 \\ 0 & 0 & 0 & 0 & 1 & 0 & 1 & 0 \end{bmatrix}$$

从而有，$C = \begin{bmatrix} -1 & -1 & 0 & 1 & 0 & 0 & 0 & 0 \\ 0 & 0 & -1 & -1 & -1 & 1 & 1 & 0 \\ 0 & 0 & 0 & 0 & 1 & 0 & -1 & -1 \\ 0 & 0 & 0 & 0 & -1 & 0 & -1 & 1 \end{bmatrix}$, 这里 $|CC^T| = 76 \neq 0$。

已知物料 A 和物料 B 以及电的折标煤系数分别为 1.42，0.81，0.123，用来反映供电状态的离散库所 P_5 和 P_8 的权重为 0，由 $C \times I = 0$，可得 $I = [1.42 \quad 0.81 \quad 0.123 \quad 2.23 \quad 0 \quad 2.353 \quad 0 \quad 0]^T$。

给定初始资源分配 $M_0 = [50 \quad 30 \quad 280 \quad 0 \quad 0 \quad 0 \quad 80 \quad 1]$，经 15 秒仿

真后，可得如表9.2所示结果。

表9.2 实例仿真结果

M (t)	P_1	P_2	P_3	P_4	P_5	P_6	P_7	P_8
M_0	50	30	280.0	0	0	0	80.0	1
M (1)	48	29	280.0	1.64	1	0	79.9	1
M (2)	46	28	280.0	3.27	1	0	79.8	0
M (3)	44	27	280.0	4.91	1	0	79.7	0
M (4)	42	26	279.0	1.64	1	4.70	80.6	0
M (5)	40	25	279.0	3.27	1	4.70	80.5	0
M (6)	38	24	279.0	4.91	1	4.70	80.4	0
M (7)	36	23	278.1	1.64	1	9.40	81.3	0
M (8)	34	22	278.1	3.27	1	9.40	81.2	0
M (9)	32	21	278.1	4.91	1	9.40	81.1	0
M (10)	30	20	277.2	1.64	1	14.1	82.0	0
M (11)	28	19	277.2	3.27	1	14.1	81.9	0
M (12)	26	18	277.2	4.91	1	14.1	81.8	0
M (13)	24	17	276.3	1.64	1	18.8	82.7	0
M (14)	22	16	276.3	3.27	1	18.8	82.6	0
M (15)	20	15	276.3	4.91	1	18.8	82.5	0

由表9.2我们可以计算得到 $M_0 I = M(1)I = M(2)I = \cdots = M(15)I = 129.7$；从而验证了本项目所提模型加权守恒性的判定方法。

另外，依仿真结果可得单位反应物的综合能耗为：

$$\eta_P = \frac{\sum_{i=1}^{3} \{[M_0(P_i) - M_i(15)]I(i)\} - M_4(15)I(4)}{M_6(15)}$$

$$= \frac{(50-20) \times 1.42 + (30-15) \times 0.81 + (280-276.3) \times 0.123 - 4.91 \times 2.23}{18.8}$$

$$= 2.354$$

该计算结果恰与库所 P_6 的权重 $I(6)$ 近似相等，从而反映出生产中单位产品的综合能耗为对应库所的权重。

以中间产品为例，我们分析混合物的物料平衡性，如表 9.2 所示 P_4 是混合物的仓储，仿真可得 $M_4(t)$ 和动态平衡量 $B_4(t)$，如图 9.2 和图 9.3 所示。

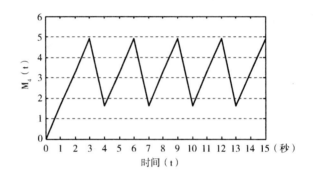

图 9.2　P_4 的资源量变

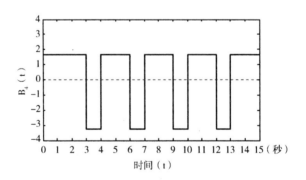

图 9.3　动态平衡量 $B_4(t)$

由图 9.3 可以看出 $B_4(t)$ 作为 P_4 的动态平衡量，围绕 0 坐标稳态周期性变化，因而混合物可以基本保持平衡，但由于 $B_4(t)$ 大于 0 的时间长于小于 0 的时间，因此，仍有必要提高混合器的工作效率来满足下游反应器连续性物料供给的需求。

9.4　基于仿真输出数据能效评估指标计算

由于企业能耗过程系统的仿真数据众多，为把复杂的企业能耗对象特征用数量有限的若干要点表示出来，应能通过计算抽象出反映同一类能效的仿真数据。通常是采用建立指标的方法，每一项指标反映同一类能效的数据。指标在数量上反映了企业能耗对象的特性，通过对同一方案多次仿真结果以及仿真数据指标计算结果的对比分析，或者是不同方案之间的对比分析，再结合以主观的定性分析，最终可从同角度或侧面，实现以定量和定性相结合、动态与静态相结合的企业能效评估。因此，本小节将从企业能效评估的角度，对数量众多的仿真数据进行计算，从而从不同的侧面反映企业能源消耗特征。

依据企业能源管理国家规范体系及行业标准（陈海红，2010），并针对典型能耗企业能源消耗系统及其仿真运行的特点，从资源、经济及环境的角度有选择地建立企业能效相关指标，其中每一个角度都有包括多个指标，从而形成上下级关系，同级指标从多个侧面考查和表现上级（资源、经济或环境）指标。这里，各项指标的主要计算参数来自于企业能耗过程系统的仿真数据，下面分别从资源、经济与环境这三个方面，给出其相关下层指标，以及通过仿真输出数据对这些指标的量化计算。

9.4.1　资源类指标计算

9.4.1.1　综合能耗

综合能耗是规定的企业能耗过程系统（如：企业内的工段或生产线、生产工序等）在一段时间内实际消耗的各种能源实物量按规定的计算方法和单位分别折算为一次能源后的总和。消耗的各种能源包括一次能源，二次能源、耗能工质以及生产原料等，按规定的计算方法和单位折算将它们分别折算为一次能源的统一单位吨标准煤。

根据仿真输出数据，在 $[0, t]$ 时间段内某能耗过程系统的综合能耗计算公式为：

$$E = \sum_{s=1}^{n} (e_s \times \rho_s) = \sum_{s=1}^{n} [(M_s(0) - M_s(t)) \times \rho_s] \qquad (9.1)$$

公式（9.1）中：E 为 n 种能源的综合能耗值，计量单位为吨标准煤（tce）；e_s 为生产活动中消耗的第 s 种能源实物量，$e_s = M_s(0) - M_s(t)$，而 $M_s(t)$ 为仿真结束时模糊库所 P_s 内的标识数量，$M_s(0)$ 为模糊库所 P_s 内的初始标识；P_s 为第 s 种能源的等价值。

9.4.1.2　产品能效

产品能效是对企业生产技术水平和节能水平衡量的主要指标，主要是通过单位产品产量的综合能源消耗量反映企业生产的综合情况，通过单位产品产量单项能源消耗量直观地反映了某种能源与产出的产品之间的数量关系。产品能效指标的计算是在依据生产某种产品的能源消耗总量及产品的产量。产品生产能耗主要包括用于该产品的原料、燃料、动力和工艺等所消耗的能源。此外，从能源消耗总量中扣除非生产消费量和半成品能耗的方法也可以用于计算能源消耗量。计算某个产品的能耗时，能源消耗总量必须是生产该产品所耗用的能源，即，如果使用同一种能源生产多种产品，其中某一产品的能耗应按一定比例合理分摊，具体的比例选取方法可依据各产品产量乘以其对应模糊库所的权重之后在整体部分中所占比例。

基于上述分析，下面分别给出单位产品产量的综合能源消耗量公式（9.2）和单位产品产量单项能源消耗量公式（9.3）。

单位产品产量的综合能源消耗量为：

$$E_D = \frac{\sum_s [M_s(0) - M_s(t)]\rho_s - \sum_b |M_b(0) - M_b(t)|\rho_b}{C} \qquad (9.2)$$

其中，$C = \sum_i \left(C_i \dfrac{I_i}{\sum_i I_i} \right)$，其中 C_i 表示第 i 中产品的数量；而 I_i 则是产品 C_i 所对应模糊库所 P_i 的加权值，即前述第 9.2 节能量加权守恒性中模糊库所对应的加权值；C 为企业总产品标准实物量，即不同类型的产品按一定比例折算后的标准实物量之和；$\sum_s [M_s(0) - M_s(t)]\rho_s$ 表示各类能源的总消耗量，$\sum_b |M_b(0) - M_b(t)|\rho_b$ 表示各半成品的总能耗量。

单位产品产量单项能源消耗量为：

$$
\begin{aligned}
E_{Di} &= \dfrac{\left\{ \sum_s [M_s(0) - M_s(t)]\rho_s - \sum_b |M_b(0) - M_b(t)|\rho_b \right\} \times \dfrac{C_i I_i}{\sum_i C_i I_i}}{C_i} \\
&= \left\{ \sum_s [M_s(0) - M_s(t)]\rho_s - \sum_b |M_b(0) - M_b(t)|\rho_b \right\} \times \dfrac{I_i}{\sum_i C_i I_i}
\end{aligned}
\tag{9.3}
$$

9.4.1.3 设备能效

设备能效是指为达到特定目的，设备对其供给能量的有效利用程序在数量上的表示，它等于有效能量占供给能量的百分数。其中，有效能量是指达到特定工艺要求时，该设备在理论上必须消耗的能量。通常，设备能效指标是从能量平衡角度对能耗设备的用能效率进行计算的。

设某设备的有效能量利用率为 η_s，Q_G 为设备的供入能量，Q_Y 为设备的有效能量，即设备的有效输出量，Q_S 为设备的损失能量，那么设备能效为：

$$
\eta_e = \dfrac{Q_Y}{Q_G} \times 100\% = \left(\dfrac{1 - Q_S}{Q_G} \right) \times 100\%
\tag{9.4}
$$

依据前述第 9.2 节的分析可知，若某能耗设备所对应的模糊变迁为 T_j，那么该设备的供入能量 $Q_G = \sum\limits_{P_i = *T_j} M_i(t+dt)I(i) - \sum\limits_{P_i = *T_j} M_i(t)I(i)$ ，设备的

有效能量 $Q_Y = \sum\limits_{P_e \in |T_j^*|} M_e(t)I(e) - \sum\limits_{P_e \in |T_j^*|} M_e(t-dt)I(e)$ （P_e 表示设备输出

产品的仓库），而设备的损失能量 $Q_S = \sum\limits_{P_c \in |T_j^*|} M_c(t)I(c) - \sum\limits_{P_c \in |T_j^*|} M_c(t-dt)I(c) = Q_1 - Q_2$ （P_c 表示设备排放物的仓库）。

从而可得，由仿真输出数据计算设备能效的方法如公式（9.5）所示：

$$Q_G = \frac{\sum\limits_{P_e \in |T_j^*|} M_e(t+dt)I(e) - \sum\limits_{P_e \in |T_j^*|} M_e(t)I(e)}{\sum\limits_{P_i = *T_j} M_i(t+dt)I(i) - \sum\limits_{P_i = *T_j} M_i(t)I(i)} \times 100\% \qquad (9.5)$$

9.4.1.4 节能量和节能率

节能量和节能率用来考核不同工艺方案下的节能效果，它是能源管理工作中两项常用指标。通过这两项指标，可以在一定的可比条件下，对比不同企业能耗过程系统模型仿真结果的差异。其中节能量是节约能源消费的绝对数量，而节能率是指节约能源数量占总能耗量的比例。节能量和节能率的计算可按产品的单位产量综合能耗计算，也可按单位产值综合能耗计算。按单位产值综合能耗计算节能量和节能率的方法较适用于产品种类较多的能耗系统，其计算方法同按产品的单位产量综合能耗计算相似。这里，由于从资源的角度考虑，仅给出了按产品的单位产量综合能耗计算节能量和节能率的方法，如公式（9.6）和公式（9.7）所示：

$$节能量: \Delta E_D = (E_{Dmax} - E_{Dmin})C \qquad (9.6)$$

$$节能率: \eta_\Delta = \frac{E_{Dmax} - E_{Dmin}}{E_{Dmin}} \times 100\% \qquad (9.7)$$

式中 E_{Dmax} 和 E_{Dmin} 分别为两种不同方案下的单位产品综合能耗值，其计算方法见公式（9.2）；而 C 为产品的产量。

9.4.2　经济类指标计算

经济类指标反映了企业生产部门的经济成果与能源消耗之间的关系。工业企业经济效益的主要指标包括总产值和增加值，它们综合了企业的生产成本和经营收入等因互，因而，设置企业能耗过程系统的产值能效指标和增加值能效指标即可表示其综合经济能效。由于总产值和增加值的统计一般以万元为计量单位，因此，通常选取万元产值综合能耗和万元增加值综合能耗作为计算数据。另外，还可依据所耗能源的成本价格计算企业总能耗费用和单位产品能源成本。

9.4.2.1　总能耗费用和单位产品能源成本

企业能耗系统的总能耗费用，可通过其各种能源实物消耗量与其对应的能源价格来进行计算，其中能源价格可从企业能耗系统模型中的资源模型获得。

$$R = \sum_{s=1}^{n} \{ [M_s(0) - M_s(t)] \times R_s \} \qquad (9.8)$$

式中，R 为总能耗费用（万元），R_s 为能源的单位价格，而 $M_s(t)$ 为仿真结束时模糊库所 P_s 内的标识数量，$M_s(0)$ 为模糊库所 P_s 内的初始标识。

单位产品能源成本按照单位产品所消耗的各种能源实物量（即单位产品产量单项能源消耗量 E_{Di}），如公式（9.3）及其单位价格进行计算，即：

$$R_D = E_{Di} \times R_s \qquad (9.9)$$

9.4.2.2　万元产值综合能耗

万元产值综合能耗等于能耗系统的综合能耗与其在期内的工业总产值之比。工业总产值是指企业能耗系统在一定时期内生产的工业最终产品或提供劳务性活动的总价值量。有关工业总产值的计算方法可参见赵素芳《工业增加值的核算方法及改进探讨》（2010），令工业总产值为 G，那么万元产值综合能耗 E_g 为综合能耗 E 与工业总产值之比。

$$E_g = \frac{E}{G} = \frac{\sum\limits_{s=1}^{n} \{[M_s(0) - M_s(t)] \times \rho_s\}}{G} \tag{9.10}$$

9.4.2.3 万元增加值综合能耗

万元增加值综合能耗等于能耗系统的综合能耗与其在期内的工业增加值之比。工业增加值指能耗系统在一定时期内工业生产活动的最终成果，不包括原材料等一次性转移到产品中的价值量和付给劳动者的报酬，即即工业总产值减去工业中间投入，在用仿真数据作万元增加值综合能耗计算时，对工业中间投入只考虑其总能耗费用和劳动者报酬，其中总能耗费用如公式（9.8），而劳动者报酬则可通过对企业能耗系统模型中组织模型的访问而获取。

$$E_i = \frac{E}{I} = \frac{E}{G - R - S} = \frac{\sum\limits_{s=1}^{n} \{[M_s(0) - M_s(t)] \times \rho_s\}}{G - R - \sum\limits_i S_i} \tag{9.11}$$

式中，I 为工业增加值；R 为总能耗费用，如公式（9.8）；S 和 S_i 分别为部门与个人的劳动报酬；E 为综合能耗。

9.4.3 环境类指标计算

依据能耗过程系统仿真输出数据计算环境类指标，其主要目的是用于评估能源活动控制排放各类污染物的综合水平。因此，环境类指标的设置主要是为了考核各种污染物排放量，这里将污染物排放量作为环境类指标。

污染物排放量将分类按工业废水、废气以及固体废物排放总量进行计算，在这里通过仿真输出数据的计算方法如下：

$$F = M_f(t) - M_f(0) \qquad\qquad (9.12)$$

式中，F 表示某种污染物的排放量，$M_f(t)$ 为仿真结束时用于代表废物仓储的模糊库所 P_f 内的标识数量，而 $M_f(0)$ 则为其初始标识。

9.5 本章小结

本章主要以企业能耗过程模型为主线，根据模型语义展开了对企业能源消耗过程系统仿真方法的研究，从而给出相应的模型动态演变理论与方法。分别从仿真机制的设计、仿真模型的实现以及仿真运行算法三个方面进行展开，着重研究了基于 EEC-FPN 和 EEC-HFPN 模型的企业能耗过程仿真演化算法，介绍了仿真相关问题的解决方法，并通过实例验证了算法的有效性，最后给出了仿真输出数据的计算方法，分别从资源、经济和环境的角度对企业能效情况做指标计算，这些指标可以作为企业能源利用状况评估的标尺。

本章所述企业能耗过程系统仿真方法，可以有效地模拟企业能源使用与消耗的行为，为企业提供一系列能耗系统动态性能分析数据，并为企业单位产品的直接能耗、间接能耗以及完全能耗等企业能耗情况提供预测分析，通过仿真数据可为企业能效评估提供指标计算及评价依据。另外，该方法很好地体现了企业能源消耗过程多装置、多过程、多工序的并行、串行、绕行、反馈等特性，弥补了当前过程模拟方法在过程系统结构处理上的不足。

第10章　企业能耗系统建模与仿真软件

　　企业能耗系统建模与仿真的软件系统将为企业能耗系统的结构、能源消耗行为以及用能状况的定量和定性分析等企业能效评估提供通用平台。随着建模与仿真技术的发展，针对不同的研究目的和研究对象，相应地出现了不同的建模与仿真理论及软件支持系统，而不同的建模与仿真方法对应不同的支持工具系统。对于应用基本 Petri 网及其某些扩展形式（时间 Petri 网、着色 Petri 网、随机 Petri 网）建立的系统模型，可以应用已经很成熟的软件如：CPNTools、Visual Simnet、Visual Object Net 等，但这些现成的建模与仿真工具大多是针对某类具体的 Petri 网描述形式，无法满足于针对具体应用并进一步扩展的模型的描述与仿真。本章将在前述理论研究成果的基础上，重点介绍支持企业能效评估的企业能耗系统建模与仿真分析工具的设计与开发。

　　从流程模拟软件的角度来看，国外 Aspen Tech 公司，SimSci 公司所相继推出的石油化工流程模拟软件，这些软件在分离过程方面，以及烯烃聚合过程等专用流程方面相对成熟，但真正通用化的流程模拟商业软件并不多见，而立足于企业能效分析的模拟软件更为少有。依据前述仿真理论的研究成果，立足于企业能效评价层面，研制一套具有通用性并支持企业能耗过程系统仿真的软件工具将会拓展流程模拟软件的应用范围，并弥补其在流程结构处理上的不足。企业能耗系统建模与仿真工具的开发将为企业能效评估提供一种动态分析环境，从而缓解仅依靠能耗统计方式的企业能效评估手段贫乏的局面，并进一步丰富能源领域的相关支持软件。

本章结合企业能耗系统建模与仿真工具的研制需求性，以前述基于 EEC-FPN 的企业能耗过程建模和仿真理论为基础，采用面向对象开发技术，研制了具有通用性和开放性的企业能耗系统建模与仿真软件支持工具（modeling and simulation software for enterprise energy consumption system，简称 EEC Mod&Sim）。下面章节将详细说明 EEC Mod&Sim 的系统设计目标与特点、系统体系结构以及其功能模块组成，然后从系统实现的角度给出了软件开发的几个关键处理技术。最后，以某氯碱化工股份有限公司的片状离子膜固体烧碱生产片段为应用案例，介绍了系统的实现及其应用实施情况。

10.1　企业能耗系统建模与仿真软件的设计

10.1.1　系统设计目标和特点

企业能耗系统建模与仿真软件（EEC Mod&Sim）以 EEC-FPN 能耗过程建模与仿真为核心理论基础，其主要研制目的是为企业能耗系统的方案设计以及系统实施等提供建模与仿真分析支持平台，从而为企业提供一种动态与静态相结合，事前与事后相对比的企业能效评估手段。

软件系统以企业能耗系统设计与评价工程师为主要目标用户；以通用性和系统开放性为主要特征。EEC Mod&Sim 的设计目标及系统特点可以概括为以下几个方面：

（1）软件的设计独立于特定的能源类型和用能设备，在保证继承已有能耗单元建模与仿真求解方法的基础上，从系统和全局的角度全面反映企业能源消耗过程及其影响因素，并具有广泛的适用性。

（2）软件具有较强的模型描述能力，提供建立能耗系统模型所需的各类基本元素，如能耗设备、能源传输管道、能源储备仓库等。同时，提供扩展属性的定义，方便用户对模型元素属性的定制。

（3）支持企业从不同的侧面建立企业能耗系统模型，包括过程建模、能耗单元建模，以及传输管网、资源、信息与组织等建模模块，各模块尽量将自己内部以及与自己相关的数据封装在模块内部，以实现数据逻辑的独立性，而各模块之间数据的交互，则通过在系统中制定数据接口的方式实现各模型之间数据关联与交互。

（4）提供丰富完备的企业能耗系统分析工具集，支持企业能耗过程系统局部和整体模型的仿真、分析以及评价计算功能，从而为企业能效评估提供辅助分析手段。

（5）采用面向对象的软件开发方法与软构件技术，实现系统模块化设计与开发，保证系统具有良好的可扩展性和开放性；建立能耗单元等参考模型库，提高系统模块的重用和重构性。

（6）支持企业能耗过程的动态仿真，并提供相应的动态仿真画面；实现仿真数据的实时保存，以及仿真结果的报表输出和图形化显示。

（7）采用 GUI 开发技术为用户提供友好人机交互建模环境，通过可视化的图形界面支持模型的图形操作功能，使得用户可以充分理解、自由操纵，灵活地创建企业的能耗系统模型。

（8）采用 XML 的文件格式来保存模型的形式化语义描述，以便于模型信息的快速读取以及数据的共享，同时这种灵活的模型数据表达格式还增强了模型的应用扩展性。

10.1.2 系统的体系结构

图 10.1 给出了企业能耗系统建模与仿真软件（EEC Mod&Sim）的体系结构图。根据系统体系结构可以看出 EEC Mod&Sim 由建模工具、仿真工具、系统辨识以及仿真数据计算等模块组成。

　　从系统各部分之间的关系来看，建模部分可分为模型显示层（可视化建模）、模型对象定义层（模型构造）以及模型信息保存层，而仿真部分同样可分为表示层（包括仿真动画、仿真报表、仿真曲线等）、过程逻辑层（主要是指仿真引擎的推进过程）和数据层（包括能耗过程实例库以及仿真数据库）。因此，从软件实现的角度来看，系统的整体结构分为表示层、业务层和数据层，并使用面向对象程序设计的方法对每个子层进行管理，从而使系统具有更强的灵活性和可维护性。

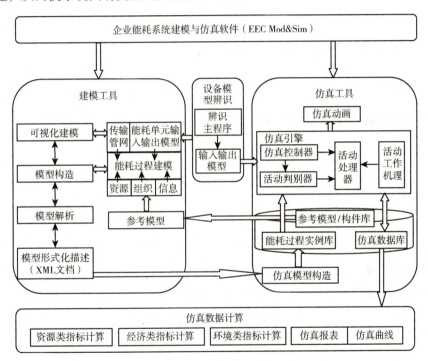

图10.1　系统的体系结构

　　建模工具的可视化建模提供建模环境和相应的视图建模工具或元素，它是系统的用户接口部分之一，视图建模工具以能耗过程建模为核心，其他各子模型为辅助，在建模时各模型之间通过相关要素的映射实现模型之间的关联。而模型构造是对模型对象的定义以及底层类的构造与实例化的过程，模型的解析是为实现底层模型对象与 XML 文档之间的转换。仿真工具的核心组件是仿真引擎，由仿真引擎负责模型的仿真推进过程，并从后台数据库读取仿真所需信息，最后在前台展示出相应的仿真动画。而设备模型辨识部分则为能耗单元模型的建立提供相应的辨识主程序以及辨识模型输出接口。仿真输出数据的计算主要是为了将众多的仿真数据通过计算抽象出反映同一类能效的仿真数据，从而使得复杂的企业能耗对象特征用数量有限的若干要点表示出来。

10.1.3 系统功能模块介绍

在 EEC Mod&Sim 中建模与仿真是其两大主要功能，这里，从软件功能实现的角度，分别给出建模工具和仿真工具各自的功能模块及其组成。

10.1.3.1 建模工具

企业能耗系统建模工具的功能设计应为前述企业能耗系统建模理论的实施提供操作平台，它是用户建立或优化调整企业能耗系统模型的接口。建模工具的设计从可视化建模的需求出发，充分发挥视图模型的可视化描述优势，在软件实现上将模型的视图显示、对象定义以及信息保存相分离。建模部分在软件实现上所包括的功能模块及其组成如图 10.2 所示。

（1）建模元素及可视化建模用户界面。可视化的拖拉式建模方式是能耗系统模型的首选，用户界面的图层表现是其实现的关键。图 10.3 给出了 EEC Mod&Sim 软件的主界面示意图，主要包括菜单、图形绘制主窗口、导航窗口、建模工具栏、仿真工具栏、仿真状态栏等。

建模工具栏为用户提供了建立能耗过程模型所需要的各类基本元素，主要包括：能耗活动或能耗设备（原子型和抽象型）"⊘"、能源仓库

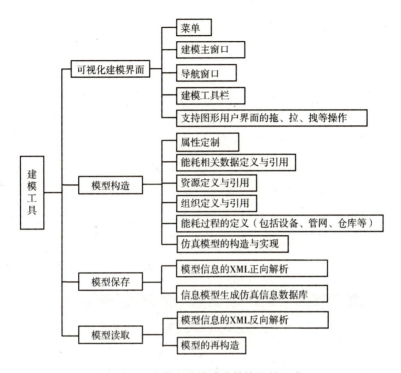

图 10.2　建模工具的功能模块及其组成

"▇"、能源传输管道"└┐"、状态或消息位置"○"、逻辑控制"▮"以及状态或消息流"┆┄┊"六个基本建模元素构成。这里，能耗设备通过输入与输出模型体现其潜在的能源约束关系和动力学特性，该建模元素将与设备模型辨识模块相关联，其中，原子型能耗活动是指该能耗活动没有子模型，而抽象型能耗活动是指该能耗活动为嵌套型能耗活动，存在相应的子模型；能源仓库主要用来存放能耗过程中的能源物质或非能源物质；能源传输管道作为连接弧，用于连接能源仓库与能耗设备，体现能源在传输管网中的流动状况；状态或消息位置主要用来反映能源消耗系统中各设备的工作状态或贯穿于能耗过程中的消息；逻辑控制主要用来控制状态的变化或消息的传递，体现一些离散型的操作动作，如设备的启、停操作等；而状态流则用于连接状态或消息位置与逻辑控制，体现消息或状态的传递过程。

图形绘制主窗口是用户进行建模活动的主要区域，以图标的可视化方式显示用户所建立的能耗过程模型、能耗设备模型以及传输管网模型等信息，并以图形化拖曳方式建立相应的能耗过程模型，用户通过点击、拖拉、选择，将建模元素和连接弧连接组成有向图，并能够对所建模型进行剪切、删除和粘贴等编辑。导航窗口通过一个树型结构描述能耗过程的基本属性以及资源和组织模型等相关信息，以便于用户迅速查找和编辑。另外，建模用户界面支持多窗口的用户界面，使得用户在创建和打开模型时，能够同时看到模型的树状结构图和各能耗过程的拓扑图。

可视化建模用户界面及软件主界面如图 10.3 所示。

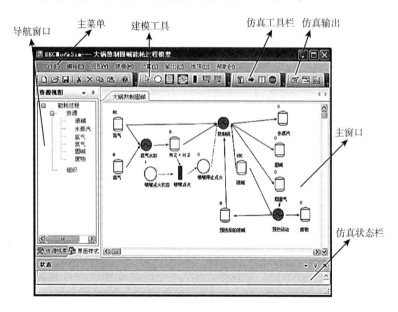

图 10.3　可视化建模用户界面及软件主界面

（2）模型构造功能。模型构造一方面要实现建模元素的属性设置，并完成能耗系统模型的定义。它支持能耗过程模型的构造、能耗设备以及能源传输管网模型的构造，并可以导入资源信息对相关能源或物料进行描述，同时还具有与外部构件（如：设备模型辨识）自动应用的集成功能。建模工具通过对模型元素的拖拉拽以及连接等方式，可以确定能耗流程的结构和逻辑关系，而组成能耗流程的各个元素的行为特征是通过属性定制来确定的。通过严格定义能耗系统各类组成元素的属性特征，扩展模型语义，从而提高了模型元素的描述能力。以能耗活动和能源传输管网为例给出其属性定制模板如图 10.4 和图 10.5 所示。

图 10.4　能耗活动属性定制模板

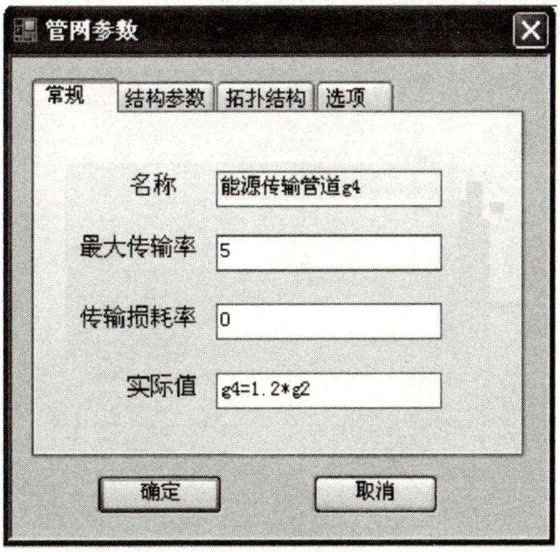

图 10.5　能源传输管网属性定制模板

在模型构造中，对"能耗活动"节点而言，具有图 10.6 所示的描述结构。能耗活动的输入与输出构成了每一个基本能耗活动单元与外部能源仓库之间的接口，封装了内部具体的工作机理及动力学特性，包括相应的控制函数、阈限等约束。控制函数用来反映其输入输出关系，而阈限等其他约束方程进一步反映了其潜在的约束关系。另外，每一个能耗活动都预留开放性的应用接口，便于对外部应用程序的集成调用。有关模型构造器的具体开发技术见第 10.2.1 节。

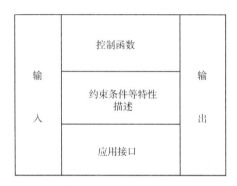

图 10.6　能耗活动的描述结构

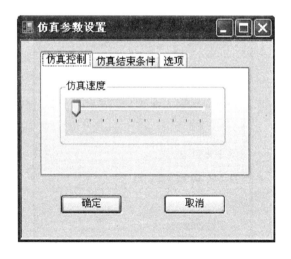

图 10.7　仿真参数定制模板

模型的构造的另一方面是指仿真模型的构造与实现，即，解释模型所含有的语义信息，从而将能耗系统模型转换为计算机可执行的程序结构，即模型元素的实现。在模型元素实现部分，采用面向对象编程的思想抽象出与能耗系统模型各元素相对应的类，然后利用各类生成模型中各元素的实例对象以实现企业能耗系统程序结构的转换。

（3）模型的保存与读取。建模工具对模型的保存采用 XML 的形式化语义描述方式。在遵循 XML Schema 的前提下，将模型所含语义信息进行描述：一种是基本网结构所表示的能耗过程中的并发关系，另一种是各网元素及其约束所表示的语义信息。这样，有利于系统的封装与对外接口的统一，从而提高软件的标准化与兼容性。模型的保存又称为正向解析，而反向解析即为模型的读取，模型读取即为从形式化语义描述转换为软件内部的图形化描述，便于用户对能耗系统模型的编辑与修改。在模型保存时除了生成模型信息 XML 文档外，另需对系统的信息子模型进行仿真信息数据库的生成，从而便于仿真数据的保存与分析；而在模型读取时，首先将 XML 文档反向解析为相应的模型类，而通过模型构造实现其图形化展示。有关 XML 解析的具体实现方法以及 XML 文档结构的定义见第 10.2.2 节。

另外，为了避免用户创建的模型不规范，软件提供了部分的语法校验功能，不符合规范的模型，将显示相应的错误信息，尽可能地保证所定义能耗过程模型在图形连接和逻辑上没有错误。并且，对模型定义中各种条件表达式的输入语法设定了相应的异常处理机制。

10.1.3.2　仿真工具

仿真工具以前述第 6.2 节仿真机制的设计作为软件功能设计的依据，以实现企业能耗过程系统模型的仿真模拟为目的。仿真部分的功能设计以仿真推进模块，即仿真引擎的实现为核心，通过底层数据库存储与读取仿真所需数据，并以仿真动画、仿真输出报表和仿真输出曲线等形式作为仿真实时或历史信息的展示。软件实现上，仿真工具主要包括：仿真参数的定制、仿真引擎、相关数据库的操作、仿真信息展示以及仿真工具栏和状态栏等组成部分。

（1）仿真参数的定制是仿真推进的依据，包括仿真速度，仿真终止条件（分为仿真时间和目标标识两种终止条件）等参数的设置，如图10.7所示；仿真工具栏为用户提供了仿真所需的控制操作，包括仿真运行、暂停、停止以及断点设置与取消等操作按钮；仿真状态栏则用于显示仿真推进过程中各模糊库所标识的实时变化情况；而仿真信息展示主要是指仿真报表的输出和仿真曲线的显示。

（2）仿真引擎推进模块。仿真引擎作为仿真运行环境中的核心组件，它通过模拟活动的执行来推进能耗过程实例的执行，由第6.2节的仿真机制设计可知仿真引擎的结构组成为仿真控制器、活动判别器和活动处理器。在EEC Mod&Sim中仿真引擎模块的设计正是架构在这样的结构上，并依据前述基于EEC-FPN的仿真运行算法，来实现仿真过程推进的，这里主要给出其软件流程设计，如图10.8所示。

（3）数据库结构设计。EEC Mod&Sim仿真中采用后台数据库来存储仿真实例及仿真数据，数据库层引入数据代理，负责各个数据表之间的通讯、数据交换和协调。如图10.9所示为各数据表内容及外键关系。数据表主要分为两大类：能耗系统仿真实例表和仿真相关数据表，其中，仿真实例表主要包括模糊库所表、模糊变迁表、传输管网表及资源表；而仿真数据表主要包括仿真记录表和仿真信息表。

在上述各表中，仿真实例相关的数据表是关于企业能耗过程系统中各模型对象的相关属性信息，它是在仿真模型构造时依据所建企业能耗系统模型而生成的，在仿真过程中这些数据表内的信息不会发生变化，主要为仿真引擎的推进过程提供模型信息。而仿真记录表和仿真信息表则会随着仿真推进而动态添加相应信息，这里，仿真记录表的设计是基于EEC-FPN的仿真运行算法的，其中的T^E即为仿真算法中的使能模糊变迁集T^E，而T^F对应为T^F，通过仿真记录表，可以方便地记录并读取仿真推进过程中每

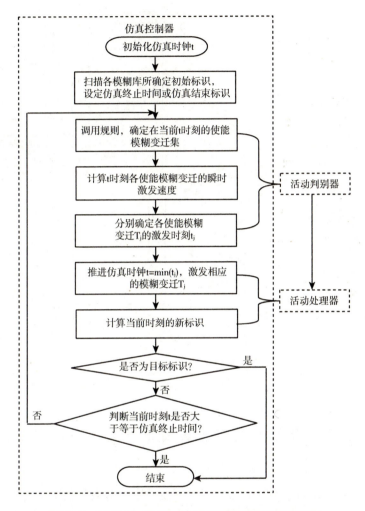

图 10.8　EEC Mod&Sim 的仿真引擎结构及推进流程

一步的状态；而仿真信息表则是指由信息模型所生成的仿真过程中需要采集的相关数据，包括各能源物质和非能源物质数量上的变化等相关仿真信息。

　　数据库结构中的主键保证了数据库索引的完整性，又能提供数据库和程序对记录的访问。外键表示了各数据表之间的逻辑关联，对数据完整性进行约束。

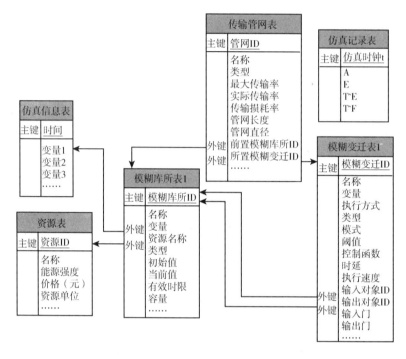

图 10.9　数据库关系

10.2　企业能耗系统建模与仿真软件的技术实现

EEC Mod&Sim 软件采用 C#. NET 开发技术，数据库系统使用 SQL Server，并同时使用了 C#. NET 的 GDI +、XML 解析以及 COM、UML 等开发技术。本小节，主要针对软件实现中的关键开发技术作介绍。

10.2.1　模型构造器的实现

10.2.1.1　模型构造器的类结构设计

EEC Mod&Sim 模型构造器的核心思想是用表层设计器构造流程图，将图中的建模元素映射到内部可处理的数据结构。以便下一步的仿真算法对模型进行循环遍历，因此设计合理的类结构关系和数据结构是关键之一。目前，在 EEC Mod&Sim 软件实现中模型构造器的类设计主要包括底层类设计和表层类设计。

其中底层类的设计主要是依据 EEC-FPN 建模理论，设计企业能耗过程模型元素类。这里主要介绍能耗活动、能源仓库、逻辑控制、传输管网以及状态位置这五大类，程序中设计了一个基类 PetriElement，该基类包含各类的共有属性，其他所有类从这个基类中派生，每个类都包括各自的属性和读取方法。以能源仓库类为例，除去从基类中继承的 ID 和 Name 等属性，该类作为存储资源的场所还包含有容量（capacity）、当前值（current-Num）以及进一步扩展的有效时限（timeDelay）、控制函数（expression）等属性。同时它还对应一组访问属性的行为，如：ReadProperty（），Set-Property（）等。

表层类作为用户和程序的交互层，要具有建模工具栏上的图标表现功能，并要记录各个建模元素的拓扑结构，同时实例化对应建模元素底层类对象。仍以能源仓库类为例，属性包括图形对象（image）、能源名称（name）、底层类对象（energyStoreCs）、图形位置信息对象（port），其中 Port 是程序中设计用来记录图形元素间拓扑结构的类，方法包括读取图形位置 getPort（），获取前后图标 getNextItem（）等。

10. 2. 1. 2　图形元素间的拓扑结构表示

EEC Mod&Sim 中元素间的关系实质是有向图连接，将图元定义为一个 cell，每个 cell 可以是一个顶点（vertex）或者边（edge），顶点有邻接的顶点，它们通过边相联系，边连接的两个端点称为目标和源。为了更方便描述，程序中构造了 Port（节点）类，用来记录坐标位置和建模元素的 ID。每一条边有两个 Port 对象，用来记录目标节点和源节点。而一个活动可以有多个分支，即顶点（vertex）可以与多条边（edge）相连，于是每个顶点设计一个 Arraylist 动态记录连接到顶点的 Port 对象。

图 10.10 是一个连接示意图，包括两个顶点（ConsumEquip，EnergyStore）和一条边（EnergyStream），能源从能源仓库流向能耗设备。

能源仓库   能耗设备

图 10.10　一个连接示意图

下面的代码为 ConsumEquip 顶点建立 port 对象：

ConsumEquipStruct. Port port = new Port（itemPoint，LineId）；//实例化 ConsumEquip 的 port 对象

ConsumEquipStruct. portArray. Add（port）；//将 port 存入动态数组，以便一个顶点同多条边相连

下面对代码构建了 EnergyStream 中的 port 对象：

EnergyStreamStruct. Port sourcePort = new Port（itemPoint，itemId）//源节点

EnergyStreamStruct. Port targetPort = new Port（itemPoint，itemId）//目标节点

这样的数据结构使得传输管道与能耗设备两节点间的关系变得简洁明了。当元素移动时，元素 port 的坐标信息被修改，同时边通过 setSoucePort 和 setTargetPort 方法修改坐标信息，从而使连接边随着元素移动。图 10.10 之间的数据结构可以用图 10.11 表示。

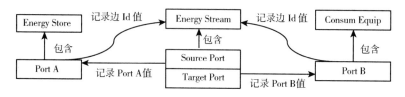

图 10.11　图形间的数据结构

10.2.1.3　模型的图层表现

EEC Mod&Sim 模型构造器在元素的可视化表示上，利用了 . NET 框架提供的 GDI + 应用程序编程接口（API）。它是 Windows Graphics Device Interface（GDI）的高级实现。通过使用 GDI +，可以创建图形，并将图形图像作为对象操作。以下步骤和代码说明了程序中主要的图形操作：

（1）定义一个 ResourceManager 对象，管理程序中的图像资源，代码如下：

ResourceManager resource = null；//图像资源管理器

resource = new ResourceManager（typeof（Resource1））；//Resource1 是新建的资源文件，包含建模元素的图形元素

（2）当触发工具栏按钮 Active 事件时，通过图像资源管理器创建相应工具栏的图形对象到相应的表层类，代码如下：

itemImage =（Image）（resource. GetObject（"Discrete_Place1"））；//通过资源名称，设置资源图片

（3）调用 DrawImage（）函数以呈现图像，调用 DrawLine（）函数绘制连接线段。

Graphics. DrawImage（itemImage，itemPosition）；//在相应控件上绘制图像

Graphics. DrawLine（pen，startPoint，endPoint）；//绘制图箭头

（4）需要删除图像时调用 Dispose()方法。

Graphics. Dispose（）；

10.2.2　基于 XML 的模型数据模式定义与解析

XML 是一种以结构化的开放格式描述数据的元数据定义语言，可以表

示结构化和半结构化的数据，并可以提供对各种数据处理、构建、转换和查询技术的访问，由于其快速的数据存储与传输能力，使其成为一种被广泛采用的数据表示格式。另外，XML 具有可扩展性，XML 文档的作者可以任意定义文档数据的结构以及元素的名称和属性，并且由于其完成采用 Unicode 而支持国际化。鉴于上述优点，为实现模型信息的快速保存和读取，以及 EEC Mod&Sim 的灵活性与可扩展性，这里用 XML 来保存数据类型多样性的能耗系统模型信息。

10.2.2.1 建立能耗系统模型的 XML Schema 数据模式

为了保证能耗系统模型的 XML 表达格式的可理解性、与其他工具的交互能力以及模型仿真前的有效性，也就是说模型信息的 XML 文档应遵循已达成一致的结构、过程逻辑和规则等。因此，首先需要制定能耗系统模型的 XML 数据模式。

目前主要有两种数据模式，一种是获得 W3C 认可的"文档类型定义"（document type definition，DTD），另一种则为微软的 XML 模式（XML Schema）。XML Schema 与 DTD 相比具有支持一系列数据类型、提供可扩充的数据模型、支持属性组和名称空间以及易于解析等优点。Schema 利用元素的内容和属性定义了 XML 文档的整体结构，如哪些元素可以出现在文档中、元素间的关系是什么、每个元素有哪些内容和属性以及元素出现的顺序和次数等。

在 EEC Mod&Sim 中采用基于 XML Schema 的能耗系统模型数据模式，具体的实现步骤如下：

（1）根据前述能耗系统的组成因素及其建模定义，首先建立能耗系统数据概念模型，这一阶段所定义的对象和属性最终成为 XML Schema 中的元素和属性。图 10.12 给出了能耗系统部分基本信息的概念模型。

（2）建模能耗系统模型信息的 UML 对象模型。概念模型中，每一个具有从属节点的节点转换成 UML 类图中的一个类。对概念的每一个特征来说，如果它的基数可能大于 1 或领域中的其他信息表明应该创建一个关联，那么就成为一个 UML 类图的关联；如果特征的基数是 1 或可选择的，那么特征就变成一个属性；没有特征的概念转换成 UML 类图的属性。

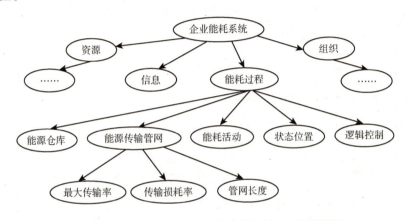

图 10.12　企业能耗系统部分基本信息的图形概念模型

（3）建立 XML Schema 数据模式。UML 到 XML Schema 的映射，主要是解决 UML 到 XML Schema 之间对应的名称空间映射、元素和元素值的唯一性、多样性约束条件、元素顺序、数据类型、链接等问题，从而有效地把 UML 中的数据转换为 XML 中的标记，并把数据结构用 XML Schema 表示出来。从 UML 对象模型到 XML Schema 的映射中，所有 UML 类、属性各生成 XML Schema 中的一个元素，并且 XML 文档中各个元素按照指定的顺序出现；每一个 UML 属性的数据类型与它对应的 XML 模型的类型相同，但在元素类型之前加前缀 xsd。如 UML 中的属性 resourceID 的数据类型为 string，它映射到 XML 模型中的元素 resourceID 的类型为 xsd：string。图 10.13 所示为企业能耗系统模型信息的部分 XML Schema。

```
< xsd:schema xmlns:xsd = "http://www.w3.org/2001/XMLSchema"
targetNamespace = "http://www.EEC Mod&Sim.com" >
< xsd:element name = "EEC Model" >
    < xsd:complexType >
      < xsd:sequence >
        < xsd:element name = "Resource" minOccurs = "1" type = "Resource"/ >
        < xsd:element name = "Info" minOccurs = "1" type = "Info"/ >
        < xsd:element name = "Org" minOccurs = "0" type = "Org"/ >
        < xsd:element name = "EnergyPro" minOccurs = "1" type = "EnergyPro"/ >
      </xsd:sequence >
    </xsd:complexType >
</xsd:element >
......
    < xsd:complexType name = "EnergyPro" >
      < xsd:sequence >
        < xsd:element name = "ProName" type = "string"/ >
        < xsd:element name = "EnergyPlace" type = "EnergyPlace"/ >
        < xsd:element name = "EnergyTran" type = "EngergyTran"/ >
        < xsd:element name = "EnergyEquipment" type = "EngergyEquipment"/ >
          ......
        < xsd:element name = "Control" type = "Control"/ >
      </xsd:sequence >
    </xsd:complexType >
......
    < xsd:complexType name = "EnergyPlace" >
      < xsd:sequence >
        < xsd:element name = "ID" type = "integer"/ >
        < xsd:element name = "EplaceName" type = "string"/ >
        < xsd:element name = "MaxVolume" type = "float"/ >
          ......
```

图 10.13   企业能耗系统模型信息的部分 XML Schema

另外，基于 XML Schema 可以在 . NET Framework 下用 C#具体实现对模型 XML 文档的有效性验证。. NET Framework 提供了用于验证 XML 文档的 XML Validating Reader 类，该类通过实现 W3C 建议所定义的有效性约束来提供 XSD 架构验证服务。

10.2.2.2   用 XML 格式器保存读取模型数据

一个能耗系统基本上都由一定数量的子系统构成，因此描述整个能耗系统需要建立多个视图模型。考虑到多个视图模型下各建模元素的 ID 有可能重名，寻求良好的互操作性和可读性，采用"序列化"（serialization）和"反序列化"（deserialization）的 XML 格式器保存和读取模型，所谓序列化是将对象状态转换为可保持或传输的格式的过程，与序列化相对的是反序列化，它将流转换为对象，而要将 xml 反序列化为对象，它们之间不能直接转换，往往需要以 Schema 作为中介（Stewart Fraser & Steven Livingstone，2003）。序列化与反序列化两个过程结合起来，可以轻松地实现模型信息的存储和读取。

表 10.1　　　**.Net 框架提供的两种类型格式器区别（Formatter）**

名　　称	应用范围	优　　点
BinaryFormatter	通常应用于桌面类型的应用程序	1. 所有的类成员（包括只读的）都能序列化 2. 性能非常好
SoapFormatter	应用于 .Net Remoting 和 XML Web 服务	1. 互操作性好 2. 不用严格的二进制依赖 3. 可读性强

在程序中定义了一个用来保存数据的 SaveData 类和读取数据的 ReadData 类，限于篇幅，只列出保存和读取的部分代码：

//创建一个文件" * .XML"并将对象序列化后存储在其中

SoapFormatter formatter = new SoapFormatter（）；

Stream stream = new FileStream（FileName，FileMode. Create，FileAccess. Write，FileShare. None）；

formatter. Serialize（stream，savedata）；

//打开文件" * .XML"并进行反序列化得到对象

SoapFormatter formatter = new SoapFormatter（）；

Stream stream = new FileStream（openFileDialog1. FileName，FileMode. Open，FileAccess. Read，FileShare. None）；

另外，借助于序列化与反序列化，可以在软件中实现可复用模型构件的开发，即每一个模型构件都对应为其相应对象序列化后的 XML 文件，在需要时将从模型构件库中读取模型所对应 XML 文件的存储地址，并反序列化该文件即可得到所需模型构件。

10.3　软件应用实施案例

本节以某氯碱化工股份有限公司的典型生产子系统，即离子膜固碱生产片段作为应用实例，在 EEC Mod&Sim 软件支撑环境下，对基于该软件系统的企业能耗系统建模与仿真方法进行了综合说明和实例应用。

10.3.1　应用案例的生产原理与工艺流程

离子膜电解制碱因其能耗较小、产品质量高等优点而成为氯碱工业中烧碱产品生产的主要方法，其工艺片段包括盐水二次精制、精制盐水的电解、淡盐水脱氯、碱液蒸发流程以及离子膜固碱五个片段。其中，离子膜固碱片段是将液碱经升（降）膜式蒸发器连续蒸发，脱掉大部分水分，高温下浓缩呈熔融状，熔融碱的氢氧化钠含量一般大于 95%（wt），再经冷却、固态化成型，制成桶碱，片碱或粒碱等（中国氯碱工业协会组织，2008；王世荣和高娟，2015）。对于膜式法生产片状固碱而言，可分为两个阶段：

第一，碱液从 32%~45% 浓度浓缩至 60%，这可在升膜蒸发器也可以降膜蒸发器中进行。加热源采用蒸汽或双效的二次蒸汽，并在真空下进行蒸发。

第二，60% 碱液再通过升膜或降膜浓缩器，以熔融盐为载热体，在常压下升膜或降膜将 60% 的碱液加热浓缩成熔融碱，再经片碱机制成片状固碱。

这里，以某氯碱化工的片状离子膜固体烧碱作为应用实例。该企业的膜式片状固碱工艺流程主要采用升膜降膜流程，如图 10.14 所示。

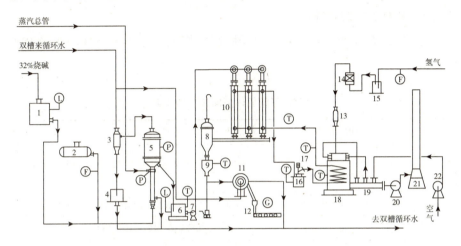

图 10.14　片状离子膜固体烧碱生产片段（升膜降膜法）

注：1－碱液高位槽、2－糖液贮槽、3－喷射冷凝器、4－集水槽、5－升膜蒸发器、6－浓碱低位槽、7－浓碱泵、8－碱分离器、9－碱分配器、10－降膜浓缩器、11－片碱机、12－自动称量机、13－管道阻火器、14－氢气阻火器、15－水封槽、16－熔盐贮槽、17－熔盐液下泵、18－熔盐加热炉、19－压气预热器、20－引风机、21－烟囱、22－空气鼓风机。

（1）主要流程叙述。由蒸发工序来的32%～45%液碱由升膜蒸发器5进入，经蒸汽加热至沸腾，蒸发得60%浓液碱，再由浓碱泵7送入降膜浓缩器10，液体在降膜管中被高温熔盐加热，沸腾、浓缩，得熔融浓碱。经气液分离器8和碱分配器9后熔融碱进入片碱机11，然后制得片碱。片状固碱经秤12称量后包装入袋即得成品。

熔盐在熔盐贮槽16中，由熔盐液下泵17抽出，经熔盐加热炉18加热后进入降膜浓缩器10的降膜管外侧，与管内液体进行热交换，冷却后的熔盐返回熔盐贮槽。

由升膜蒸发器5蒸发出的二次蒸汽，经喷射冷凝器3冷却后进入集水槽，从气液分离器8分离出二次蒸汽，经冷却处理同样进入循环水系统。

另外，上述流程中的还存在其他糖液和氢气等原料，其中氢气主要作为熔盐加热的燃料，而在碱液中加入少量白糖溶液主要用来还用氯酸盐，以减少其对设备的腐蚀。

（2）工艺操作条件。片状离子膜固体烧碱工艺操作条件，如表 10.2 所示。

表 10.2 片状离子膜固体烧碱工艺操作条件

原料液成分		NaOH：32%～45%，NaClO₃＜30mg/L，NaCl＜50mg/L，Fe＜10mg/L
升膜蒸发器		蒸汽压力 0.3～0.4MPa，出料碱浓度＞60%，真空度＞80kPa，冷却水温度＜38℃，出料碱温 110℃
降膜浓缩器	熔盐	熔盐进浓缩器温度：500℃～530℃，熔盐出浓缩器温度：460℃～490℃
	碱液	进降膜浓缩器温度：120℃～140℃，出降膜浓缩器温度：360℃～380℃
片碱机		碱液进料温度340℃～350℃，进口冷却水温度25℃～28℃，片碱出料温度60℃～80℃，出口冷却水温度32℃～36℃

10.3.2 应用案例的建模实现

上述离子膜固碱的生产加工以蒸汽和电作为其主要的能源物质消耗。从其能源和物料的消耗角度，依据前述 EEC-FPN 建模方法和建模原则，在 EEC Mod&Sim 软件环境中建立该离子膜固碱的能耗系统模型。

10.3.2.1 SCAC 离子膜固碱的能耗过程建模

如前所述能耗过程模型是能源消耗系统动态行为的结构化描述，它主要反映企业能源消耗的过程逻辑和影响因素之间的相互作用，包括组成企业能耗过程的所有能耗活动以及它们之间的依赖关系。

上述离子膜固碱流程，在膜式蒸发或浓缩过程中，液体的进料量将影

响传热效果以及成膜情况。因此，必须控制最佳的进料量，不能过大或

过小。另外，由于熔盐加热中，熔盐对管壁的给热系数 $\alpha_1 = \dfrac{A_1 \omega^{0.8}}{d^{0.2}}$，式

中 A_1 为常数，ω 为流速米/秒，d 为管径，因此，在熔盐传输管道直径

等为固定值的情况下，尽量提高熔盐的流速将为增加熔盐加热时的给热

系数。

　　在离子膜固碱能耗过程模型建立时，仅考虑其能源消耗较大的流程部
分及主要的能耗设备，同时依据表 10.2 的工艺加工条件作为各能耗活动的
约束规则或条件。另外，假设各设备、传输管道以及原料的组分等性质为
已知固定值。即，尽可能地假设装置的工艺条件为固定值，是不随时间而
变化的。图 10.15 给出了 EEC Mod&Sim 软件环境下所建立的离子膜固碱能
耗过程模型。

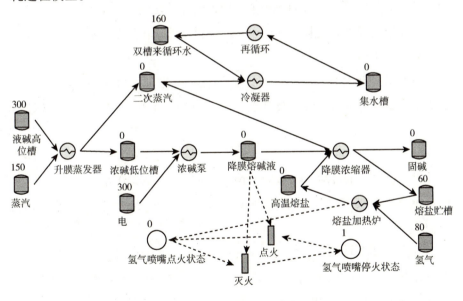

图 10.15　离子膜固碱能耗过程模型

　　上述离子膜固碱能耗过程模型中，主要包括升膜蒸发、降膜浓缩，以
及熔盐加热和二次蒸汽冷却等环节。如第 10.1.3 节所述，在建模时分别以

"⊖"作为能耗活动或能耗设备、"▢"为能源仓库、"↳"为能源或物料传输管道、"○"为状态或消息位置、"▮"为逻辑控制、"⋯↴"为状态或消息流。当熔盐温度低于设定值并且熔盐贮槽中标识数大于 0 的时候熔盐加热开始；而当降膜熔融液仓库中的标识数小于等于 0 时将会触发氢气喷嘴灭火操作，从而停止对熔盐炉的加热；其他各能耗活动和能源仓库等模型元素之间的关系将依据表 10.2 的条件设定值以及能耗过程逻辑进行建立。

10.3.2.2 离子膜固碱中能耗单元输入输出模型建立

由于离子膜固碱属于高温、高腐蚀性的化工生产，对计量器具材质要求较高。在部分数据无法准确地从企业获得的情况下，这里采用机理分析和经验数据分析等相结合的方法来建理各能耗单元输入输出模型。

下面给出模型各能耗单元或设备的物料及热量衡算步骤。

第一，物料衡算。

（1）确定计算依据：①装置的生产能力；②年生产时间；③原料及成品规格，碱损失率等；④计算基准［一般以生产 1 吨 100%（wt）NaOH 固碱计］。

（2）计算步骤。

进入物料：①每吨 100%（wt）NaOH 所需总的 NaOH 量（千克）；②每吨 100%（wt）NaOH 所需蒸发完成碱液量（NaOH、NaCl 及水的重量分别求出）；

支出物料：①生产每吨 100%（wt）NaOH 成品的物料量（千克）；②生产每吨 100%（wt）NaOH 成品的碱损失量（千克）；③升降膜蒸发器蒸出的总水量 q（千克），这里，$q = q_1 + q_2 + q_3$，式中，q_1 为液碱经升膜蒸发器浓缩所蒸出的水量（千克）；q_2 为碱液经降膜浓缩器所蒸出的水量（千克）；q_3 为碱损失量经降膜浓缩器所蒸出的水量（千克）。

第二，热量计算。

（1）升膜蒸发器的热量计算。

$Q'_{升} = Q_2 + Q_3 - Q_1$，式中，$Q'_{升}$ 为需加入的热量（千焦）；Q_1 为液碱带入热量（千焦）；Q_2 为碱液带出热量（千焦）；Q_3 为二次蒸汽带出热量（千焦）。

（2）降膜浓缩器热量计算。

$Q'_{降} = Q_6 + Q_5 - Q_4$，式中，$Q'_{降}$ 为需加入的热量（千焦）；Q_6 为降膜浓缩器二次蒸汽带出热量（千焦）；Q_5 为成品碱带出热量（千焦）；Q_4 为碱液进降膜浓缩器带入热量（千焦）。

另外，根据设备的工作机理，可得相关设备机理模型。

升膜蒸发器所需蒸汽供给的热量用下式：

$$Q'_{升} = D(I - \theta) \tag{10.1}$$

式中，q 为蒸发器所需蒸汽供给的热量（千焦）；D 为蒸发器加热蒸汽的用量（千克）；I 为加热蒸汽的热焓（千焦/千克）；θ 为与加热蒸汽相同温度下冷凝水的热焓（千焦/千克）。

降膜蒸发器所需熔盐供给的热量用下式：

$$Q'_{降} = M(I_2 - I_1) \tag{10.2}$$

式中，I_2 和 I_1 分别表示加热前和加热后熔盐的热焓，熔盐的热焓 $I = [78 + 0.34(t - 142)] \times 4.184$（千焦/千克）。

依据公式（10.2）及表 10.2 中熔盐加热的温度范围可以计算出每加热 M（千克）的熔盐所需热量。再依据上述热量计算和物料衡算方法可以推算出熔盐供给量、降膜熔碱供给量与固碱之间的关系等。同样，基于这种思路，各能耗单元的输入输出关系均可推算得出，而对于设备的耗电情况则按照其额定功率进行计算，这里假设液碱泵的额定功率为 7200 瓦。图 10.16 所示为在 EEC Mod&Sim 环境下所建的升膜蒸发器模型示意图。

10.3.2.3　其他子模型

另外，依据前述企业能耗系统多视角建模方法，给出在 EEC Mod&Sim

图 10.16 升膜蒸发器模型示意图

环境下离子膜固碱能耗系统的资源模型、信息模型、组织模型等其他子模型的实现。如图 10.17 至图 10.19 所示。

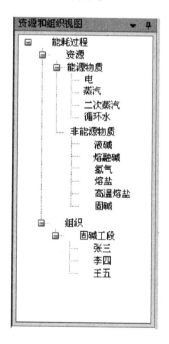

图 10.17 离子膜固碱能耗系统资源和组织模型树状结构

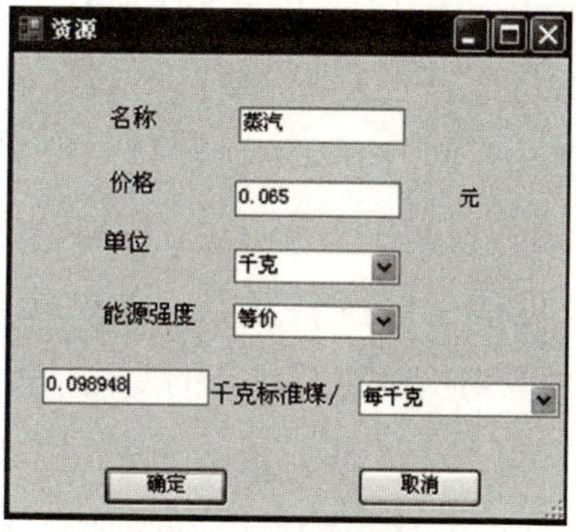

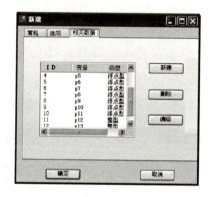

图 10.18　蒸汽资源属性

图 10.19　信息模型定制模板

10.3.3　应用案例的仿真分析

依据上述对某离子膜固碱能耗系统模型的建立，在 EEC Mod&Sim 仿真环境下，给出离子膜固碱能耗系统仿真结果（仿真时间为 30 秒，采样周期为 1 秒）如图 10.20 至图 10.23 所示。仿真初始标识为：M_0（液碱高位槽）= 150 千克，M_0（蒸汽）= 75 千克，M_0（二次蒸汽）= 0，M_0（电）= 10 千瓦时，M_0（双槽来循环水）= 20 千克，M_0（氢气）= 60 立方米，M_0（熔盐贮槽）= 60 千克，M_0（点火状态）= 0，M_0（灭火状态）= 1，M_0（固碱）= 0，其他各资源仓库的初始标识均为 0。其中，图 10.20 为 15 秒内各仓库：液碱高位槽、蒸汽、浓碱低位槽、电、二次蒸汽、双槽来循环水以及降膜熔碱液内对应资源的数量变化，而图 10.21 则为 15～30 秒其对应资源的量变情况；图 10.22 为 15 秒内各仓库：高温熔盐、固碱、熔盐贮槽、集水槽内对应资源的数量变化，同时也包括氢气点、灭火状态的变换情况，而图 10.23 则为 15～30 秒内其对应资源及状态的变化情况。

由图 10.20 和图 10.21 可以看出，液碱和蒸汽基本呈线性下降趋势，二次蒸汽则因冷凝处理而在近零的位置成相应的起伏波动，而液碱泵的供电量变化则是以每秒 0.002 的下降速率呈线性下降，双槽来循环水则因二次蒸汽的回收处理呈不断上升趋势。由图 10.22 和图 10.23 可以看出，熔盐贮槽的标识变化总是在下降后又重新返回初始值，这恰表明了降膜浓缩器对熔盐的循环利用，即该能耗系统中作为降膜处理器载热体的熔盐是可以重复利用的（一般几年才更换一次）；另外，可以看出点火状态和灭火状态在 0 和 1 之间交替变换，并且当点火状态呈 1 时氢气才会下降，而当点火状态为 0 时氢气

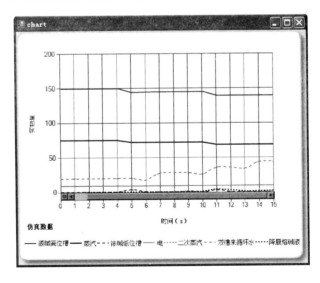

图 10.20　0～15 秒部分资源的量变曲线图

的标识值不发生量变，这较好地反映了氢气作为熔盐炉加热燃料受熔盐温度范围等约束条件的影响而呈现出的一种递阶下降趋势。

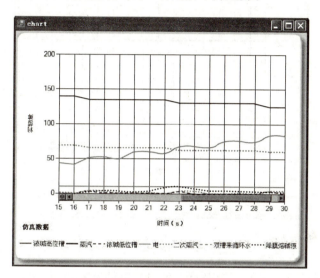

图 10.21　15～30 秒部分资源的量变曲线图

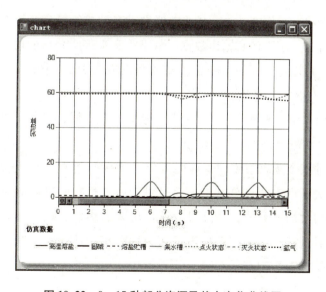

图 10.22　0～15 秒部分资源及状态变化曲线图

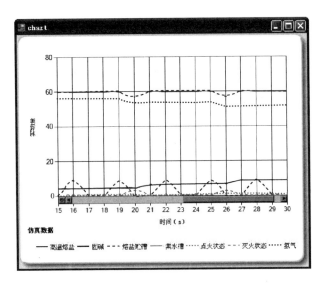

图 10.23　15～30 秒部分资源及状态变化曲线图

上述对仿真曲线的分析表明，在 EEC Mod&Sim 软件环境下，离子膜固碱能耗过程系统的仿真结果正确地反映了该企业离子膜固碱能耗系统中各装置的用能状况与生产能力，仿真曲线图动态地描绘了各装置对能源及物料的消耗行为。基于仿真输出数据，依据第 9.4 节所介绍的仿真输出数据计算方法，可以计算得出，单位固碱的蒸汽单耗 M_{Di}（固碱）$=(75-60+3)/8.8=2.045$（千克/千克），与该企业 2005 年 1 月至 2008 年 3 月所提供的蒸汽单耗 2.05～2.13（千克/千克）基本相近，同样，可计算得单位固碱的液碱泵用电单耗为 0.91 千瓦时/吨。

通过对该企业离子膜固碱能耗系统的建模与仿真可以发现，由于生产中对二次蒸汽未能充分利用，而是对其做了相应的冷凝处理，这将造成能耗量的增加；另外，从降膜浓缩器出来的熔盐，如果考虑将其送入升膜蒸发器进行热交换，然后再返回熔盐贮罐的话，将会减少对蒸汽的消耗量。

10.4　本章小结

　　本章以前述章节所研究的企业能耗系统建模与仿真方法为理论基础，阐述了企业能耗系统建模与仿真工具（EEC Mod&Sim）的设计开发与应用实施情况。详细介绍了该软件支持系统的体系结构和主要功能模块，并对软件开发中的几个关键技术作了详述。最后，以某氯碱化工股份有限公司的片状离子膜固碱生产片段作为应用实例，综合描述了软件系统的具体应用，并验证了软件系统及其对应理论研究成果的有效性。

　　EEC Mod&Sim 软件系统具有较好的通用性和可扩展性，可为企业能效评估提供一种动态分析手段与软件支持环境，并为企业能耗系统的分析与调整重构提供了仿真模拟平台。

参 考 文 献

［1］杨浩. 模型与算法［M］. 北京：北方交通大学出版社，2002.

［2］陆钟武，池桂兴，蔡九菊，等. 系统节能技术基础——企业能源模型［J］. 江西冶金，1990，10（3）：55–62.

［3］蔡九菊，杜涛. 钢铁企业投入产出模型及吨钢能耗和环境负荷分析［J］. 黄金学报，2001，3（4）：306–312.

［4］Li C. Z. , Liu F. , Li C. B. , et al. Analysis model for energy consumption in manufacturing enterprises based on input-output theory and its applications ［J］. Applied Mechanics and Materials, 2009, 16 (19): 1058–1063.

［5］Greening Lorna A. Boyd Gale, Roop Joseph M. Modeling of industrial energy consumption: An introduction and context ［J］. Energy Economics, 2007, 29 (4): 599–608.

［6］薛惠锋，苏锦旗，吴慧欣，等. 系统工程技术［M］. 北京：国防工业出版社，2007.

［7］徐亚滨，尹志刚. 轧钢工序能耗浅析及节能途径［J］. 冶金能源，2002，21（2）：14–17.

［8］Al-Ghandoor Ahmed, Nahleh Yousef Abu, Sandouqa Yousef, Al-Salaymeh Mohammad. A multivariate linear regression model for the Jordanian industrial electric energy consumption ［C］. Proceedings of the 16th IASTED International Conference on Applied Simulation and Modelling, ASM 2007, Pages: 386–391.

［9］ B. Ostadi，D. Moazzami，K. Rezaie. A non-linear programming model for optimization of the electrical energy consumption in typical factory ［J］. Applied Mathematics and Computation，2007，187（2）：944 –950.

［10］ 贾红安，丁荣华. 系统动力学——反馈动态性复杂分析 ［M］. 北京：高等教育出版社，2002.

［11］ 王众托. 系统工程 ［M］. 北京：北京大学出版社，2015.

［12］ Fan Y.，Yang R. G.，Wei Y. M. A system dynamics based model for coal investment ［J］. Energy，2007，32（6）：898 –905.

［13］ SIDHU T. S.，AO Z. On-line evaluation of capacity and energy losses in power transmission systems by using artificial neural networks ［J］. IEEE Transactions on Power Delivery，1995，10（4）：1913 –1919.

［14］ Feng S. H.，Guan X. J. Energy Output Prediction Model on Time Series Analysis and Neural Network ［C］. International Conference on Wireless Communications，Networking and Mobile Computing，WiCom，21 – 25 Sept. 2007：5021 –5024.

［15］ Azadeh A.，Moghadam R. T.，Ghaderi S. F.，et al. Integration of Artificial Neural Networks and Genetic Algorithm to Predict Electrical Energy Consumption in Energy Intensive Sector ［C］. 1ST IEEE International Conference on E-Learning in Industrial Electronics，18 – 20 Dec. 2006：58 –63.

［16］ Azadeh，A.；Ghaderi，S. F.；Sohrabkhani，S. Annual electricity consumption forecasting by neural network in high energy consuming industrial sectors ［J］. Energy Conversion and Management，2008，49（8）：2272 –2278.

［17］ Alberto Hernandez Neto，Flávio Augusto Sanzovo Fiorelli. Comparison between detailed model simulation and artificial neural network for forecasting building energy consumption ［J］. Energy and Buildings，2008，40（12）：2169 –2176.

［18］ Tao Ling，Hu Lin，Chen Rongling，et al. establishment and simulation of the RBF model of the unit process energy consumption of an automobile enterprise [C]. Proceedings of 2009 International Workshop on Intelligent Systems and Applications. Piscataway, N. J. , USA: IEEE Computer Society, 2009: 1 - 4.

[19] 李丹, 余岳峰, 虞亚辉. 工业企业能效评估方法研究 [J]. 上海节能, 2007 (5): 17 - 21.

[20] 国外炼厂节能技术及能耗评价方法简介 [EB/OL]. http: // www. hcbbs. com, 2011.

[21] Y. Sakamoto, Y. Tonooka, Y. Yanagisawa. Estimation of energy consumption for each process in the Japanese steel industry: a process analysis [J]. Energy Conversion and Management, 2009, 40 (11): 1129 - 1140.

[22] Chao Gu, Sébastien Leveneurb, Lionel Estelb, et al. Modeling and Optimization of Material/Energy Flow Exchanges in an Eco-Industrial Park [J]. Energy Procedia, 2013, 36: 243 - 252.

[23] 冷劲松. 企业能源审计分析及对工业节能的启示 [J]. 冶金能源, 2008, 27 (4): 6 - 9.

[24] 杨友麒, 项曙光. 化工过程模拟与优化 [M]. 北京: 化学工业出版社, 2006.

[25] 唐任仲, 周广民, 汤洪涛. 过程管理建模技术分析 [J]. 浙江大学学报 (工学版), 2002, 36 (4): 385 - 388, 436.

[26] 陈禹六. IDEF 建模分析和设计方法 [M]. 北京: 清华大学出版社, 1999.

[27] H. Alla, R. David. A modeling and analysis tool for discrete events systems: continuous Petri Net [J]. Performance Evaluation, 1998, 33 (3): 175 - 199.

[28] R. David, H. Alla. On hybrid Petri Nets [J]. Discrete Event Dynamic Systems: Theory and Applications, 2001, Vol. 11 (1/2): 9 - 40.

[29] R. David, S. I. Caramihai. Modelling of Delays on Continuous Flows Thanks to Extended Hybrid Petri Nets [C]. Proc. of 4th International Conference Automation of Mixed Pmcesses: Hybrid Dynamical Systems (Dortmund, Germany), 18 – 19 Sept 2000: 343 – 351.

[30] R. Champagnat, R. Valette, J. – C. Hochon, et al. Modelling, Simulation and Analysis of Batch Production Systems [J]. Discrete Event Dynamic Systems: Theory and Applications, 2001, 11 (1/2): 118 – 136.

[31] Hanzalek, Z. Continuous Petri nets and polytopes [C]. IEEE International Conference on Systems, Man and Cybernetics, 2003, 2 (5 – 8 Oct): 1513 – 1520.

[32] Lefebvre, D. Optimal flow control for manufacturing systems modelled by continuous Petri nets [C]. Proceedings of the 39th IEEE Conference on Decision and Control 2000, 1 (12 – 15 Dec): 436 – 437.

[33] Liao W. Z., Gu T. L. Optimization and control of production systems based on interval speed continuous Petri nets [C]. IEEE International Conference on Systems, Man and Cybernetics, 2005, 2 (10 – 12 Oct): 1212 – 1217.

[34] Demongodin I., Koussoula Nick T. S. Differential Petri Nets: Representing Continuous Systems in a Discrete-Event World [J]. IEEE Transactions on Automatic Control, 1998, 43 (4): 573 – 579.

[35] Rezai M., Ito M. R., Lawrence P D. Modeling and simulation of hybrid control systems by Global Petri Nets [C]. IEEE International Symposium on Circuits and Systems, ISCAS'95, 1995 (2): 908 – 911.

[36] Motallebi H, Azgomi M A. Modeling and verification of hybrid dynamic systems using multi singular hybrid Petri nets [J]. Theoretical Computer Science, 2012, 446: 48 – 74.

[37] Fraca E, Haddad S. Complexity analysis of continuous Petri nets [M]. Application and Theory of Petri Nets and Concurrency. Springer Berlin Hei-

delberg，2013：170 – 189.

［38］ Taleb M，Leclercq E，Lefebvre D. Limitation of flow variation of timed continuous Petri Nets via Model Predictive Control ［C］American Control Conference （ACC），2014. IEEE，2014：4919 – 4924.

［39］ Hamdi F，Messai N，Manamanni N. State estimation for switched systems described by differential Petri nets models ［C］Systems and Control （ICSC），2013 3rd International Conference on. IEEE，2013：602 – 607.

［40］ Ding Z，Bunke H，Schneider M，et al. Fuzzy timed petri net definitions，properties，and applications ［J］. Mathematical and Computer Modeling，2005，41 （2）：345 – 360.

［41］ Ghomri L，Alla H. Using D-Elementary Hybrid Petri Nets and Linear Hybrid Automata for Modeling Manufacturing Systems ［C］. Management and Control of Production and Logistics. 2013，6 （1）：331 – 336.

［42］ Dotoli M. ，Fanti M. P. ，Giua A. ，et al. First-order hybrid Petri nets. An application to distributed manufacturing systems ［J］. Nonlinear Analysis：Hybrid Systems，2008，2 （2）：408 – 430.

［43］ DOTOLI M，FANTI PIA M. A first-order hybrid Petir nets modelfor-supply chain management ［J］. IEEE Tranactions on Automation Science and Engineering，2009，6 （4）：7444 – 758.

［44］ 廖伟志，古天龙，李文敬，等. 模糊柔性制造系统的混杂 Petri 网建模与调度 ［J］. 计算机集成制造系统，2008，14 （11）：2134 – 2141.

［45］ 王坚，张悦. 企业节能生产调度优化一阶混杂 Petri 网方法 ［J］. 计算机集成制造系统，2012，18 （5）：1011 – 1020.

［46］ 吴亚丽，曾建潮，孙国基. 基于广义微分 Petri 网的混合系统仿真方法 ［J］. 系统仿真学报，2003，15 （2）：164 – 166.

［47］ 何新贵. 模糊 Petri 网 ［J］. 计算机学报，1994，17 （12）：946 – 950.

［48］ Witold P. , Heloisa C. Fuzzy timed Petri nets ［J］. Fuzzy Sets and Systems, 2003, Vol. 140 （2）: 301 – 330.

［49］ Ding Z. H. , Bunke H. , Kipersztok O. , et al. Fuzzy timed Petri nets-analysis and implementation ［J］. Mathematical and Computer Modelling, 2006, 43 （3 – 4）: 385 – 400.

［50］ Chouikha M. , Dechnatel G. , Braunschweig T. U. , et al. Petri net-based descriptions for discrete-continuous systems ［J］. Automatisierungstechnik, 2000, 48 （9）: 415 – 424.

［51］ Gribaudo M. , Horvath A. , Bobbio A. , et al. Fluid Petri Nets and hybrid model-checking: a comparative case study ［J］. Reliability Engineering & System Safety, 2003, 81 （3）: 239 – 257.

［52］马福民, 王坚. 面向企业能源消耗过程的模糊 Petri 网模型研究 ［J］. 计算机集成制造系统, 2007, 13 （9）: 1679 – 1685.

［53］马福民, 王坚. 面向企业能效评估的能源消耗过程建模方法研究 ［J］. 高技术通讯, 2008, 18 （1）: 54 – 60.

［54］马福民, 王坚. 支持企业能效评估的能源消耗过程仿真方法 ［J］. 计算机集成制造系统, 2008, 14 （12）: 2361 – 2368.

［55］郝晶晶, 方志耕. 不确定信息下制造系统性能评估的 Petri 网模型 ［J］. 计算机集成制造系统, 2014, 20 （5）: 1237 – 1245.

［56］顾幸生. 不确定条件下的生产调度 ［J］. 华东理工大学学报, 2000, 26 （5）: 441 – 446.

［57］龚艳冰. 方案偏好已知的三角模糊数型多属性决策方法 ［J］. 控制与决策, 2012, 27 （2）: 281 – 285.

［58］马福民, 徐安平, 刘涛涛. 不确定因素作用下连续型企业能源消耗过程建模方法 ［J］. 计算机集成制造系统, 2015, 21 （10）: 2711 – 2719.

［59］丁锋. 系统辨识 ［M］. 北京: 科学出版社, 2016.

［60］丁锋．系统辨识算法的复杂性、收敛性及计算效率研究［J］．控制与决策，2016，31（10）：1729 - 1741.

［61］陈宗海．过程系统建模与仿真［M］．合肥：中国科学技术大学出版社，1997.

［62］Sjöberg J．，Zhang Q. H．，Ljung L．，Benveniste A．，et al. Nonlinear black-box modeling in system identification：a unified overview［J］．Automatica，1995，31（12）：1691 - 1724.

［63］Feng S. H．，Guan X. J. Energy Output Prediction Model on Time Series Analysis and Neural Network ［C］．International Conference on Wireless Communications，Networking and Mobile Computing，WiCom，21 - 25 Sept. 2007，Page（s）：5021 - 5024.

［64］Geng Z．，Chen J．，Han Y. Energy Efficiency Prediction Based on PCA-FRBF Model：A Case Study of Ethylene Industries ［J］．IEEE Transactions on Systems Man & Cybernetics Systems，2016，99：1 - 11.

［65］谢安国，陆钟武．神经网络 BP 模型在烧结工序能耗分析中的应用 ［J］．冶金能源，1998，17（5）：8 - 11.

［66］Ma Fumin，Zhang Tengfei. Nonlinear Inverse Modeling of Synchronous Generator Based on Improved Resource Allocating Networks. Intelligent computing technology and automation，2009，2（10）：124 - 127.

［67］Nabavi S. R．，Abbasi M. Black box modeling and multiobjective optimization of electrochemical ozone production process ［J］．Neural Computing & Applications，2017（11）：1 - 12.

［68］Safavi A. A．，Romagnoli J. A. Comments on 'nonlinear black box modeling in system identification：A unified overview' ［J］．Automatica，1997，33（6）：1197 - 1198.

［69］Sohlberg B. Grey box modelling for model predictive control of a heating process ［J］．Journal of Process Control，2003，13（3）：225 - 238.

[70] Paulescu M. , Brabec M. , Boata R. , et al. Structured, physically inspired (gray box) models versus black box modeling for forecasting the output power of photovoltaic plants [J]. Energy, 2017, 121: 792 – 802.

[71] Kicsiny R. Grey-box model for pipe temperature based on linear regression [J]. International Journal of Heat & Mass Transfer, 2017, 107: 13 – 20.

[72] Jiménez-González A. , Adam-Medina M. , Franco-Nava M. A. , et al. Grey-box model identification of temperature dynamics in a photobioreactor [J]. Chemical Engineering Research & Design, 2017, 121: 125 – 133.

[73] 韩敏, 穆云峰. 一种改进的 RAN 网络结构优化算法 [J]. 控制与决策, 2007, 22 (10): 1177 – 1180.

[74] 魏海坤, 丁维明, 宋文忠, 等. RBF 网的动态设计方法 [J]. 控制理论与应用, 2002, 19 (5): 673 – 680.

[75] 黎明, 张化光. 基于粗糙集的神经网络建模方法研究 [J]. 自动化学报, 2002, 28 (1): 27 – 33.

[76] 张东波, 王耀南, 易灵芝. 粗集神经网络及其在智能信息处理领域的应用 [J]. 控制与决策, 2005, 20 (2): 121 – 126.

[77] Zhang Teng-fei, Wang Xi-huai, Xiao Jian-mei, et al. RST-based RBF Neural Network Modeling for Nonlinear System. Advances in Neural Networks, LNCS 4491, 2007: 662 – 670.

[78] Hassan Y F. Deep learning architecture using rough sets and rough neural networks [J]. Kybernetes, 2017: 693 – 705.

[79] Cheng Q. , Qi Z. , Zhang G. , et al. Robust modelling and prediction of thermally induced positional error based on grey rough set theory and neural networks [J]. International Journal of Advanced Manufacturing Technology, 2016, 83 (5 – 8): 753 – 764.

[80] Pawlak Z. Rough sets [J]. International Journal of Computer and In-

formation Sciences, 1982, 11 (2): 341 – 356.

[81] Pawlak Z. Rough Sets and Intelligent Data Analysis [J]. Information Sciences, 2002, 147: 1 – 12.

[82] Pawlak Z. Some Issues on Rough Sets [M]. In: Peters J. F. et al Eds.: Transactions on Rough Sets I. Lecture Notes in Computer Science. Springer-Verlag, Berlin Heidelberg New York 2004, LNCS 3100: 1 – 58.

[83] Pawlak Z. INDISCERNIBILITY, PARTITIONS AND ROUGH SETS [M]. A Perspective In Theoretical Computer Science: Commemorative Volume for Gift Siromoney, 2015: 210 – 220.

[84] 许新征. 粒度神经网络原理及应用 [M]. 北京: 中国矿业大学出版社, 2015.

[85] Kenné G., Ahmed-Ali T., Lamnabhi-Lagarrigue F., et al. Nonlinear systems parameters estimation using radial basis function network [J]. Control Engineering Practice, 2006, 14 (7): 819 – 832.

[86] Pawlak Z. Rough sets theory and its applications to data analysis [J]. Cybernetics and Systems, 1998, 29: 661 – 668.

[87] 张腾飞, 肖健梅, 王锡淮. 粗糙集理论中属性相对约简算法 [J]. 电子学报, 2005, 33 (11): 2080 – 2083.

[88] 刘涛涛, 马福民, 张腾飞. 基于正区域和差别元素的增量式属性约简算法 [J]. 计算机工程, 2016, 42 (8): 183 – 187.

[89] 马福民, 张腾飞. 一种基于知识粒度的启发式属性约简算法 [J]. 计算机工程与应用, 2012, 48 (36): 31 – 33.

[90] 马福民, 陈静雯, 张腾飞. 基于双重粒化准则的邻域多粒度粗集快速约简算法 [J]. 控制与决策, 2017 (6).

[91] 张文修. 粗糙集理论与方法 [M]. 北京: 科学出版社, 2001.

[92] 于洪, 王国胤, 姚一豫. 决策粗糙集理论研究现状与展望 [J]. 计算机学报, 2015 (8): 1628 – 1639.

［93］Jia X. , Shang L. , Zhou B. , et al. Generalized attribute reduct in rough set theory ［J］. Knowledge-Based Systems, 2016, 91 (C): 204 – 218.

［94］Zhang Q. , Xie Q. , Wang G. A Survey on Rough Set Theory and Its Applications ［J］. Caai Transactions on Intelligence Technology, 2016, 1 (4): 323 – 333.

［95］王东锴, 梁樑. 含冲突的决策表中的决策规则发现 ［J］. 系统工程, 2003, 21 (1): 8 – 11.

［96］Chen S. , Wu Y. , Luk B. L. Combined genetic algorithm optimization and regularized orthogonal least squares learning for radial basis function networks ［J］. IEEE Transactions on Neural Networks, 1999, 10 (5): 1239 – 43.

［97］Micchelli C A. Interpolation of scattered data: Distance matrices and conditionally positive definite functions ［J］. Constructive Approximation, 1986, 2 (1): 11 – 22.

［98］魏海坤. 神经网络结构设计的理论与方法 ［M］. 北京: 国防工业出版社, 2005.

［99］史忠植. 人工智能 ［M］. 机械工业出版社, 2016.

［100］马福民, 王坚. 基于改进资源分配网络的企业能耗单元输入输出模型 ［J］. 计算机应用, 2008, 28 (10): 2499 – 2502.

［101］范玉顺, 王刚, 高展. 企业建模理论与方法学导论 ［M］. 北京: 清华大学出版社, 2001.

［102］邱君降. 面向组织柔性的先进生产单元建模与仿真研究 ［D］. 北京科技大学, 2015.

［103］Dudenhoeffer D D, Permann M R, Manic M. CIMS: a framework for infrastructure interdependency modeling and analysis ［C］. Simulation Conference, 2006. WSC 06. Proceedings of the Winter. IEEE, 2006: 478 – 485.

［104］莫启, 代飞, 朱锐, 等. 跨组织业务过程协同并行建模 ［J］.

计算机集成制造系统, 2015, 21 (4): 1051 – 1062.

［105］李清, 赵虹, 陈禹六. 组织建模及其分析方法研究 ［J］. 高技术通讯, 2000, 10 (1): 76 – 81.

［106］Halpin T. Information modeling and relational databases: from conceptual analysis to logical design ［J］. Library Journal, 2001, 126 (14): 227 – 227.

［107］范玉顺, 吴澄, 王刚等. 集成化企业建模方法与工具系统研究 ［J］. 计算机集成制造系统, 2000, 6 (3): 1 – 5.

［108］马福民, 张腾飞. 流程工业能耗系统多维子模型及其开放性集成框架 ［J］. 计算机应用, 2011, 31 (10): 2832 – 2836.

［109］黄贯虹, 方刚. 系统工程方法与应用 ［M］. 电子工业出版社, 2015.

［110］Chengfei LI. Dynamic simulation and analysis of industrial purified terephthalic acid solvent dehydration process ［J］. Chinese journal of chemical engineering. 2011, 19 (1): 89 – 96.

［111］章建栋, 冯毅萍, 荣冈. 流程工业综合自动化系统的仿真技术及其应用 ［J］. 计算机集成制造系统, 2007, 13 (9): 1690 – 1699.

［112］陈宗海. 系统仿真技术及其应用 ［M］. 中国科学技术大学出版社, 2015.

［113］Li C F. Dynamic simulation and analysis of industrial purified terephthalic acid solvent dehydration process ［J］. Chinese Journal of Chemical Engineering, 2011, 19 (1): 89 – 96.

［114］Marchetti M, Rao A, Vickery D. Mixed mode simulation-Adding equation oriented convergence to a sequential modular simulation tool ［J］. Computer Aided Chemical Engineering, 2001, 9: 231 – 236.

［115］Kamath R S, Biegler L T, Grossmann I E. An equation-oriented approach for handling thermodynamics based on cubic equation of state in process optimization [J]. Computers & Chemical Engineering, 2010, 34 (12): 2085 – 2096.

[116] Ma Fumin, Wang Jian. Modeling and Simulation Method of Enterprise Energy Consumption Process based on Fuzzy timed Petri Nets [C]. Proceedings of the 7th World Congress on Intelligent Control and Automation, WCICA2008, Chongqing, China. 2008, 6: 4148 – 4153.

[117] Ma Fumin, Zhang Tengfei, Li Yun. Model-Driven Based Evolution Rules and Conflicts Analysis for Enterprise Energy Consumption Process [C]. International Conference on Intelligent Computation Technology and Automation. IEEE, 2009: 219 – 222.

[118] 鄢烈祥. 化工过程分析与综合 [M]. 北京: 化学工业出版社, 2010.

[119] 赵雪岩, 李卫华, 孙鹏. 系统建模与仿真 [M]. 北京: 国防工业出版社, 2015.

[120] Wang Q, Wang X, Yang S. Energy Modeling and Simulation of Flexible Manufacturing Systems Based on Colored Timed Petri Nets [J]. Journal of Industrial Ecology, 2014, 18 (4): 558 – 566.

[121] 尹久, 曹华军, 杜彦斌, 等. 基于广义模糊 Petri 网的陶瓷生产过程能量碳流模型 [J]. 系统工程理论与实践, 2013, 33 (4): 1035 – 1040.

[122] Dey P., Pal P. Modelling and simulation of continuous L(+) lactic acid production from sugarcane juice in membrane integrated hybrid-reactorsystem [J]. Biochemical Engineering Journal, 2013, 79: 15 – 24.

[123] Sanchez A., Parra L. F., Baird R., et al. Hybrid modeling and dynamic simulation of automated batch plants [J]. Isa Transactions, 2003, 42 (3): 401 – 420.

[124] Vinod V., Sridharan R. Simulation modeling and analysis of due-

date assignment methods and scheduling decision rules in a dynamic job shop production system [J]. International Journal of Production Economics, 2011, 129 (1): 127 – 146.

[125] Szilágyi L. Random Process Simulation Using Petri Nets [J]. Macro, 2015, 1 (1): 177 – 182.

[126] Ahmedov M. A., Mustafayev V. A., Atayev G. N., et al. Simulation of Dynamical Enterprises Process with Application of the Modification Fuzzy Net Petri [M]. Proceedings of the Tenth International Conference on Management Science and Engineering Management. Springer Singapore, 2017.

[127] 金光. HPN 基于网结构的冲突关系 [J]. 国防科技大学学报, 2002, 24 (4): 86 – 90.

[128] 张永刚, 叶鲁卿. 变速连续 Petri 网的性质及运行分析 [J]. 华中科技大学学报 (自然科学版), 1999, 27 (3): 52 – 55.

[129] 王维平. 离散事件系统建模与仿真 [M]. 北京: 科学出版社, 2007.

[130] 肖田元, 范文慧. 系统仿真导论. [M]. 第 2 版, 北京: 清华大学出版社, 2010.

[131] Ghomri L., Alla H. Modeling and analysis using hybrid Petri nets [J]. Nonlinear Analysis Hybrid Systems, 2007, 1 (2): 141 – 153.

[132] Moheb M. H., Arthur B., Roger S. Fuzzy Petri Nets with Neural Networks to Model Products Quality from a CNC-Milling Machining Centre [J]. IEEE Transactions on systems, man and cybernetics-part a: systems and humans, 1996, 26 (5): 638 – 645

[133] İlhan Ceylan, Aktaş M. Modeling of a hazelnut dryer assisted heat pump by using artificial neural networks [J]. Applied Energy, 2008, 85 (9): 841 – 854.

[134] 陈海涛, 张健, 齐林, 等. 基于时间 Petri 网的循环物质流动态

投入建模与仿真优化 ［J］. 系统工程理论与实践，2016，36（8）：1993 – 2002.

［135］刘远，郝晶晶，方志耕. 不确定信息下制造系统性能评估的 Petri 网模型 ［J］. 计算机集成制造系统，2014，20（5）：1237 – 1245.

［136］郑忠，龙建宇，高小强，等. 钢铁企业以计划调度为核心的生产运行控制技术现状与展望 ［J］. 计算机集成制造系统，2014，20（11）：2660 – 2674.

［137］Liao C. J. , Tjandradjaja E. , Chung T. P. An approach using particle swarm optimization and bottleneck heuristic to solve hybrid flow shop scheduling problem ［J］. Applied Soft Computing, 2012, 12 (6)：1755 – 1764.

［138］Heppner F. , Grenander U. , Heppner F. , et al. A Stochastic Nonlinear Model for Coordinate Bird Flocks ［C］. American Assoc. for the Advancement of Science. 1990.

［139］Eberhart R. C. A modified particle swarm optimizer ［M］. Advances in Natural Computation. Springer Berlin Heidelberg, 1998：439 – 439.

［140］田野，刘大有. 求解流水车间调度问题的混合粒子群算法 ［J］. 电子学报，2011，39（5）：1087 – 1093.

［141］张利彪，周春光，马铭，等. 基于粒子群算法求解多目标优化问题 ［J］. 计算机研究与发展，2004，41（7）：1286 – 1291.

［142］Agrawal S. , Dashora Y. , Tiwari M. K. , et al. Interactive Particle Swarm：A Pareto-Adaptive Metaheuristic to Multiobjective Optimization ［J］. IEEE Transactions on Systems, Man, and Cybernetics-Part A：Systems and Humans, 2015, 38 (2)：258 – 277.

［143］Couceiro M. , Ghamisi P. Particle Swarm Optimization ［M］. Fractional Order Darwinian Particle Swarm Optimization. Springer International Publishing, 2016：149 – 150.

［144］Peterson J L. Petri Net Theory and the Modeling of Systems ［J］.

Computer Journal，1981，25（1）．

[145] Murata T. Petri Nets：Analysis and Applications [J]．Proc IEEE，1989．

[146] Karp R. M.，Miller R. E. Parallel program schemata [M]．Theoretical Computer Science. Springer Berlin Heidelberg，2011：147 – 195．

[147] Hyung L. K.，Favrel J.，Baptiste P. Generalized Petri Net Reduction Method [J]．IEEE Transactions on Systems Man & Cybernetics，1987，17（2）：297 – 303．

[148] 曾小伟，陈吉红，向华．计算 Petri 网 S 不变量和 T 不变量算法 [J]．华中科技大学学报（自然科学版），2001，29（11）：1 – 3．

[149] Ma Fumin，Gregory O'Hare，Zhang Tengfei et. al. Model Property based Material Balance and Energy Conservation Analysis for Process Industry Energy Transfer System [J]．Energies，2015，8（10）：12283 – 12303．

[150] 陈海红．综合能耗、能量平衡及能耗限额等相关通则国家标准应用指南 [M]．北京：中国标准出版社，2010．

[151] 赵素芳．工业增加值的核算方法及改进探讨 [J]．现代经济信息，2010（1）：97 – 98．

[152] 徐用懋，杨尔辅．石油化工流程模拟、先进控制与过程优化技术的现状与展望 [J]．工业控制计算机，2001（9）：21 – 27．

[153] 李洪涛，何英华，朱丽娜，等．常用化工流程模拟软件发展概述 [J]．化工技术与开发，2015（1）：29 – 31．

[154] Thompson H. S. XML Schema Part 1：Structures [J]．Recommendation，2001（6）：291 – 313．

[155] Thompson H.，Beech D.，Maloney M.，et al. XML-Schema Part 1：Structures Second Edition [J]．2004．

[156] [美] Stewart Fraser，Steven Livingstone. C# XML 入门经典——C#编程人员必备的 XML 技能 [M]．毛尧飞，崔伟，译．北京：清华大学

出版社，2003.

[157] 中国氯碱工业协会组织编写. 离子膜法制碱生产技术 [M]. 北京：化学工业出版社，2008.

[158] 王世荣，高娟. 离子膜烧碱生产技术 [M]. 北京：化学工业出版社，2015.